中国企业关系管理思想研究

ZHONGGUO QIYE GUANXI GUANLI SIXIANG YANJIU

乔　东◎著

中国出版集团
研究出版社

图书在版编目 (CIP) 数据

中国企业关系管理思想研究 / 乔东著 . -- 北京 :
研究出版社, 2021.8
ISBN 978-7-5199-1045-7

Ⅰ . ①中… Ⅱ . ①乔… Ⅲ . ①企业管理 - 研究 - 中国
Ⅳ . ① F279.23

中国版本图书馆 CIP 数据核字 (2021) 第 152404 号

出 品 人：赵卜慧
图书策划：寇颖丹
责任编辑：寇颖丹

中国企业关系管理思想研究
ZHONGGUO QIYE GUANXI GUANLI SIXIANG YANJIU

乔东 著

研究出版社 出版发行
（100011 北京市朝阳区安华里 504 号 A 座）

河北赛文印刷有限公司 新华书店经销

2021 年 8 月第 1 版 2021 年 8 月北京第 1 次印刷
开本: 710 毫米 × 1000 毫米 1/16 印张: 20.25
字数: 311 千字

ISBN 978 – 7 – 5199 – 1045 – 7 定价：56.00 元

邮购地址 100011 北京市朝阳区安华里 504 号 A 座
电话（010）64217619 64217612（发行中心）

前言

PREFACE

中国企业“关系”管理思想受到国内外学术界的高度关注。“关系”一词在西方学术界一般都用中国的汉语拼音“guanxi”表示。但是，一些人经常把中国企业“关系”管理与“拉关系”“走后门”等不正之风混为一谈。本书通过对部分最具代表性、最有影响力学术思想的梳理和总结，深入研究中国企业“关系”管理的特殊内涵和丰富内容，进一步完善中国企业“关系”管理思想研究理论体系。

一、主要研究思路

本书主要探讨中国企业“关系”现象产生的文化背景和社会基础，以及“关系”的内涵，企业“关系”管理的内容、作用和研究趋势，主要围绕两条主线展开。第一条主线是“关系”范畴，第二条主线是“关系”管理范畴。第一条主线“关系”范畴是研究的基础。本书通过梳理、总结国内外学术界关于“关系”研究最具代表性的学术思想，探讨了“关系”的产生发展规律及其主要内容。第二条主线“关系”管理范畴的研究内容主要包括“关系”管理的内涵、作用及研究发展趋势。

国内外学术界一般都把“关系”和“关系”管理看作是中国的社会现象和管理现象。他们有两个最重要的理由，一是把中国传统文化特别是儒家文化看作“关系”现象产生的根源，二是把中国一定历史阶段的社会结构看作“关系”形成的基础。梁漱溟、费孝通被学术界认为是最早研究“关系”现象的学者之一。本书首先对梁漱溟、费孝通的“关系”思想进行了全面分析和探讨。以中国传统文化特别是儒家文化为基础，梁漱溟提出“互以对方为重”的“关系”思想，费孝通提出差序格局概念。在这些“关系”思想基础上，本书从文化特色、文化基础、文化追求等方面，对“关系”产生的文化背景进行了全面思考。其次，本书主要通过美籍华人杨美惠，以及两位美国学者胡安·安东尼奥·费尔南德斯和劳里·安德伍德，对我国不同历史阶段的“关系”现象进行实证研究，讨论了“关系”发展变化规律，深入研究了“关系”形成的社会基础、社会特色、社会走势等。对于“关系”特殊内涵及其丰富内容，本书重点梳理了两位最有代表性、最具影响力学者的“关系”思想，一位是西方学者J. Bruce Jacobs，另一位是我国学者翟学伟。J. Bruce Jacobs是西方学术界研究中国社会“关系”现象最早的学者之一，翟学伟是我国研究“关系”现象最系统、最全面，又有相对完善理论体系的学者之一。本书在梳理研究他们的“关系”思想基础上，讨论了“关系”的内涵、特征、作用和内容等。在企业“关系”管理研究方面，美籍华人陆亚东和我国学者罗家德是学术界影响最大的学者之一。他们提出了相对完善的企业“关系”管理理论体系。本书在他们的企业“关系”管理思想基础上，提出了中国企业“关系”管理的内涵、主要内容和基本原则。通过对两家企业实证调研，本书提出了中国企业“关系”管理的主要作用。最后，本书对中国企业“关系”管理研究趋势做了进一步思考后认为，未来应该继续深化中国企业“关系”管理相关基本概念和基本理论的研究，充分挖掘和深入探讨中国企业“关系”管理的本土化价值。

本书具有系统性、全面性和丰富性的特点，即研究体系的系统性、研究层次的全面性和研究内容的丰富性。研究内容的突出特色在于，提出了“关系”是一种软性制度的观点。本书认为，“关系”是一种软性制度，靠伦理道德和相互信任，规范人们的行为，是一种自律制度。法律和管理制度是一种硬性制度，靠外在的监督和控制，规范人们的行为，是一种他律制度。“关系”有着相互承担义务和彼此信任的内涵。中国企业“关系”管理要充分发挥“关系”的义务和信任功能，提高企业“关系”管理的质量，对外赢得社会信誉，对内获得职工拥护。本书还提出了中国企业“关系”管理的最高境界是“关系”找企业，而不是企业找“关系”的思想。只有不自信的企业或是实力不足够强的企业，才会到处找“关系”、求“关系”、拉“关系”。而有足够实力和品牌影响力的企业，就会吸引到很多“关系”上门，寻求合作共赢。企业只有充分练内功、做强做好自己，才会得到更多的优质“关系”资源。本书的主要建树在于，在“关系”、“关系”管理的特殊内涵和丰富内容方面，提出独到的学术观点和思考，一方面将“关系”界定为两个人之间的特殊联系或特殊交往，另一方面指出企业的“关系”在本质上也是一种特殊的个人“关系”。

本书没有按照学术界常规研究思路，简单接受“关系”和“关系”管理是中国社会的特色这一论断，而是追根溯源，在全面深入挖掘、梳理和探讨“关系”和“关系”管理研究领域具有开创性、系统性、影响性、代表性尤其具有独到思想性学者的学术思想基础上，对“关系”和“关系”管理的特殊内涵和丰富内容，进行更深入的挖掘和探究。本书的突出特色主要在于理论与实践的结合以及中外思想的比较。在理论与实践结合上既注重“关系”、“关系”管理思想的理论研究，又关注企业“关系”管理的实践做法。在中外思想比较方面，既关注我国学者的研究状况，又研究西方学术界的研究动态。本书将“关系”、“关系”管理置于中国的文化背景、社会基础之上，深入研究“关系”、“关系”管理产生发展的基本规律及其主要内容。

本书主要收集和整理了国内外大量“关系”、“关系”管理的学术文献，其中既包括学术论文，又包括学术著作，特别是翻译和整理了很多外文资料。在企业案例部分，本书还采集了一些调研资料和数据，既可以进一步完善中国企业“关系”管理思想研究理论体系，又可以推动中国企业管理理论本土化发展，还为中国企业“关系”管理实践的健康持续合法发展提供参考和依据，推动中国企业自觉提高道德觉悟和强化法律意识，维护社会的公平与正义，纠正人们对“关系”、“关系”管理的认识偏见，将“关系”、“关系”管理与“拉关系”“走后门”等不正之风区分开来。

二、主要学术观点

中国企业“关系”管理思想有着深厚的传统文化背景、复杂的现代社会基础、独特的社会内涵和丰富的文化内容以及显著的市场作用，并在未来中国企业管理本土化进程中有着广阔的发展空间。国内外学术界之所以将中国企业“关系”管理思想作为一个重要的热点问题加以关注，最重要的原因之一在于中国在世界上的影响力越来越大。中国已经成为世界第二大经济体。本书通过对国内外学术界高度关注的“关系”、“关系”管理的理论源头进行梳理发现，“关系”、“关系”管理是中国社会的特色，已成为国内外学术界尤其西方学术界的一种共识。产生这些理论认识最重要的源头之一是梁漱溟、费孝通等早期“关系”研究奠基者的认识，还有我国不同历史发展阶段的“关系”现象。一方面，本书深入探讨了“关系”、“关系”管理与“拉关系”“走后门”之间的联系和区别。这是本书面临的最大挑战。因为，人们一提到“关系”，总会与“拉关系”、走后门混在一起，甚至将“关系”、“关系”管理等同于“拉关系”“走后门”。另一方面，本书试图推动中国企业管理本土化特别是中国企业“关系”管理本土化发展。一些学者一直以“关系”为基础推动中国本土化理论研究，譬如，黄光国、边燕杰、罗家德等。黄光国以“关系”为基础推动中国社会心理学的本土化研究，边燕杰是“关系”社会学的倡导者和推动者，罗家德则在“关系”管理学领域有很多独到的思考。

“关系”在西方学术文献中一般都用中国的汉语拼音“guanxi”表示，体现了“关系”的中国属性。“关系”作为中国本土化的一个概念，受到中国理论本土化研究领域的高度关注，对中国企业管理理论本土化研究有着重要的价值。本书既梳理和探讨了最具代表性、最有影响力的一些“关系”、“关系”管理思想，又从中发现了一定的规律。中国企业“关系”管理思想研究要以习近平总书记关于新型政商关系的新要求为指导，基于中国传统文化和中国社会结构特色，探讨其特殊内涵和丰富内容。

2013年3月8日，习近平总书记在参加十二届全国人大一次会议江苏代表团审议政府工作报告时指出，“官”“商”交往要有道，相敬如宾，而不要勾肩搭背、不分彼此，要划出公私分明的界限。2016年3月4日，习近平总书记在看望出席全国政协十二届四次会议的民建、工商联委员时强调，新型政商关系，概括起来说就是“亲”“清”两个字。对领导干部而言，所谓“亲”，就是要坦荡真诚同民营企业接触交往，特别是在民营企业遇到困难和问题情况下更要积极作为、靠前服务，对非公有制经济人士多关注、多谈心、多引导，帮助解决实际困难。所谓“清”，就是同民营企业家的关系要清白、纯洁，不能有贪心私心，不能以权谋私，不能搞权钱交易。对民营企业家而言，所谓“亲”，就是积极主动同各级党委和政府及部门多沟通多交流，讲真话，说实情，建净言，满腔热情支持地方发展。所谓“清”，就是要洁身自好、走正道，做到遵纪守法办企业、光明正大搞经营。

习近平总书记提出的“亲”“清”新型政商关系思想，为中国企业“关系”管理发展指明了方向。“亲”反映了“关系”在我国传统社会的亲情基础，“清”则体现了我国现代社会的规则意识。中国企业“关系”管理要做好“亲”与“清”、“私”与“公”、“亲情”与“规则”的平衡。梁漱溟“互以对方为重”的“关系”思想，对于做好这些平衡有着重要的参考价值。他认为，“关系”双方互以对方为重，才能产生均衡。这种“关系”思想就与“拉关系”、“走后门”的庸俗“关系”区分开来。中国企业“关系”管理的本土化价值就在于树立“互以对方为重”的“关系”立场和原则。只有树立了这样的立场和原则，“亲”与“清”、“私”与“公”、“亲情”与“规则”才便于均衡。“亲”“清”应该成为中国企业“关系”管理思想的核心内容。“官”“商”交往要有道中的“道”，要成为以“亲”“清”为核心的中国企业“关系”管理之道。

中国企业的“关系”主要包括外部“关系”和内部“关系”。外部“关系”主要包括政商关系以及企业与供应商、客户等利益相关者的“关系”。企业的内部“关系”主要包括企业领导与企业员工、企业员工与企业员工之间的“关系”。在企业外部“关系”中，企业过去更加重视企业与政府的“关系”，现在越来越看重企业与客户的“关系”。在企业内部“关系”中，企业领导与企业员工的“关系”的重要性逐渐让位于企业员工与企业员工之间的“关系”。企业客户“关系”管理、企业员工“关系”管理是当前中国企业“关系”管理最受关注的内容之一。企业员工“关系”管理有着更加重要的意义。企业的竞争力最终就体现在员工素质的竞争力上。中国企业“关系”管理可以充分发挥职工文化管理和班组“关系”管理的重要作用。职工文化是提升员工素质水平的文化，企业文化是提高企业管理水平的文化。企业与员工的关系在一定意义上讲，也是企业文化与职工文化的关系。作为企业最小的行政细胞，班组“关系”管理可以为企业“关系”管理打下坚实基础。

企业“关系”管理中的“关系”，在本质是一种特殊的个人“关系”。这种特殊“关系”不仅是个人之间的特殊联系或特殊交往，也是具有中国特色的一种特殊“制度”。任何管理都需要制度保障。很多管理制度对于人们来讲都属于外在的制度，是他律，即通过外在的监督和控制，规范人们的行为。与它们相比，“关系”属于内在的制度，是自律，即人们会在特殊“关系”中自我约束、自我规范、自我调整。中国人的“爱面子”现象，是指中国人在特殊“关系”群体中，总会规规矩矩做事、老老实实做人。原因在于他们一旦言行失范，就会“丢面子”。“关系”成为规范人们行为的一种“软约束”。

中国企业“关系”管理思想研究是实现中国企业管理理论本土化研究的独特视角，其主要价值体现在“关系”的义务和信任方面。两个人的特殊“关系”意味着两个人彼此之间的义务。相互承担责任的义务是“关系”所赋予的内在要求。这也是“互以对方为重”的具体表现。同时，两个人之间的特殊“关系”也内含彼此之间的信任。中国企业“关系”管理要充分发挥“关系”的义务和信任功能，提高企业“关系”管理的质量。从这个意义上讲，中国企业“关系”管理不仅具有本土化的价值，还有全球化的意义。因为企业与各利益相关者之间相互尽义务和彼此信任，是国内外所有企业都应该重视的。中国企业“关系”管理的最高境界是“关系”找企业，而不是企业找“关系”。企业只有做好做强自己，才会赢得越来越多的优质“关系”资源。

2016年5月17日，习近平总书记在哲学社会科学工作座谈会上发表重要讲话指出，发挥我国哲学社会科学作用，要注意加强话语体系建设。在解读中国实践、构建中国理论上，我们应该最有发言权。中国企业“关系”管理思想的学术价值在于，加强中国企业管理话语体系建设，解读中国企业“关系”管理实践，构建中国企业“关系”管理理论；应用价值在于，引导中国企业“关系”管理实践遵守合情、合理、合法的基本原则；社会影响在于，在中国企业“关系”管理实践中增强义务意识、信任意识以及法律意识，深刻领会习近平总书记“亲”“清”新型政商关系思想的科学内涵；社会效益在于，推动中国企业“关系”管理实践，自觉维护公平公正的营商环境，在我国经济建设、政治建设、文化建设、社会建设、生态建设，以及道德建设、法制化建设，尤其是实现中华民族伟大复兴中国梦进程中发挥应有的作用。

三、主要拓展空间

本书在“关系”思想、“关系”管理思想的梳理、总结、提炼基础上，对中国企业“关系”管理思想做了比较全面深入系统的研究。但是，研究的深度、宽度、力度、高度等还有很大的拓展空间。本书重点梳理和总结了国内外一些有代表性的学术思想。但是，关注、解析和研究的学者数量及其学术思想的深度，还有待进一步拓展，尤其是需要对中国企业“关系”管理思想进行高度的整合、凝练、阐释和总结。与“关系”思想研究相比，本书还需要进一步加强“关系”管理思想研究的深度，更多聚焦“管理”，来探讨这一论域，进一步提升研究的科学性和系统性。对“关系”的特殊性与一般性的辩证关系，还需要做专门研究。在现有文献资料和学术思想梳理和总结基础上，本书还要加强理论提炼和提升，对一些独到的学术思考和学术创新观点，特别是有重大学术价值的思想，进行更明确和全面的概括、论述和展示。本书提出的“关系”软性制度与法律硬性制度、正式制度的辩证关系之间，存在的内在联系和差异，以及本书提出的其他学术观点，还需要强化逻辑分析和科学论证，提升学术概念和学术思想的规范性、严谨性、理论性和科学性。对“关系”、品牌、声誉、面子、人情等概念及其逻辑联系，也需要做专门系统的科学研究和分析。

本书在逻辑层次、具体内容的安排和论证阐述的过程等方面也有进一步规范和完善的空间，特别是对“关系”这一核心范畴的研究，还需要进一步挖掘其丰富内涵和社会属性。对于中国企业“关系”管理研究的未来发展趋势，还要进一步增强研究的前瞻性和创新性。在研究侧重点上，本书还要将“思想”研究与“实践”研究有机融合，更加突出“关系”管理思想研究的主题性，要用“实践”研究支撑“思想”主题研究。本书还要在“述”的基础上，进一步加强和完善“论”的内容，增加“论述”或“研究”的内容、分量以及研究的深度。这不仅需要围绕学术文献进行“论”，更要体现理论建构的力度和高度。在思想深度、研究针对性、理论严密性等方面，本书也要进一步加强和完善。本书既要重视“关系”的研究，更要加强“关系”管理思想的研究。这是本书的核心和目标。这就需要既关注“关系”领域的学术研究状况，更要关注企业管理学领域的“关系”研究状况，并对此进行重点总结和提升，从管理角度切入，提高“关系”研究的针对性和有效性，从而构建一个相对独立完整的企业“关系”管理思想理论体系。

我们在下一步的研究工作中，为了全面构建中国企业“关系”管理思想理论体系，需要进一步丰富研究方法的内容和形式，提高研究方法的规范性、科学性、合理性。一方面需要增加调研企业的数量，另一方面还要补充问卷调查、数量分析等更多规范的实证研究方法。实证研究的结论与学术文献提出的观点之间的内在联系，以及“关系”管理的实效性及其存在的问题及其内在机理等，都是我们下一步要重点研究的方向。“关系”管理思想与信任、人情、面子等问题的逻辑关系、作用机制等也需要我们将来做更深入的研究。我们还要把“关系”放到社会性的制度、企业组织管理体制等正式的组织和制度框架中，结合制约企业行为和个人行为的基本约束条件去深入研究，并以此为基础界定“关系”作用的类别、方式、手段、限度等内容，以及“关系”管理模式及其应用。

目录

CONTENTS

绪　论

2013年笔者在哈佛大学访学期间，一直有一个学术疑问。在100多年的现代企业管理学发展历程中，国内外学者编写的无数企业管理学教材中，绝大多数都是以美国为代表的西方国家的企业管理理论，而鲜有中国的企业管理理论。① 但事实上，中国的企业管理实践却毫不逊色。2013年，在美国《财富》杂志评出的世界500强企业榜单中，中国企业已达95家，在数量上仅次于美国，排名世界第二。② 当时，笔者在哈佛大学商学院旁听的诸多企业管理课程，几乎都会讲到中国企业的案例。可见，中国企业的管理实践很丰富，管理理论却相对"苍白"。那么，西方学术界如何看待中国的企业管理理论呢?

为了解开这个学术疑问，笔者只要一有时间就到哈佛大学图书馆查阅资料。③ 在此过程中，笔者有了一个学术发现，那就是西方学术界很多学者认为，中国企业的"关系"管理不仅有中国特色，而且也至关重要："在中国社会，包括中国企业和外国企业在内的任何企业，都不可避免地会遇到'关系'现象。一个没有广泛'关系'网的企业很难在中国社会发展好。"④

在西方学术界，"关系"一词用的几乎都是中国的汉语拼音"guanxi"，而不是英语单词"relationship"。笔者当时也在中国知网（CNKI）发现了很多中国企业"关系"管理研究的学术文献。这些国内外文献关于中国企业的

---

① 美国企业管理学家泰勒（Frederick Winslow Taylor）在1911年出版了《科学管理原理》一书，标志着企业管理学作为一门科学而产生。

② 《2013年世界500强排行榜上的中国公司》，财富中文网，http://www.fortunechina.com/fortune500/c/2013-07/08/content_164457.htm，2013-7-8。

③ 据了解，哈佛大学是世界上拥有图书馆数量最多的大学，全校有各类图书馆70多个。笔者去过不下10个。有时，哈佛大学没有的图书资料，只要在线申请，哈佛大学图书馆就会在很短时间内，一般是1周，从美国各地甚至世界各地"调来"。笔者参阅过的好几本书就是这样"调来"的。

④ Yadong Luo. *GUANXI and BUSINESS*, World Scientific Publishing Co. Pte. Ltd.2007,p.1.

“关系”管理思想，引起了笔者极大的学术研究兴趣，同时笔者也发现了其极大的研究空间。国内外学术文献关于中国企业的“关系”管理研究中的“关系”，很多都谈到了政商“关系”。2013年3月8日，习近平总书记在参加十二届全国人大一次会议江苏代表团审议时强调：“‘官’‘商’交往要有道，相敬如宾，而不要勾肩搭背、不分彼此，要划出公私分明的界限。”① 习近平总书记的讲话坚定了笔者研究这个课题的信心和决心。

第一节　研究价值和意义

中国已经成为世界第二大经济体，中国企业在国际上的影响力越来越大。以美国为代表的西方企业管理理论尽管对中国企业发展发挥过重要的指导和启发作用，但是，众多中国优秀企业的成功实践证明，中国企业自己的管理理论应该呼之欲出了。而受到国内外学术界“热捧”的中国企业的“关系”管理理论是否可以确定为中国企业自己的管理理论？中国企业重视的“关系”是否就等同于企业与政府的特殊“关系”或者政商之间的特殊“关系”？中国企业的“关系”管理是中国的特色吗？对这些问题的回答和探索，正是本课题要做的主要工作。

一、完善中国企业的“关系”管理理论体系

中国企业的“关系”管理研究成果频频出现在国内外学术文献中，汉语拼音“guanxi”在西方学术界几乎成为对中国社会“关系”现象的默认表述。但是，关于“关系”和“关系”管理的内涵及其主要内容，国内外学术界还存在诸多争议。本课题将在梳理相关学术研究成果尤其是在这个领域最有代表性的一些学者的“关系”思想或“关系”管理思想的基础上，以“关系”和“关系”管理的本质及其主要内容为核心，深入、系统、全面地研究中国社会的“关系”现象、中国企业的“关系”管理思想的内容和特点，完善中

① 习近平：《领导干部功罪不能相抵，官商不要勾肩搭背》，中国青年网，http://news.youth.cn/gn/201303/t20130309_2955870.htm, 2013-3-9。

国企业的“关系”管理理论体系。

二、推动中国企业管理理论的本土化发展

中国企业的“关系”管理被西方学术界一些学者看作中国的特色。而中国学术界也有学者提出中国企业的“关系”管理是实现中国企业管理理论本土化的具体表现。不仅管理学是这样，社会学、心理学、人类学、政治学等领域也有中国学者提出以“关系”为基础建构中国本土化的社会学、心理学、人类学、政治学，等等。但是，关于“关系”产生的文化和社会历史背景，在国内外学术界还没有达成一致的意见。本课题将根据一些最有代表性的学者的“关系”思想，全面探讨“关系”产生的文化和社会历史背景，希望发现其中的发展规律，为中国企业“关系”管理思想研究提供素材支撑，推动中国企业管理理论的本土化发展。

三、指导中国企业“关系”管理实践

中国企业“关系”管理尽管在国内外学术界形成了一些学术研究成果，但是有些研究成果所指的“关系”一般是指企业与政府或者商人与官员之间的“关系”，特别是一些西方企业进入中国市场后，也主要是为了与一些地方政府或者官员建立特殊的“关系”。在这些“关系”中，有 些实际上就是所谓的“拉关系”“走后门”，乃至行贿受贿，败坏了社会风气。本课题就是为了深入研究“关系”的本质以及“关系”与腐败的差异，特别是将中国企业“关系”管理中的“关系”与“搞关系”“走后门”区分开来，为中国企业“关系”管理实践的健康发展提供参考和指导，推动中国企业自觉提高道德觉悟和强化法律意识，维护社会的公平与正义。

第二节　国内外的研究状况

关于中国企业的“关系”管理研究基本是在20世纪80年代之后开始的。而中国社会的“关系”现象早在1979年，就受到美国学者J. Bruce Jacobs

的关注。他特别指出，研究中国社会的“关系”现象之所以用汉语拼音“guanxi”[①]，主要原因是，中国社会的“关系”有特殊的含义，与一般的“关系”不同，没有哪一个英语单词能够完全准确表达出“关系”的含义。《广州日报》一篇文章曾指出：“许多‘中国通’寻找了很多对应的英文词来翻译‘关系’，比如relationship、connection、network（三者中文都可译为“关系”），还有sphere of influence（影响范围），但好像没有一个词能领悟到‘关系’的精髓，所以最后往往就直接用guanxi来替代。”[②]

在中国社会中，“关系”的形成要看两个人是否有共同的基础。譬如，共同的家庭、家乡、学校或工作场所。有的“关系”是承袭来的，譬如家乡、血缘；有的“关系”基础是共同的经历，譬如师生关系。中文对各种“关系”的表达也体现了两个人的共同基础，即通常用“同”这个字代表两个人的“关系”。譬如，同乡、同学、同事等。作为最早并最具代表性的研究中国社会“关系”现象的西方学者之一，J. Bruce Jacobs关于“关系”的学术思想在国内外学术界有很大的影响。国内外几乎很多重要的“关系”研究成果都会提到他的思想。笔者在本书中，也会对他的“关系”思想做全面深入的梳理和思考。进入20世纪80年代以后，研究中国社会“关系”现象和中国企业“关系”管理的学术成果越来越多。

一、关于中国社会“关系”现象的研究

实际上，在20世纪80年代之前，我国的一些知名学者如胡适、梁漱溟、潘光旦、费孝通等就对中国社会的“关系”现象有过深入的思考和研究。特别是梁漱溟、费孝通的“关系”思想更具代表性。他们是研究中国社会“关系”现象最早的开拓者。但是，他们只是在其他的专题研究中有一部分内容深入研究和思考了中国社会的“关系”现象。而将中国社会的“关系”现象作为专门课题进行深入全面的研究，主要是20世纪80年代之后的事情。

美国加州大学圣塔巴巴拉分校华人教授杨美惠在1982年就开始研究中

① 中国台湾发音Kuan-his，中国大陆发音guanxi，见J. Bruce Jacobs，A Preliminary Model of Particularistic Ties in Chinese Political Alliances: Kan-ch'ing and Kuan-hsi in a Rural Taiwanese Township，*The China Quarterly*, No. 78 (Jun., 1979), pp. 237-273。

② 刘和林、熊力游：《对“关系”一词英译的探讨》，《中国翻译》2013年第6期，第98页。

国社会的“关系”现象，并出版了英文学术专著。后来翻译成中文，书名是《礼物、关系学与国家：中国人际关系与主体性建构》。她在书中说：“‘关系’这个词字面上的意思是客体、权力和个人之间的‘一种关系’。它用在人与人之间的关系上，不仅可用于夫妻、亲属和朋友的关系，也有‘社会联系’的意思，这种双向关系建立在潜在的（而非明显的）互利的基础之上。一旦两人之间建立了关系，一个人就会抱着将来某个时候回报所接受的好意的想法，来要求另外那个人帮忙。”[①] 为此，杨美惠教授在该书中对我国改革开放前后时期的“关系”状况进行了全面深入系统的研究。这个时期主要是指改革开放初期以及改革开放之前包括更早的时期。杨美惠的“关系”思想尤其是对中国社会这个时期“关系”状况的研究，有重要的学术价值，对于我们了解和研究“关系”现象产生的社会基础，有重要的参考价值。笔者在本书中，将对杨美惠的“关系”思想做更进一步的梳理和探讨。

香港中文大学乔健教授在1982年刊文指出，“关系”的作用已渗入政治、经济、文化与各项生活领域中。从生老病死、婚丧嫁娶一直到衣食住行、文化娱乐，可以说如水银泻地，无孔不入。人们把常有来往、互给对方好处的个人或团体，叫作“关系户”。不论是个人还是团体，各种“关系户”的维持，是生存与发展的必要条件。个人或单位的所有“关系户”形成一个“关系网”。“关系网”的存在由来已久，其重要性空前之大，它是研究中国社会首先要弄清楚的。所以，乔健教授认为，“关系”是值得推广的一个研究复杂社会的基本概念。[②]

1983年3月，台湾大学黄光国教授在香港中文大学参加“中国文化与现代化研讨会”时发表了会议论文。他根据费孝通提出的“差序格局”概念，[③] 将“关系”分为三种，即情感性“关系”、工具性“关系”和混

---

① 杨美惠：《礼物、关系学与国家：中国人际关系与主体性建构》，赵旭东、孙珉合译，张跃宏译校，江苏人民出版社2009年版，第1页。

② 杨国枢：《中国人的心理》，中国人民大学出版社2012年版，第87、89、90、94页。

③ 国内外学术界一般都会用费孝通提出的“差序格局”概念，解释和研究中国社会的“关系”现象。差序格局这个概念，最早出现在费孝通1947年出版的《乡土中国》一书中。该书后来多次再版。他在书中指出，中国社会的结构就是一种差序格局，差序格局是一个“一根根私人联系所构成的网络”。在差序格局中，人们总会攀“关系”、讲交情。人们一般以自己为中心，用不同的标准来对待和自己“关系”不同乃至远近的人。详见费孝通《乡土中国》，北京大学出版社2012年版。本书在后面对“差序格局”还会有详细的介绍和研究。

合性“关系”。情感性“关系”可以满足个人在关爱、归属等情感方面的需要。在情感性“关系”中，情感性的成分要大于工具性的成分，否则就是工具性的“关系”。而工具性“关系”主要是为了实现他所希冀的某些物质目标。也就是说，个人和他人的“关系”维持，是实现其他目标的一种手段或工具。混合性“关系”是个人以人情和面子来影响他人。这种“关系”是交往双方之间的，也可能是交往双方共同认识一个或一个以上的第三者，从而构成一张张“关系网”。[①] 黄光国教授还于2009年在台湾出版《儒家关系主义》一书，以此建构中国的本土化心理学。从书名上看，黄光国教授主要是以儒家思想为指导，全面系统研究中国社会的“关系”现象。国内外学术界多数研究中国社会“关系”现象的学者，几乎都会从儒家思想中寻找“关系”产生的原因。这主要是受到梁漱溟、费孝通等早期研究中国社会“关系”现象的学者的影响。

美国明尼苏达大学华人教授边燕杰[②] 在西方学术界也一直致力于中国社会“关系”现象的研究，并在西安交通大学主持成立了实证社会科学研究所，推动“关系社会学”的建立与发展。他在《西安交通大学学报》发表的《关系社会学及其学科地位》一文中说：“中国社会的关系主义现象以及对这个现象的系统的理论和实证分析，也许是探索和推动中国社会学理念、中国社会学学科方向、社会学的中国学术流派的一个可能的突破口。”[③] 边燕杰教授在美国纽约州立大学撰写的博士学位论文，就是研究中国社会“关系”现象的。这篇博士学位论文主要研究“关系”在中国人求职、找工作中发挥的作用。该博士学位论文1994年在美国纽约州立大学出版社出版。后来，他去美国杜克大学从事博士后研究工作，跟随的博士后合作导师林南教授，也是研究中国社会“关系”现象的国际知名教授。林南教授还是边燕杰的博士学位论文答辩小组主席。[④] 林南教授指出，“中国的‘关系’的特殊

① 黄光国、胡先缙等：《人情与面子：中国人的权力游戏》，中国人民大学出版社2010年版，第7–9页。

② 笔者就是因为在哈佛大学访学期间，看到了边燕杰关于中国社会“关系”现象的一些学术研究成果之后，才产生了研究中国企业“关系”管理思想的学术兴趣。

③ 边燕杰：《关系社会学及其学科地位》，《西安交通大学学报（社会科学版）》2010年第3期，第1页。

④ 详细信息见边燕杰的博士学位论文，Yanjie bian. Work and Inequality in Urban China, Albany: State University of New York Press, 1994。

性，就在于‘关系’在中国历史、政治、经济中都非常普遍且占据主导地位”。[①] 边燕杰教授和林南教授在学术道路上一直致力于中国社会“关系”现象的研究，特别是边燕杰教授大力倡导和推动“关系”社会学的建立，在国内外学术界有很大的影响。

南京大学翟学伟教授是中国大陆研究中国社会“关系”现象最早，并发表相关学术研究成果最多的学者之一。他在20世纪80年代攻读南开大学硕士研究生期间，偶然的一个机会，读到一份油印本的海外华人学者关于社会与行为科学本土化的讲稿，之后就开始思考和研究中国社会的“关系”现象。他说：“这些问题对于我们历史和现实地认识中国人与中国社会是至关重要的。可是，不知为什么，我每次在写作的时候，都有一种一个人在战斗的感觉。当然，目前我国台湾、香港地区乃至关注中国问题的西方社会学、心理学及人类学乃至经济学界的学者也在讨论‘关系’问题，前者已经提炼出了‘关系主义’和‘儒家关系主义’等概念，后者有现代化研究和社会资本理论等。但我个人倾向于，就前者而论，‘关系’是中国人与中国社会的特征，不是儒家的表述，也不是儒家影响下的中国人与中国社会的特征。……而就后者而论，目前受‘社会资本’概念的引导和冲击，似乎西方的社会资本理论变成了中国内地研究‘关系’的理论来源。虽说这两者有部分相关，但根本上不是一码事。照搬西方理论概念到如此地步，是中国社会学没有形成自己理论的主要原因。”[②]

翟学伟教授几十年以来研究中国社会“关系”现象的很多学术论文，都已结集成册，并出版了学术专著。譬如《中国人的关系原理：时空秩序、生活欲念及其流变》《关系与中国社会》《人情、面子与权力的再生产》等。他在《人情、面子与权力的再生产》一书自序中说：“在中国研究关系现象，不同于西方社会学中的许多专业概念。那些概念不过是由学者们创立并加以运用的解释性的或测量性的工具，是社会学家们自己的事；而关系却是每个中国人必须懂的事，是他们每天必须应对的：迎来送往、请客送礼、

① 边燕杰、杨洋：《作为中国主体话语的关系社会学》，《人文杂志》2019年第9期，第30页。

② 翟学伟：《中国人的关系原理：时空秩序、生活欲念及其流变》，北京大学出版社2011年版，第4页。

应酬打点、八面玲珑、溜须拍马、拉帮结伙、处心积虑、阳奉阴违、钩心斗角、排斥异己，当然也有同舟共济、雪中送炭、侠肝义胆、感恩戴德、荣辱与共，等等。这些现象虽被国人心领神会，但如何被理论地建构与叙述，以便更有效地解释中国人与中国社会，则显得尤为重要和迫切。”[①] 翟学伟教授的“关系”思想系统而深刻，在学术界的影响非常大。他对研究中国社会“关系”现象已有的儒家思想视角、西方社会资本理论和社会网理论视角等提出了质疑，并提出了自己独特而富有见解的思考。翟学伟对中国社会“关系”现象研究状况的探讨以及他自己的“关系”思想，对于笔者深入研究“关系”的本质和主要内容具有重要的参考价值。本书将在后面对翟学伟的“关系”思想做专门的探讨和研究。

现任教于东南大学的李林艳博士，出版了其在香港中文大学的博士学位论文，书名为《关系、权力与市场：中国房地产业的社会学研究》。她在书中说：“对于‘关系’，学术界存在多种不同的界定和言说。‘关系’成为研究对象，既源于回应历史与时代问题的必需，同时也不可避免地与学术界的理论旨趣有关。我们看到，在现代化的宏大历史叙事当中，‘关系’代表着传统社会的残余，被认为行将退出历史舞台。进入20世纪70年代以来，‘关系’在中国社会中逐渐成为日常流行用语，但同时也日益成为一个贬义词，至少在主流的政治话语中是如此。有趣的是，随着80年代以来西方社会网络和社会资本研究的兴起，‘关系’一词在学术界又具有某种积极的意涵了。不过，无论怎样，‘关系’既没有因为理论的语言而‘合乎逻辑’地退场，也没有因为舆论的贬斥而知趣地远离社会生活，种种迹象表明，‘关系’继续在中国社会生活中存在并发挥作用，因此，‘关系’所具有的学术研究价值是不言而喻的。”[②] 李林艳通过对中国房地产业的实证研究，发现“关系”扮演了一些“不光彩”的角色，甚至与腐败现象“纠缠”在一起。她主要是在“拉关系”“走后门”等意义上使用并研究“关系”的。

---

① 翟学伟：《人情、面子与权力的再生产》，北京大学出版社2013年版，第2–3页。

② 李林艳：《关系、权力与市场：中国房地产业的社会学研究》，社会科学文献出版社2008年版，第5页。

以上是研究中国社会“关系”现象最具代表性的学者和学术成果。通过这些学术文献的梳理我们发现，“关系”在中国社会乃至对于每一个中国人都有着重要的价值。在实际生活中，只要是中国人乃至国外的华人，没有人不知道“关系”的重要性。作为一个学术概念和学术问题，“关系”之所以重要，主要在于其特殊性。这也为多数学者所认同。而一些学者认为，“关系”的特殊性之所以特殊，主要在于“关系”的基础、“关系”的目的、“关系”的分类等比较特殊。西方学术界用汉语拼音“guanxi”来表示“关系”，也说明了“关系”的特殊性。一些学者还进一步提出，中国社会的传统文化、中国社会结构乃至中国人的特点等是形成“关系”现象的主要原因。这些学术观点为我们开展中国企业“关系”管理思想研究，提供了丰富的素材和有价值的参考。但是，我们认为，中国社会的“关系”现象既然要作为一个学术问题加以探讨，就不能仅仅从生活的感性层面去理解和把握。这就需要从“关系”产生的社会历史文化背景、科学内涵及其特征、作用等方面，做全面、深入、系统的分析和梳理。在这个过程中，要剔除中国社会“关系”现象中“拉关系”“走后门”等搞不正之风的内容，保留和完善其中“拉近感情、人际和谐”等正面的因素。我们希望通过对中国社会“关系”现象的系统研究，为科学、健康的“关系学”乃至“关系社会学”“关系心理学”“关系经济学”包括我们研究的“关系管理学”等中国本土化的学科建设，提供有力的支撑。

二、关于中国企业“关系”管理的研究

美国迈阿密大学华人教授陆亚东是最早系统研究中国企业“关系”管理的学者之一。他研究中国企业“关系”管理的学术专著《“关系”与管理》，于2000年由全球顶级学术出版社世界科技出版公司（World Scientific Publishing Company）出版，并于2007年再版。他在2007年版的前言中谈到，在相当长的时间里，“关系”现象一直在中国企业存在。它将成千上万的企业嵌入中国社会和商业网络之中。人们普遍认为，“关系”是影响企业经营绩效和市场增长的关键决定因素。在中国快节奏发展的新商业环境中，“关系”变得比以往更加重要。尽管目前学术界和实务界对“关系”有着浓厚的

兴趣，但缺乏从企业管理角度对“关系”内涵和实践进行系统、全面、深入探讨的著作。这本书就是通过研究与“关系”这个复杂的概念和实践相关的各种社会、经济、文化和管理问题，来弥补这个领域的缺憾。作为第一本系统研究中国企业“关系”管理的著作，他希望为这个领域的研究提供概念、理论和实践指导，避免再有对“关系”的模糊理解。这本书不仅是为学者而写，也是为那些有兴趣在中国社会及相关地区做生意的所有经营管理人员和管理专业的学生而写，目的就是为他们提供重要的参考和指导。书中每章都有案例，指导管理人员或企业如何发展和利用“关系”推动业务发展。陆亚东的企业“关系”管理思想也为我们的课题研究提供了丰富的素材和有价值的参考。本书将在后面专门对陆亚东的企业“关系”管理思想进行分析和研究，从中探寻企业“关系”管理的实质和内涵。

西方学者Eike A. Langenberg也在2007年出版了《“关系”与企业战略》（*Guanxi and Business Strategy*）一书。他在著作中说，在20世纪90年代末期之前的主流管理学文献一般都用“关系”来解释中国和东南亚的经济繁荣现象。企业管理者和管理顾问们普遍认为，“关系”是企业在中国取得成功的一个“秘密”。要回答跨国公司从战略上运用“关系”在中国市场取得成功需要做些什么等问题，需要在社会学、经济学、管理学等领域做深入的理论研究。他希望自己的研究能在这方面有所突破。可见，“关系”对于企业发展及其企业战略的重要作用，已经引起西方学术界包括企业界的广泛关注。

Ying Lun So和Anthony Walker在合著的《解释“关系”》（*Explaining Guanxi*）一书中指出，“关系”不仅被中国人认为对企业发展有很大帮助，而且也被外国商人和投资商认为是他们在处理中国的商业活动时必须理解和做的事情。中国人理解“关系”在实践中如何在战略上和细节上运作，外国人只能泛泛地了解“关系”是如何运作的。他们的共同之处在于对“关系”产生的原因和方式缺乏深刻理解。因此，理解“关系”产生的起源，对于如何发挥“关系”在实践中的作用有很大帮助。这对于中国人和外国人有同等的价值。他们的这本书对“关系”的历史发展提出了一些自己的理解和看法。作为西方人能够这么投入和深入地了解“关系”产生的根源，再次说明“关系”对于西方企业进入中国市场的重要性。

清华大学罗家德教授在其出版的《中国人的管理学》一书中提出："中国是人情社会、关系社会，所以，到最后不可避免会形成一个个'圈子'。从内圈的家人或拟似家人的关系，再到外圈的一些熟人朋友，我们都需要用智慧来经营这些'关系'。不论是内圈的亲近之人，还是外圈的路人甲乙，若想要这些'圈子'健康发展，良好的'关系'管理是必不可少的。"[①]罗家德是国内研究企业"关系"管理最有代表性的学者之一。他在企业"关系"管理研究中提出的"圈子"理论，在学术界有很大的影响。建设中国自己的管理学、推动中国管理学本土化发展，也是罗家德的一个重要学术追求。罗家德的企业"关系"管理思想对我们深入研究企业"关系"管理的本质和内涵有着重要的参考价值。本书在后面将专门对罗家德的企业"关系"管理思想进行全面分析和探讨，从而提出我们对企业"关系"管理思想的一些思考和讨论。

美国学者胡安·安东尼奥·费尔南德斯（Juan Antonio Fernandez）和劳里·安德伍德（Laurie Underwood）在中国出版的《关系：跨国CEO的中国经验》一书中指出，"关系"不是"腐败"的一种好听的说法，也不是西方人有时假设的那样，本身就是不道德的。"关系"体制并不意味着公司在行贿或者达成私下交易后就可以为所欲为。"关系"的确意味着，与西方国家相比，中国的商业伙伴会发展出更加密切和深入的"关系"，国际经理人也常常发现自己在开展正常业务时，是在一个友好而且依靠个人（而非职业）能力的环境中行事。过去，中国人面对的是很有限的获取资源、信息以及影响力的渠道，那时确实需要有"关系"，尤其是与政府部门的某一个人有"关系"。而今天，不再经常需要有这样的"关系"了。"关系"中的"好处交换"有可能或的确涉及非法的领域，不过这种负面的"关系"不是我们讨论的主题。过去的普遍看法是，如果没有与有影响力的政府官员的特殊"关系"，跨国公司就不可能得到业务成长和发展所需的来自政府官员的支持。今天，这种特殊"关系"的必要性正在消减，同官员间的"关系"现在不再

① 罗家德、曾明彬：《中国人的管理学》，吉林出版集团有限责任公司2010年版，第151页。

被看作一种必需的关键条件。[①] 胡安·安东尼奥·费尔南德斯和劳里·安德伍德主要是对我国改革开放之后，特别是21世纪后的企业“关系”管理状况进行了研究。他们以外国人的视角，选取了很多外国企业作为分析案例，全面展示了企业“关系”管理在我国新的历史时期的新变化。他们对这一历史时期企业“关系”管理的研究成果，对于我们研究“关系”产生的社会基础有着很大的帮助。本书在后面，将分别以杨美惠以及胡安·安东尼奥·费尔南德斯和劳里·安德伍德对我国不同历史阶段的研究成果为基础，探讨“关系”现象产生的社会历史基础，深入研究“关系”现象发展变化的社会规律和未来发展趋势。

以上是中国企业“关系”管理研究领域最有代表性的学者和学术成果。这些学术成果在很大程度上吸收了中国社会“关系”现象研究成果的思想和内容。换句话讲，中国企业“关系”管理研究是中国社会“关系”现象研究在管理学领域的具体表现。中国企业“关系”管理之所以受到国内外学术界的高度重视，一方面是因为中国在世界上的影响力越来越大，另一方面也说明中国社会和中国市场对外国企业的吸引力越来越大。在这种情况下，外国企业就需要了解中国乃至中国的企业管理。关于中国社会“关系”现象研究的文献显示，“关系”是中国的一种特殊社会现象。外国企业要了解中国，首先要了解中国社会的“关系”现象。因此，一些企业“关系”管理研究文献，直接把中国社会“关系”现象作为最重要的内容之一加以研究。他们得出的研究结论是，“关系”不仅在中国社会很重要，而且对于在中国社会的各种企业包括外国企业也非常重要。翻开很多企业“关系”管理研究的学术文献，几乎都会得出这样的结论。“关系”对于在中国社会和中国市场的各类企业都很重要。一些学者在深入系统研究企业“关系”管理的内涵、特点、作用及相关规律的基础上，试图创建中国本土化的管理学[②]，希望为外国企业了解中国的企业管理提供参考，更是为了在世界企业管理领域发出中

① [美]胡安·安东尼奥·费尔南德斯、劳里·安德伍德：《关系：跨国CEO的中国经验》，译林出版社2010年版，第27、171页。

② 譬如，美国中康州州立大学居延安教授于2006年出版《关系管理学》教材，并于2017年在复旦大学出版社再版。见居延安、胡明耀《关系管理学》，复旦大学出版社2017年版。但是，这本教材中的“关系”与笔者要研究的“关系”不完全一样，后面还有详细阐述。

国的声音。“中国港台地区及一批华人学者以‘关系’为核心概念之一，倡导建立华人本土管理学，在国际学术界产生了一定的影响力。”[①] 但是，就像关于中国社会“关系”现象的研究一样，国内外学术界关于企业“关系”管理的研究观点也是多元化的，有时甚至是相互矛盾的。这些研究成果也为我们深入研究中国企业“关系”管理思想提供了多元化的研究视角和研究思路。我们认为，中国企业“关系”管理思想研究既要围绕“关系”来探讨，又要跳出“关系”范畴来思考。围绕“关系”来探讨，就要给出中国企业“关系”管理语境下的“关系”及其“关系管理”的内涵界定；跳出“关系”范畴来思考，就是要把“关系”置于管理学的整体框架内，思考“关系”管理的特殊作用和管理价值。这正是我们要着重研究的问题，也是为了解答笔者在哈佛大学遇到的学术疑问。

第三节 研究思路和主要内容

我们研究的题目是“中国企业关系管理思想研究”，重点是在“思想”的梳理、探讨和总结方面做一些有意义的工作，并在此基础上提出我们的一些思考，从而丰富中国企业“关系”管理思想的内容。因此，我们将选取在“关系”研究、企业“关系”管理研究领域最有代表性、最具影响力的学者，对他们的学术思想进行全面梳理、归纳和总结，并分析他们在“关系”研究、企业“关系”管理研究方面提出了哪些有独特价值的学术思想。通过这些基础性的研究，我们将对“关系”、企业“关系”管理以及中国企业“关系”管理思想提出我们的思考和讨论。

一、研究思路

本书主要围绕两条主线展开，第一条主线是“关系”范畴，第二条主线是“关系”管理范畴。“关系”范畴是中国企业“关系”管理思想研究核心中

① 问延安、沈毅：《“关系”的国际研究进展——基于计量与知识图谱分析》，《软科学》2016年第4期，第130页。

的核心。我们将在梳理、总结国内外学术界关于“关系”研究最有代表性的学者及其学术思想的基础上，提出我们关于“关系”范畴的进一步思考和讨论。对于“关系”范畴的探讨将主要分析“关系”现象是中国社会固有的还是暂时的？我们将主要从文化角度探讨“关系”现象是否是中国社会固有的现象，从社会历史发展角度探讨“关系”现象是否是中国社会暂时的现象。在对这两个方面的内容探讨完后，本书将明确提出“关系”的内涵及其主要特征。在完成第一条主线研究的基础上，本书将深入研究第二条主线“关系管理”范畴，对“关系管理”的内涵、原则及其未来走向做全面系统的分析和探讨。“关系”范畴的研究是本书最核心的问题。我们对“关系”范畴的研究，先从文化和社会两个角度探讨它的产生基础，然后再研究“关系”的内涵及“关系”管理的相关内容。“‘关系’研究中有两种主要研究范式，一种是‘关系本位论’范式，将‘关系’视为中国文化特质，……另一种是将‘关系’运作视为对中国特色社会现象进行实证描述与分析的范式。”[①]

二、主要内容

（一）“关系”现象与中国传统文化

中国传统文化尤其是儒家文化对于形成中国社会的各种习俗、习惯和风气发挥了重要作用。国内外学术界一般会把“关系”看作中国传统文化尤其儒家文化的产物。梁漱溟、费孝通是从中国传统文化尤其是儒家文化的角度，探讨中国社会“关系”现象最早、最有代表性的学者。为此，我们将在后面，通过梳理和研究梁漱溟、费孝通的“关系”思想，系统研究“关系”现象产生的文化根源。我们认为，“关系”现象与中国传统文化尤其儒家文化之间有一定的联系，但二者也有一定的区别。这就需要进一步深入研究和思考，了解二者的内在联系以及存在的主要区别。

（二）“关系”现象与中国社会的历史背景

西方学术界用汉语拼音“guanxi”来表示“关系”，证明“关系”是中国社会的独特现象。关于“关系”现象的所谓“中国特色”，一方面是基于

① 奂平清：《理论自觉的“关系”研究与社会建设》，《中国特色社会主义研究》2018年第2期，第59页。

中国的传统文化，另一方面是基于社会历史背景尤其社会结构的分析。“关系”现象是中国自古以来就有的社会现象还是在特定的社会历史发展阶段和一定的社会结构环境中才形成的？除了中国，其他国家是否也有“关系”现象，这些问题都需要进行全面的了解和分析。我们认为，“关系”现象既然被很多学者认为是中国社会的一种独特现象，那么就需要分析一下中国社会的哪些因素导致了“关系”现象的产生。“关系”现象形成的社会土壤是什么？其他国家有没有这样的社会土壤？我们将分别以杨美惠以及胡安·安东尼奥·费尔南德斯和劳里·安德伍德对我国不同历史阶段的“关系”状况的研究为基础，深入分析探讨“关系”现象产生的社会基础及未来的发展趋势。

（三）“关系”的内涵及其主要特征

“关系”及其企业“关系”是本课题的两个核心概念，学术界关于这两个范畴有大量的研究成果。其中，“关系”范畴在社会学、人类学、政治学、法学、管理学、经济学、哲学等很多学科领域都有相应的研究成果。“关系”也成为一些学科领域实现中国本土化学科建设的重要视角和途径。我们要研究中国企业“关系”管理思想就必须对“关系”范畴进行深入思考和探讨。我们将通过梳理和探讨在“关系”研究领域最有代表性、最具影响力的两位学者即J. Bruce Jacobs和翟学伟的学术思想，全面分析“关系”的本质及其包含的主要内容，从而提出我们对“关系”的理解和思考。

（四）企业“关系”管理的内涵及其主要特征

国内外学术界对“关系”内涵的不同理解，形成了对企业“关系”管理内涵的不同理解，并以此构建了各自“不同”的企业“关系”管理理论体系。但是，我们认为，企业“关系”管理理论体系的构建必须建立在对“关系”范畴的全面理解和科学把握上，否则构建的所谓企业“关系”管理理论体系就很难成立。因此，我们对企业“关系”管理内涵的探讨，也是先通过梳理和讨论企业“关系”管理研究领域最有影响力、最有代表性的两位学者陆亚东、罗家德的学术思想，全面了解和研究他们的企业“关系”管理思想，从而提出我们对企业“关系”管理的一些思考和观点。

（五）企业“关系”管理的主要作用

企业“关系”管理之所以受到国内外尤其西方学术界的高度关注，原因之一在于很多学者认为企业“关系”管理在中国社会非常重要，其“作用”之大、“效果”之好成为很多人的“共识”。尤其对于要进入中国市场的外国企业来讲，很多学者认为其必须了解企业“关系”管理，否则几乎是“寸步难行”。我们认为，学术界的一些学者之所以产生以上认识，在于他们对“关系”、企业“关系”管理等范畴有自己独到的理解。就像前面李林艳通过研究中国房地产业的“关系”现象发现，“关系”主要就是企业与政府之间“拉关系”“走后门”。我们认为，这样的理解尽管有一定的现实基础，但是，企业“关系”管理如果仅仅理解为是这样运作的，这不仅是中国政府乃至中国民众所不能容忍的，而且也会在世界上给我们中国抹黑。我们对企业“关系”管理的主要作用研究，是通过实证案例进行的。我们寻找了两个非常优秀的企业作为案例，一个是国企，一个是民企。从中我们发现，企业“关系”管理的主要作用是多方面的。最高境界的企业“关系”管理是“关系”找企业，而不是企业找“关系”。企业“关系”管理的最重要作用是推动企业先把自己做好，做一个遵纪守法、诚实守信的有追求的正能量企业。

（六）企业“关系”管理研究的未来发展

尽管企业“关系”管理受到国内外众多学者的关注甚至追捧，但我们认为需要从两个方面加以认识。一方面，企业“关系”管理受到重视说明了中国企业管理的一些特色为西方所关注；另一方面，一些有志之士看到了中国企业管理本土化的曙光，希望企业“关系”管理在世界企业管理理论体系中能够占有一席之地，发出中国的声音，建构中国的企业管理理论。但是，企业“关系”管理研究未来的理论发展和实践走向，更需要学术界做深入全面的思考，为世界包括西方国家提出企业“关系”管理的正确发展方向，最起码是扬弃对“关系”的庸俗理解和做法，而发扬“关系”的正能量信息，尤其是在企业“关系”管理中要植入诚信、守法的元素。在习近平总书记以及党和国家倡导的“亲”“清”政商关系思想和社会主义核心价值观指导下，推动中国企业“关系”管理健康有序合法发展。

第四节 研究方法及创新之处

本书属于基础理论研究，主要从企业管理思想的角度，探讨和思考中国企业“关系”管理思想中的一些本源问题，其核心就是对“关系”范畴和“关系”管理范畴做一些理论探讨和学术思考。

一、研究方法

（一）文献研究方法

这是本书的主要研究方法。国内外学术界有很多企业“关系”管理研究的学术文献，这为我们的研究提供了丰富的素材和重要参考。为此，本书将主要通过梳理已有学术文献，发现其中有价值的参考资料，找出其中的一些规律，提出我们的一些思考和观点，希望我们的研究能够进一步丰富中国企业“关系”管理的理论体系。我们在大量的学术文献中精选了最有代表性和最具影响力的一些学者以及他们的学术成果，然后对他们的学术思想进行了集中的专门的梳理和探讨，从而启发我们能够提出更有价值的学术思想和观点。

（二）历史研究方法

企业“关系”管理中的“关系”范畴和“关系”现象，被很多学者认为是中国社会的特有现象。这就需要从中国历史的角度尤其是中国传统文化和社会发展两个角度加以剖析，一方面看看“关系”有哪些中国文化元素，另一方面看看“关系”有哪些特有的社会结构元素。中国社会发展尤其是中华人民共和国成立和改革开放在中国历史乃至世界历史上都属于非常伟大的创举。这些创举是前所未有的。在这项伟大创举的引领下，中国社会几乎发生了天翻地覆的变化，在取得巨大成就和进步的同时，也出现了一些不良社会风气。譬如见利忘义、拜金主义以及“走后门”“拉关系”等方面的社会问题。本书将利用历史研究方法，通过梳理和探讨杨美惠以及胡安·安东尼奥·费尔南德斯和劳里·安德伍德对我国不同历史阶段的“关系”状况的研究，全面了解“关系”在中国社会不同历史发展阶段表现出的不同特征。

（三）比较研究方法

没有比较就没有鉴别。本书不仅在文献研究法和历史研究法中体现比较研究，即对不同的学术文献进行比较、对中国社会的不同发展阶段进行比较等，而且在本书中也会运用比较研究方法：比较并鉴别不同学术观点，比较不同类型的"关系"，比较"关系"的积极作用和消极作用，比较"关系"的过去、现在和未来，比较企业"关系"管理与其他类型管理，等等，发现和寻找企业"关系"管理的规律，从而提出我们的研究思路。

（四）案例研究方法

企业"关系"管理问题既是一个理论问题，更是一个实践问题。从根源上讲，企业"关系"管理作为一个理论问题最终也是源于企业"关系"管理的实践。案例研究方法反过来也是为了论证企业"关系"管理的一些学术观点及其理论。我们在本书中重点选取了两家企业作为实证案例，以展示企业"关系"管理的具体表现及其主要作用。

（五）跨学科研究方法

中国社会"关系"现象的研究涉及很多学科领域，本书研究的中国企业"关系"管理思想是中国社会"关系"现象的重要组成部分，我们在研究报告中参考和引用了其他学科特别是社会学关于中国社会"关系"现象的研究成果及其观点。跨学科研究方法是本书使用的主要研究方法。企业"关系"管理思想研究最早源于其他学科尤其社会学、人类学以及心理学的"关系"研究。为了比较中西方社会以及中西方人之间的差异，特别是建构中国本土化的学科体系，西方学术界特别是我国港台学术界的一些学者，关注到了中国社会及其中国人的"关系"现象。这一项研究的学术源头，最早是一些研究中国问题的西方学者，譬如马克斯·韦伯（Max Weber）、费正清（John King Fairbank）等，以及我国民国时期思考中国本土化问题的一些学者，譬如梁漱溟、费孝通等。本书将从这些学科领域汲取"营养"，丰富中国企业"关系"管理思想研究的内容。

二、创新之处

通过以上研究方法的运用，我们希望本书能够在全面梳理国内外学术界关于中国社会“关系”现象，尤其是中国企业“关系”管理相关研究成果的基础上，寻找出中国企业“关系”管理的发展规律，提出我们的学术观点，并争取在研究观点和结论上有所创新。总体上来讲，我们认为，企业仅满足于追求有违公平正义甚至违反法律的“拉关系”“走后门”，是我们坚决要反对的。企业为了与利益相关者之间建立诚信、透明、公平和友善的“关系”，达到互惠互利和双赢、共赢的目的，这样的企业“关系”管理是需要保持的。对于企业来讲，最重要的“关系”就是对外要处理好企业与客户的“关系”，对内要处理好企业与职工的“关系”。我们的创新之处主要体现在以下三点。

（1）我们参照“质性研究”的方法，集中对“关系”、企业“关系”管理领域最有代表性、最具影响力的学者的学术思想，进行了全面深入系统的分析和研究，从中发现对丰富中国企业“关系”管理思想有重大价值的思想，并提出我们的一些思考和观点。“质性研究”是现场面对一个人进行实地的思想考察和梳理。我们则重点选取有重大研究价值的学者的学术思想，进行文献上的考察和梳理，为我们将来以代表人物为主线，进一步研究中国企业“关系”管理思想史，做理论和思想上的准备。

（2）我们提出了“关系”与法律都是社会制度的观点。我们通过研究认为，“关系”是一种软性制度，靠伦理道德和相互信任规范人的行为，是一种自律制度。法律是一种硬性制度，靠法律制度和处罚规范人的行为，是一种他律制度。“关系”在一定意义上讲，有着相互承担义务和互相信任的内涵。中国企业“关系”管理就要充分发挥“关系”在这方面的特殊功能，提高企业“关系”管理的质量，对外赢得社会信誉，对内获得职工支持。

（3）我们提出了中国企业“关系”管理的最高境界是“关系”找企业，而不是企业找“关系”的思想。只有不自信的企业或是实力不够强的企业才会到处找“关系”、求“关系”。而有足够实力和品牌影响力的企业，就会吸引到很多“关系”上门寻求合作共赢。这个现象是我们通过本书中两个企业的实证案例研究发现的。企业只有充分练内功、做强做好自己，才会得到更多的优质“关系”资源。

第一章

中国企业"关系"现象产生的文化背景

我国已成为世界第二大经济体，国际影响力越来越大。这就使得了解和研究中国社会成为世界的一种潮流。而"关系"现象则被很多人认为是了解和研究中国社会包括海外华人社会的重要窗口之一。"越来越多的研究者已经意识到，如果要了解华人社会中的社会现象，不考察'关系'是不可能的，所以在过去的一段时间内，不同社会科学领域的专家学者已经基本上确立起研究'关系'和'关系'现象的理论立场。"[①] "21世纪以来，中国经济保持较高速发展态势，国际学术界沿袭马克斯·韦伯探寻资本主义发展与独特的文化要素亲和力的研究传统，发现'关系'文化要素与高速发展的中国经济有密切联系，以'关系'为主题的研究渐成上升态势。"[②] 而作为中国社会"关系"现象的重要组成部分，中国企业"关系"现象成为中国企业管理本土化研究领域的一个热点和焦点。"中国企业管理实践中的'关系'现象因其中国本土化的特色，成为中国企业管理理论本土化研究很好的视角和途径。"[③] 这就是我们要研究中国企业"关系"管理思想的重要原因之一。要研究中国企业的"关系"管理思想，首先需要了解中国企业"关系"现象产生的文化背景、社会基础以及内在动因。为此，本书前两章的内容就是按照这个思路展开的。其中，关于中国企业"关系"现象产生的文化背景研究，是学术界多数学者首先要考虑的问题。"文化论题是出现最早的一种

---

① 曾国权：《"关系"动态过程理论框架的建构》，《社会》2011年第4期，第110页。

② 问延安、沈毅：《"关系"的国际研究进展——基于计量与知识图谱分析》，《软科学》2016年第4期，第127页。

③ 乔东：《中国企业管理理论本土化研究的"关系"视角》，《理论学刊》2015年第6期，第62页。

‘关系’理解方案。”[①]学术界很多学者认为，中国企业“关系”现象就是中国的一种文化现象，甚至有学者直接指出：“‘关系’是一种儒家文化现象。”[②]“作为中国人社会活动基础的‘关系’，源于儒教文化。”[③]

国内外学术界之所以把“关系”现象看作中国社会的特色现象，特别是西方学者用汉语拼音“guanxi”而不用其他英语单词表示“关系”的重要原因之一，就在于绝大多数学者认为“关系”现象是儒家文化的产物。而这一学术观点的源头，离不开两个代表人物，一个是梁漱溟，另一个是费孝通。[④]“一个世纪前，韦伯（Weber）在《中国的宗教》中断言‘特殊主义原则’乃是儒家伦理之核心。而与韦伯同一时期的来华传教士明恩溥（Arthur Smith）所记录的中国人的性格特征与韦伯所言并无二致。……中国本土的学者也开展了类似的研究。梁漱溟提出了‘关系本位’的观点。”[⑤]在一定意义上讲，“关系”研究的奠基者是费孝通和他的老师吴文藻教授。“研究人际联系性和群体联系性的核心学术概念是‘关系’。当社会学于1903年传入中国时，主流社会学概念并不是‘关系’，而是群体。……这并不影响中国社会学早期发展阶段的有识之士从联系性视角分析中国、开展中国特色的社会学研究。其中最有学术影响的是以吴文藻为代表的‘中国学派’……这一探索的理论突破者和集大成者是吴文藻先生的爱徒费孝通。……他提出‘差序格局’的概念，突破了欧美社会学的非联系性理论视角，奠定了中国‘关系’研究的学理基石。”[⑥]因此，本章主要以梁漱溟和费孝通关于“关系”研究的思想及我们的一些评论为基础，全面探讨中国企业“关系”现象产生的文化背景。

---

① 李林艳：《弱关系的弱势及其转化 “关系”的一种文化阐释路径》，《社会》2007年第4期，第176页。

② Martin Francis Parnell, Guanxi and Confucianism: An “individualist” Analysis, *International Journal of Diversity*, Volume5, Number 5,2005/2006，p.133.

③ [韩] 朴雨淳：《中国社会的“关系”文化——兼论能否增进“关系”的公共性？》，《学海》2006年第5期，第7页。

④ 翟学伟：《中国人的关系原理：时空秩序、生活欲念及其流变》，北京大学出版社2011年版，第170-171页。

⑤ 姚泽麟：《社会转型中的关系学——评杨美惠的〈礼物、关系学与国家〉》，《社会学研究》2011年第3期，第218页。

⑥ 边燕杰、杨洋：《作为中国主体话语的关系社会学》，《人文杂志》2019年第9期，第24页。

第一节　梁漱溟的“关系”思想及其意义

梁漱溟是我国著名的国学大师之一，有“中国最后一位大儒”之称。他的“关系”思想研究主要出现在他的代表作之一《中国文化要义》一书中。梁漱溟是在探讨中国文化的过程中提出了“关系”思想。他在自序中说到，这本书是他写的第四本书，前三本分别是《东西文化及其哲学》《中国民族自救运动之最后觉悟》《乡村建设理论》。而《中国文化要义》一书的写作，历时九年之久，可见这本书的分量之重。梁漱溟特别强调，他研究中国文化不是“为学问而学问”，是“感受中国问题之刺激，切志中国问题之解决，从而根追到其历史，其文化，不能不用翻心，寻个明白”。[①] 梁漱溟在这本书中通过分析中国文化，对中国问题“寻个明白”的过程中，谈到了中国的“关系”现象。从这个意义上讲，我们研究中国企业的“关系”管理思想，也不是“为了学问而学问”，而是要对中国本土化的企业管理问题“寻个明白”。

一、梁漱溟“关系”思想研究的文化基础

梁漱溟“关系”思想研究就是建立在中国文化研究的基础之上的。他在《中国文化要义》一书中对中国文化的探讨，主要是从其“特殊性”方面加以展开的。也就是说，中国文化之所以称作中国文化，关键在于其“特殊性”。在这一点上，中国企业的“关系”现象研究也是这样的。国内外学术界研究中国企业“关系”现象的学者，也主要是基于“关系”的特殊性加以研究的。而“关系”的特殊性就在于文化的特殊性。梁漱溟说：“中国文化，是说我们自己的文化，以别于外来的文化而言；这亦就是特指吾中国人素昔生活所依靠之一切。”[②] 由此看来，中国文化的特殊性，造就了中国人的特殊性。当然，这里面也有一个悖论，那就是，是中国文化塑造了中国人，还是中国人创造了中国文化？也就好比，是鸡生蛋，还是蛋生鸡？按照

---

① 梁漱溟：《中国文化要义》，上海人民出版社2011年版，第3-4页。

② 同上，第8页。

辩证唯物主义的基本观点，劳动创造了人本身。从源头上讲，勤劳勇敢的中华民族创造了灿烂的中国文化，而中国文化反过来也塑造了中华民族及中国人。梁漱溟主要从这个角度，探讨了中国文化的特殊性如何塑造了特殊的中国人和中国社会。

（一）中国文化的特征

中国文化的特殊性，反映了梁漱溟在《中国文化要义》一书中的一条思想主线。他认为，中国文化有极强的个性。原因在于：中国文化是独立形成的，而不是受到其他文化的影响；中国文化自成体系，与其他文化差异较大；中国文化是世界上唯一延续至今的人类古代文化；中国文化对外来文化具有巨大的同化和包容功能；中国文化造就了时间长久、空间广大的中华民族；中国文化早在2000多年前就已近乎成熟；中国文化对周边国家和地区影响深远。[①] 梁漱溟在分析了中国文化的特殊性之后，重点探讨了中国文化的14个特征，特别是中国的“家”文化特征。这14个特征主要有[②]：1. 幅员辽阔、人口众多；2. 民族之间的深度融合；3. 历史悠久；4. 神秘的强大力量；5. 停滞不进的文化；6. 几乎没有宗教的人生；7. 中国的家族制度；8. 不向着科学前进；9. 民主、自由、平等观念及法制不见提出；10. 道德气氛浓厚；11. 不属于普通国家类型；12. 无兵的文化；13. 孝的文化；14. 隐士文化。

以上梁漱溟提出的中国文化14个特征的观点，我们不一定全盘接受，有的观点还有进一步探讨的空间。但是，我们重点分析其中的第4、7、10、13个特征（即，4. 神秘的强大力量；7. 中国的家族制度；10. 道德气氛浓厚；13. 孝的文化），发现这几个特征与我们要探讨的中国企业的“关系”现象密切相关。

梁漱溟在谈到第4个特征“神秘的强大力量”时强调，在知识、经济、军事、政治四个方面，中国文化既体现不出其独有的优势，也不能说是它的劣势。中国文化是一种强大的力量，但又不能确切地说出这种强大的力

---

① 梁漱溟：《中国文化要义》，上海人民出版社2011年版，第8-9页。

② 梁漱溟在书中归纳的中国文化14个特征，用的是古文、现代文掺杂的表述方式，笔者通过解读做了一些转化，但保持了书中的本意。参见梁漱溟《中国文化要义》，上海人民出版社2011年版，第11-26页。

量体现在哪些方面。这就是中国文化的神秘所在！梁漱溟说：“怪哉！怪哉！”[①]中国企业的“关系”现象也有这种神秘性。有时候人们都知道“关系”对于中国企业的重要性，但是又说不清楚“关系”的重要性到底体现在哪些方面。

梁漱溟在谈到第7个特征“中国的家族制度”时认为，中国的家族制度在全部文化中，占据极其重要的地位，并根深蒂固，闻名世界。中国之所以被称作宗法社会，原因就在于此。梁漱溟还引用多人的观点加以印证。譬如，陈顾远认为，家族本位是中国社会的特色之一。庄泽宣认为，中国与西方的不同在于，中国以家族为社会生活的重心。卢作孚认为，家庭生活是中国人第一重的社会生活，亲戚邻里朋友等关系是中国人第二重的社会生活。[②]中国企业的“关系”现象被学术界看作儒家文化的产物，主要就是基于中国的家族现象。因为，儒家文化提出“修身、齐家、治国、平天下”的治国理政思想。修身、齐家是第一位的。修身的基础就要按照儒家思想处理好各种人伦关系。其中，最重要的人伦关系之一就是父母子女之间的家庭关系。

梁漱溟在谈到第10个特征“道德气氛浓厚”时认为，中国的政治与伦理道德相结合，二者一致而不分。道德统括文化，全部文化中道德气氛浓厚，是中国的事实。中国立法的基础也是道德礼教伦常，法律只是补充；强调义务为先，而不是权利。[③]中国企业的“关系”现象在一定意义上讲，也是一种伦理道德现象，一般也强调义务为先。因为，传统“关系”的基础是父母子女之间的血缘亲情关系。父母养育子女、子女孝顺父母，不仅是一种中国的伦理道德要求，也是彼此的义务使然。

梁漱溟在谈到第13个特征“孝的文化”时，引用钱穆和谢幼伟的观点说，钱穆称中国文化是“孝”的文化。谢幼伟认为，孝在中国文化中作用至大、地位至高，谈中国文化而忽视孝，则不是中国文化。[④]孝就是子女对父母所尽的道德伦理义务，也是儒家文化治国理政思想的重要基础之一。倡导

---

① 梁漱溟：《中国文化要义》，上海人民出版社2011年版，第13页。

② 同上，第17-18页。

③ 同上，第22-23页。

④ 同上，第26页。

在家尽孝、对国尽忠，是中国历代帝王推崇儒家文化的重要原因之一。

（二）中国的“家”文化

梁漱溟在简单分析完中国文化的14个特征之后，首先重点分析了其中的“家”文化特征。“我们于前章所列举中国文化十四特征中，可以任从一点入手，来进行研究。现在就以中国人的家在其社会组织中实际生活中之特见重要（第七特征），这一点上起始走。”①而中国的“家文化”则是中国企业的“关系”现象产生的社会文化基础。有了家，才有了父母子女之间的血缘关系以及“七大姑八大姨”之间的亲缘关系乃至其他拟血缘关系和拟亲缘关系，等等。

梁漱溟认为，家庭在中国人的生活中非常重要，这是尽人皆知的，也是与西方的差别所在。梁漱溟不同意冯友兰的观点。冯友兰认为：在生产家庭化的社会，人们直接依靠的是家；在生产社会化的社会，即产业革命之后的社会，人们直接依靠的不是家，而是社会。梁漱溟认为冯友兰的观点是错误的。梁漱溟强调，不管生产工具、生产方法如何变化，家对中国人的重要性是不会变化的。像中国这样重视家的现象，全世界都罕见。中国人的家非常重要，这也是中国文化极强的个性之一的表现。梁漱溟说：“中国家族制度实在决定了中国社会经济的命运，乃至中国整个文化的命运！”②

中国企业的“关系”现象与中国的“家”文化之间有着密切而微妙的关系。现在很多中国企业推动“家”文化建设，就是为了融洽职工之间的关系，在企业内部营造“家”的氛围。“家”的本质在于“亲情”，在于“爱”，在于彼此之间的“义务”，等等。“亲情”拉近了职工之间的距离，“爱”带给了对方温暖，彼此之间的“义务”培养了互帮互助的良好风气。这样的“家”文化最终就会转变成生产力和生产效率，大大提高了员工的积极性、主动性和创造性。这就是中国企业的“关系”现象。这种现象把彼此之间的工作“关系”乃至金钱交易关系，变成了“亲人关系”和情感交流关系。我们研究中国企业的“关系”现象，不是为了庸俗的“拉关

① 梁漱溟：《中国文化要义》，上海人民出版社2011年版，第30页。

② 同上，第30-41页。

系”“走后门”、破坏公平和正义的赤裸裸的所谓“关系学”“关系网”，而是为了建立在真情、亲情、友情等基础上的相互关心、相互关爱、相互信任等阳光“关系”。梁漱溟认为，“家”文化现象很难一时半时退出中国人的日常生活。我们认为，“家”已经融进了每一个中国人的血液和骨髓。“家”是研究中国企业的“关系”现象的重要逻辑起点之一。

（三）中国的道德文化

梁漱溟在《中国文化要义》一书中分别从伦理和道德两个方面探讨中国文化的特殊性。梁漱溟指出，中国几千年的文化形成，周公和孔子的贡献最大。而孔子对两千多年中国文化的影响远远超过周公。[①] 在谈到孔子的思想时，梁漱溟进一步指出，孔子总是教人自省、自求、自辨，自己监督自己，自己要求自己，自己反省自己，自己相信自己的理性，而不是求助于别人。这就是道德。道德在于个人的自觉自律。孔子倡导通过礼乐制度唤醒人们的道德自觉自律。因为具体的礼乐可以调节人的身心和性情。“使人自尽其心而涵厚其德，务郑重其事而妥安其志。人生如此，乃安稳牢韧而有味，却并非要向求得什么。”[②]

中国企业的“关系”现象如果是中国文化的产物，那么就应该有道德的成分在里面。从这个意义上讲，中国企业的“关系”应具有道德属性，要更多地向“内”求，而不是向外“求”。也就是说，在建立、维护和发展企业的各种“关系”中，要更多体现企业自身的觉悟、境界和修养，时时处处自我监督、自我审视、自我要求和自我提升，目的是让企业的言行符合社会道德规范和礼仪制度，决不能超越道德底线，更不能违法乱纪。这就要求中国企业有社会担当，履行企业社会责任，做合法合规合情的文明企业。

二、梁漱溟“关系”思想的主要观点

梁漱溟在《中国文化要义》一书中主要从伦理角度，提出了他的“关系”思想。他认为，中国是一个伦理本位的社会，也就是关系本位的社会，伦理就是关系，关系就是伦理。“人一生下来，便有与他相关系之人（父

---

① 梁漱溟：《中国文化要义》，上海人民出版社2011年版，第99-100页。

② 同上，第109页。

母、兄弟等），人生且将始终在与人相关系中而生活（不能离社会），如此则知，人生实存于各种关系之上。此种种关系，即是种种伦理。”[①] 由此看来，伦理道德经常在一起说，但是伦理和道德是有区别的。伦理主要是指人们之间的关系，至少有两个人。道德主要是指个人的觉悟和修养，一般是指一个人。但是，按照儒家的思想，要协调好人们之间的伦理关系，关键在于个人的道德修养。修身是第一位的。我们研究中国企业的“关系”现象也需要从伦理和道德两个方面加以探讨。伦理，就是企业面临和处理的各种“关系”，道德就是对企业自身的修养要求。

（一）“关系”的家庭基础

梁漱溟的“关系”思想主要是从分析家庭开始的。他之所以称中国社会是伦理本位或者“关系”本位，逻辑起点就是家庭。中国文化的一个重要特征就是特别看重家庭。家庭是“关系”的起点。“关系”会在家庭基础上衍生出各种拟家庭“关系”。“伦者，伦偶，正指人们彼此之相与。相与之间，关系遂生。家人父子，是其天然基本关系，故伦理首重家庭。父母总是最先有的，再则有兄弟姊妹。既长，则有夫妇，有子女，而宗族戚党亦由此而生。出来到社会上，于教学则有师徒；于经济则有东伙；于政治则有君臣官民；平素多往返，遇事相扶持，则有相邻朋友；随一个人年龄和生活之开展，而渐有其四面八方若近若远数不尽的关系。是关系，皆是伦理；伦理始于家庭，而不止于家庭。”[②] 可见，梁漱溟所说的伦理本位或者“关系”本位，是以家庭为基础，并以此为原点生发出各种各样的“关系”。在一定意义上讲，中国文化的特殊性之一在于重视家庭的“家”文化，也是“关系”文化。有家庭，就会有家庭内部的各种“关系”，也会引发家庭外部的各种“关系”乃至社会上形成的各种“关系”。家庭的各种“关系”是天然无法改变的血缘关系。家庭外部的各种“关系”特别是社会上形成的各种“关系”是后天形成的非血缘关系。包括同学关系、同乡关系、同事关系，等等。即使是家庭外的“关系”，也会往家庭方面靠。譬如，“师父”“徒子

---

① 梁漱溟：《中国文化要义》，上海人民出版社2011年版，第78页。

② 同上，第78-79页。

徒孙”“父母官”“子民”以及相邻朋友间的伯叔兄弟相呼，等等。“举整个社会各种关系而一概家庭化之。”①

中国企业的“关系”现象的形成也与家庭有着密切的联系。很多中国企业开展的“家”文化建设，通过营造“家”的氛围，拉近企业与员工之间的“关系”，增进感情，提高凝聚力。同时，一些企业还会加入家乡的各种商会，认识各种“关系”资源和人脉，扩大企业影响，寻找企业商机。还有一些企业老板付高额学费，在各种名校的EMBA班“镀金”，形成所谓的“同学”关系，从而结识各界精英人脉，等等。“家”的本质就是同祖、同族、同血缘，关键在一个“同”字上。一个“同”字就拉近了彼此的距离，提高了彼此之间的信任度。中国企业的“关系”现象就要在“同”字上下功夫，寻找、建立、维持和发展各种“关系”，依靠的就是这个“同”字。有时候两个企业之间找不到“同”的“关系”，还会利用中间人搭建起“同”的“关系”。

（二）“关系”需要承担义务

梁漱溟认为，血缘骨肉“关系”和其他或深或浅的“关系”，都有情分在里面。因为情才有了义。父子、兄弟、夫妇、朋友乃至一切“关系”，人之间都有应尽的情义，也是一种义务。“伦理关系即是情谊关系，亦即是其相互间的一种义务关系。伦理之‘理’，盖即于此情与义上见之。”②可见，“关系”的意义在于为对方的付出和义务。譬如，父母对子女的付出和义务就是慈爱，子女对父母的付出和义务则是孝顺。没有这种互相的付出和义务，那么父母子女之间的“关系”就会出问题。其他的“关系”也一样。兄弟、夫妇乃至朋友之间失去了彼此之间的付出和义务，“关系”也会出问题。“每一个人对于其四面八方的伦理关系，各负有其相当义务；同时，其四面八方与他有伦理关系之人，亦各对他负有义务。”③彼此有“关系”的人，之所以要为对方承担义务，就在于他们之间有情分、有情有义。这种情分和情义也是“关系”形成的基础。梁漱溟进一步指出，“关系”中的情分和情义，让人们总是尊重和考虑对方，而忘了自己，彼此总能以对方为重。

---

①②③ 梁漱溟：《中国文化要义》，上海人民出版社2011年版，第79页。

“于彼此相关系中，互以对方为重而已。”①

清华大学教授陈来认为，“梁漱溟‘以对方为重’的伦理观，或者说由梁漱溟所阐释的儒家伦理，确实具有与突出主体意识不同，也与‘交互主体性’观念不同的意义，是一种以‘他者’优先为特征的伦理。在这种伦理中，不仅突出了对他者的承认，也强调了对他者的情谊、义务和尊重，这种尊重不是交换意义上的，而是‘不计自己’‘牺牲自己’‘仿佛没有自己’地‘以对方为重’”。② 中国企业的“关系”现象也要注重承担起应尽的义务，体现“关系”之间的情分和情义。这与现实中的狭隘“关系”观是背道而驰的。有些企业总是想通过“关系”或者利用“关系”，尤其是利用掌握资源的“关系”人，获得不义之财，破坏公平公正公开的规则。这样的“关系”是以从对方“关系”人那里获得权利，而不是为对方“关系”人付出义务为目的。因此，“关系”的情分和情义让位于庸俗的利益和“好处”。中国企业的“关系”现象中这些庸俗的成分，就要摒弃掉，积极汲取正面和阳光的内容，通过情分、情义、义务等建立和发展持续健康的“关系”。中国企业的“关系”是这样，个人之间的“关系”也是这样，国家之间的“关系”更是这样。我国现在推行的“一带一路”倡议遵循的就是这样的“关系”原则，为“一带一路”国家和地区的经济社会发展，尽到我们的义务。所以，我们才会得到这些国家的大力支持。

（三）“关系”的均衡

梁漱溟在对东西方社会进行比较的过程中，提出了“关系”均衡思想。他认为，与西方社会相比，中国既不是个人本位的社会，也不是社会本位的社会，而是伦理本位或者关系本位的社会。“中国之伦理只看见此一人与彼一人之相互关系，而忽视社会与个人相互间的关系。——这是由于他缺乏集团生活，势不可免之缺点。但他所发挥互以对方为重之理，却是一大贡献。这就是：不把重点固定放在任何一方，而从乎其关系，彼此相交换；其重点实在放在关系上了。伦理本位者，关系本位也。非惟巩固了关系，而且轻重

① 梁漱溟：《中国文化要义》，上海人民出版社2011年版，第87页。

② 陈来：《“以对方为重”：梁漱溟的儒家伦理观》，《浙江学刊》2005年第1期，第14页。

得其均衡不落一偏。”[①] 梁漱溟的“关系”均衡思想，是在其“关系”需要承担义务思想基础上提出来的。但是，根据他的“关系”均衡思想，“关系”承担的义务不单单是一方的，而是双方都需要承担起对方的义务。譬如，中国的“养儿防老”思想，说的就是父母把儿女养大，就是为了将来儿女为自己“养老送终”。从这个意义上讲，义务在“关系”中对双方都是平等和均衡的。梁漱溟进一步指出，根本不需要制定一个客观标准让人遵从，因为标准都是人定的，没有绝对的标准，只有相对的标准。“中国伦理思想，就是一个相对论。两方互以对方为重，才能产生均衡。而由于不呆板地以团体为重，亦不呆板地以个人为重，而是一活道理，于必要时自能随其所需而伸缩。——一个难题，圆满解决。”[②] 梁漱溟的“关系”均衡思想在一定程度上反映了当时中国包括现在的一些社会现象。但是，我们需要对这种现象科学分析。实际上，如果社会不需要客观标准而是依据彼此的“关系”治理，会带来很大的问题。“关系”近的“得利”，“关系”远的就会“吃亏”。我们认为，梁漱溟的“关系”均衡思想有其合理的成分，那就是彼此要负起对方的义务。但是，如果因为两个人之间的“关系”远近，而影响了社会公平和公正，这种“关系”就要大打折扣了。

中国企业的“关系”现象也是这样。在企业的各种“关系”中，彼此都应该负起对方的义务和责任。譬如，企业与供应商的“关系”，企业按时付给供应商货款，供应商保质保量发给企业货物。如果双方有着特殊“关系”，譬如双方企业的领导有亲戚“关系”，在货款和货物方面的交易也会特殊一些。货款上价格可以优惠一些，货物的数量质量更有保障一些，甚至时间上可以优先一些，等等。这都是人之常情。这就是“关系”的均衡，彼此给予对方特殊的“照顾”。但是，这些彼此给予对方的“照顾”，如果严重违背客观标准或者根本就没有客观标准，只是由彼此之间的“关系”远近而定，那么就不符合市场的诚信和公平原则。这样不仅破坏市场准则，而且有时还会影响他人乃至社会的利益。特别是通过一些地方政府官员掌握的特

① 梁漱溟：《中国文化要义》，上海人民出版社2011年版，第91页。

② 张晓洁、王海珍：《中国文化背景下管理中的“关系”研究综述》，《管理学报》2014年第7期，第1087页。

殊“资源”进行的企业交易行为，就会触犯法律。因此，我们在研究中国企业的“关系”现象时，对“关系”的均衡思想需要进行全方位的分析。

三、梁漱溟“关系”思想的意义

梁漱溟基于中国文化的特殊性提出的“关系”思想，对我们研究中国企业的“关系”现象有着重要的参考价值和启发意义。“在中国传统文化，尤其是儒家文化的影响下，对伦理的重视使‘关系’在中国源远流长。”[①]梁漱溟作为“中国最后一个大儒”，对中国文化尤其儒家文化有着非常深厚而独到的见解。他以中国文化的14个特征全面阐释了中国文化的特殊性，特别是“家文化”“道德文化”，强调了中国人重视家庭、关注自身的道德修养。这些都是我们研究中国企业的“关系”现象时需要参考的重要观点。他的“关系”思想也是基于家庭，尤其是基于伦理提出的。这与他对中国文化的观点形成了前后呼应，并一脉相承。中国企业的“关系”现象的形成也应该是这样的逻辑，从“家庭”或者“拟家庭”发展企业的各种“关系”，或者营造家庭一样的企业氛围。当然，这里所说的“关系”不是一般的关系，而是基于中国文化的特殊性背景下的“关系”，特殊性也是中国企业的“关系”的文化本质。梁漱溟的“关系”思想对于我们研究中国企业的“关系”现象的意义主要体现在以下几个方面。

（一）确立了特殊性的本质

梁漱溟在《中国文化要义》一书中贯彻始终的一条主线就是特殊性。他列举出的中国文化的14个特征，尤其是在对中西方社会的比较中，深入全面探讨了中国文化的特殊性的具体内容和表现。因此，如果把中国企业的“关系”现象看作中国文化的一部分或者中国文化的产物，“关系”的特殊性也不言而喻。这也是国内外学界把“关系”现象作为研究中国社会和中国企业的一个视角的重要原因之一。“关系”的特殊性不仅体现为是中国以及中国文化的一种表现形式，更表现为内涵和意义的特殊性。“关系”本来是很好理解的一个词语，一般是指人或者各种事物之间存在的联系或者相互间扮演

---

① 梁漱溟：《中国文化要义》，上海人民出版社2011年版，第87页。

的角色。这是“关系”的普遍意义。这种普遍意义在哪个国家、哪个地区都是大同小异的。梁漱溟的“关系”思想是在中国文化的特殊性基础上提出来的，从而确定了“关系”的特殊性本质。因此，我们研究中国企业的“关系”现象，“关系”的特殊性本质是首先要考虑的。

（二）提出了家庭的基础

梁漱溟对中国文化的特殊性和中国社会“关系”现象的探讨，都是以中国的“家”文化为逻辑起点的。这也是梁漱溟指出的中西方文化的最大区别之一。相对于西方社会，中国人特别看重家庭。因为家庭有父母和兄弟姐妹，这些血缘关系随时随地牵动着每一位中国人的心，触动着每一位中国人的灵魂。从每年的春节可以看出，亿万中国人不管离家多远，都会回家与家人团聚，这反映了“家”在每一个中国人心目中的重要性。由“家”形成的天然的血缘关系以及由“拟家庭”形成的各种非血缘关系，是梁漱溟提出“关系”思想的基本思路。实际上，在2500多年的中国传统文化中，占主流地位的儒家文化就特别重视家庭。儒家也是以家庭为起点提出了治国理政的思想。我们研究中国企业的“关系”现象也应该重点从家庭着手，深入研究“关系”现象的规律和特点。

（三）指出了义务的重要性

梁漱溟的“关系”思想强调了义务的重要性。因为“关系”的存在，才使得“关系”双方应该相互承担义务。在家庭中，父母和子女之间的血缘关系要求，父母应该承担起养育子女的义务，子女应该承担起赡养父母的义务。这不仅是道德的要求，更是法律的规定。也就是说，父母和子女之间相互承担的义务，已经成为一种法律义务。当然，梁漱溟重点谈的不是这种“关系”，而是基于拟家庭基础上形成的各种非血缘关系。血缘关系主要是基于“同祖”而形成的。“同祖”也就是同一个祖先。而非血缘关系则主要是基于“同源”而形成的。“同源”也就是“关系”双方有共同的来源或出处。譬如，同乡是因为来自同一个家乡，同学是因为来自同一个学校或者班级，同事是因为来自同一个单位或部门，等等。梁漱溟指出，义务不仅存在于血缘关系中，也存在于各种非血缘关系中。梁漱溟特别强调，中国社会是基于“关系”本位的，“关系”双方是对等的关系，义务也是对等的。“关系”具有一定的均衡性。我们研究中国企业的“关系”现象，也应该把“关系”的义务作为一个重要的变量加以重点分析和研究。

第二节　费孝通的“关系”思想及其意义

与梁漱溟相比，费孝通的“关系”思想对于国内外学术界的“关系”现象研究影响更大。“与梁漱溟之文化洞见有相似，然而分析上有所不同。费孝通试图用社会科学的方式解释儒家文化与传统社会，他的思考方法或概念都表现出了西方社会科学的影响。在发表于1948年的《乡土中国》中，费孝通详细地阐释了著名的‘差序格局’概念。”① 几乎所有研究“关系”现象的学术成果都会提到费孝通的“关系”思想，甚至以费孝通的“关系”思想作为研究的逻辑起点。“费孝通奠定了中国‘guanxi’研究的基础。”② 费孝通的“关系”思想主要出现在他的代表作之一的《乡土中国》一书中。费孝通既是一位社会学家，也是一位人类学家。他在社会学领域特别是在人类学领域做出了重大贡献。他写的《乡土中国》一书，与其说是一本社会学著作，不如说是一本人类学或者民俗学著作，甚至更可以说是一本民俗文化学著作。他主要从民俗和文化角度解读中国社会。他说：“这里讲的乡上中国，并不是具体的中国社会的素描，而是包含在具体的中国基层传统社会里的一种特具的体系，支配着社会生活的各个方面。它并不排斥其他体系同样影响着中国的社会，那些影响同样可以在中国的基层社会里发生作用。搞清楚我所谓乡土社会这个概念，就可以帮助我们去理解具体的中国社会。”③ 以“乡土中国”为代表的一些文化概念，是费孝通解读中国社会的基本工具和路径。下面我们主要从费孝通提出的相关文化概念、“关系”思想及其意义三个方面，重点分析他的“关系”思想及其主要内容。

---

① 纪莺莺：《文化、制度与结构：中国社会关系研究》，《社会学研究》2012年第2期，第73页。

② 龚其国、宋炜：《基于家电行业的Guanxi对企业运营绩效的影响研究》，《现代管理科学》2012年第4期，第33页。

③ 费孝通：《乡土中国》，北京大学出版社2012年版，第5页。

一、费孝通提出的相关文化概念

费孝通在《乡土中国》一书中不仅提出了“乡土中国”这一具有中国特色的文化概念，而且书中每一个部分的标题几乎用的也都是具有中国特色的文化概念。譬如乡土本色、文字下乡、差序格局、礼治秩序、无为政治、血缘和地缘，等等。其中的“差序格局”概念，是国内外学术界研究“关系”现象引用最多的一个范畴。换句话讲，国内外几乎所有的“关系”研究成果都会提到费孝通的“差序格局”这个概念，并以此作为研究的重要理论依据之一。我国社会学家郑杭生说过：“著名的‘差序格局’等有中国风格的社会学理论，就是在这本书中提出和论证的。”[①]费孝通的“关系”思想主要就是在论证“差序格局”这一概念的过程中提出来的。所以，我们就把“差序格局”的内容安排在下面费孝通的“关系”思想部分探讨。但是，我们在这一部分探讨费孝通提出的相关文化概念，也主要是与“关系”文化密切相关的。

（一）乡土本色

“乡土本色”是费孝通在《乡土中国》一书中提出的第一个概念，也是全书内容包括“关系”思想形成的基础。他在书中认为，中国社会是乡土性的，乡土性也是中国与西方相比之后表现出的特殊性。特别是这个“土”字体现了中国基层社会，特别是乡下中国离不开泥土的状况。种地是当时最普通的谋生手段。我们的民族从土里长出过光荣的历史。“土”在我们的文化里占有重要的位置。实际上，“土”也有特色和特殊的意义，体现了不同于其他社会或文化的差异。具体讲，“土”的特色主要有以下几个方面。

1. 相对稳定的居所

费孝通在书中说：“直接靠农业来谋生的人是黏着在土地上的。”[②]中国乡村里的人口一代代传下去而不大变动，这是乡土社会的特性之一。以农为生的人们，世代定居是常态，迁移是变态。除非遇到天灾人祸以及人口过剩，一般人们是不挪动地方的。即使挪动了地方，“老根”也是不动的。费

---

①② 费孝通：《乡土中国》，北京大学出版社2012年版，第3页。

孝通所讲的“老根”主要指的就是我们平时所说的“老家”。一个人不管走多远，祖祖辈辈生活的“老家”是每一位中国人的“老根”。俗话讲的“叶落归根”，就是说人老了，最终一般还是要回老家的。人死了，是要入祖坟的。

2. 聚村而居

费孝通认为，聚村而居对于中国乡土社会的性质影响很大，这也是中国与西方特别是美国乡村的不同之处。美国的乡下很少有像中国的村庄这样安排：邻舍之间屋檐相接。中国农民聚村而居，主要有小农经营、相互合作、安全等方面的考虑。中国乡土社区的单位是村落，村与村之间相对孤立，但是，乡土社会富于地方性，各个村子保持各自孤立的社会“圈子”。费孝通所说的这种情况，已经保持了几千年直到今天还有这样的现象。特别是他所说的社会“圈子”与我们研究的“关系”现象有着密切的联系。从一定意义上讲，“关系”现象实际上就是形成了各自的社会“圈子”。

3. 熟人社会

由于乡土社会的地方性和各自的独立社会“圈子”，在一个村子一起长大和生活的人们之间彼此都非常熟悉，形成了一个没有陌生人的社会。“熟悉是从时间里、多方面、经常的接触中所发生的亲密的感觉。”[①] 在一个熟悉或者熟人的社会，人们相互之间是从熟悉到亲密的过程。费孝通指出，熟人现象是现代社会发展的障碍。因为大家相互之间是熟人，所以就会有“打招呼”现象发生。而现代社会是陌生人的社会，大家彼此之间不知道对方的底细，很多事情需要法律调节。但是，乡土社会则不需要法律，因为大家从熟悉到信任，相互是可靠的。“乡土社会的信用并不是对契约的重视，而是发生于对一种行为的规矩熟悉到不假思索时的可靠性。”[②] 费孝通认为，这也是“土气”的一种特色。

费孝通最后总结乡土本色的时候，是持否定的态度。他认为这些乡土本色在陌生人面前是不适用的。在从乡土社会进入现代社会过程中，乡土本色养成的生活方式有种种弊端。“陌生人所组成的现代社会是无法用乡土社会

① 费孝通：《乡土中国》，北京大学出版社2012年版，第14页。

② 同上，第15页。

的习俗来应付的。于是，‘土气’成了骂人的词汇，‘乡’也不再是衣锦荣归的去处了。”[①]

（二）文字下乡

费孝通在书中用两个部分讨论“文字下乡”问题，说明它的重要性。文字下乡主要是让乡下人识字。他反对城里人认为乡下人不识字就是“愚”的观点。作为传情达意的工具，文字属于间接的说话。而在熟人社会的乡下，人们不需要借助文字，而是直接交流，这样效果会更好。因为大家彼此之间太熟悉了，有共同语言，甚至“特殊语言”或者“行话”。譬如表情、动作在面对面的情境中更容易传情达意。“在乡土社会中，不但文字是多余的，连语言都并不是传达情意的唯一象征体系。”[②]这是费孝通从空间格局上说乡下人没有文字的需要。然后，他又在时间格局中说乡下人也没有文字的需要。因为乡土社会是一个生活很安定的社会，几代人生活在一个地方一般不会老是移动的。祖祖辈辈在熟悉的地方反复重演着同样的生活经验。“这种社会用不上常态曲线，而是一个模子里印出来的一套。在这种社会里，语言是足够传递世代间的经验了。当一个人碰着生活上的问题时，他必然能在一个比他年长的人那里问得到解决这问题的有效方法，因为大家在同一个环境里，走同一道路，他先走，你后走；后走的所踏的是先走的人的脚印，口口相传，不会有遗漏。哪里用得着文字？时间里没有阻隔，拉得十分紧，全部文化可以在亲子之间传授无缺。”[③]

费孝通的这个描述对于我们分析“关系”现象很有启发。也就是说，在中国社会，人们遇到问题时一般会求助于在同一个环境和走同一道路的人，很多问题可以在“亲子”之间或者“类亲子”之间解决。费孝通所讲的文字下乡，最终还是归结为前面他所说的乡土性问题。最后，他又强调：“这种乡土社会，在面对面的亲密接触中，反复地在同一生活定型中的人们，并不是遇到字都不认得，而是没有用字来帮助他们在社会中生活的需要。我同时也等于说，如果中国社会乡土性的基层发生了变化，也只有在发生了变化之

---

① 费孝通：《乡土中国》，北京大学出版社2012年版，第16页。

② 同上，第25页。

③ 同上，第34页。

后，文字才能下乡。”[①] 费孝通再次用了“同一生活定型”描述中国社会的乡土性。我们认为，中国社会的乡土性的“同一生活定型”即使在生活空间上发生了变化，但是在心理空间上一时半时还是很难改变的。譬如现在中国的乡村早已经实现了“文字下乡”，绝大多数人都识了字，有了文化，专科生、本科生、研究生等高学历的人比比皆是。但是，人们的乡土情和乡土味还是比较浓厚的。全国各地设立的种种商会和老乡会等，反映了人们在外地寻找家乡情和家乡味的需要。这里面就会形成我们研究的“关系”现象。

（三）血缘和地缘

费孝通提出的这两个概念，对于我们研究的“关系”现象意义更加重大。因为血缘和地缘是中国社会的各种特殊“关系”形成的最重要的基础和前提。其中血缘关系是第一位的，也是以儒家为主导的2500多年的中国传统文化维持社会稳定的基础。“缺乏变动的文化里，长幼之间发生了社会的差次，年长的对年幼的具有强制的权力。这是血缘社会的基础。血缘的意思是人和人的权利和义务根据亲属关系来决定。”[②] 血缘关系决定的社会地位不容个人选择。也就是父母子女关系是既成的事实，谁都无法改变。“社会用这个无法竞争，又不易藏没、歪曲的事实来作分配各人的职业、身份、财产的标准，似乎是最没有理由的了。”[③] 这也可以说明为什么会有“龙生龙，凤生凤，老鼠的儿子会打洞”“拼爹”等现象的发生了。社会上很多“关系”现象的起源就是血缘关系以及这种“关系”所形成的权利义务的分配和“布局”。换句话讲，一个人的职业、身份、财产是由他的血缘关系以及拟血缘关系所决定的。

1. 血缘关系和地缘关系

我们研究“关系”现象也会考虑二者的关系。但是，我们认为，血缘和地缘所形成的各种特殊关系的基础，都会源于一个“同”字。血缘关系是因为“同祖”，他们身体里流淌着同样的血。地缘关系是因为“同地”，他们

---

① 费孝通：《乡土中国》，北京大学出版社2012年版，第35页。

② 同上，第115页。

③ 同上，第116页。

出生和成长在同一个地方。费孝通认为："血缘是稳定的力量。在稳定的社会中，地缘不过是血缘的投影，是不分离的。"[①]也就是说，一个人出生的地方，是血缘也是地缘，是血缘决定了地缘。在人口不流动的社会，血缘和地缘是合二为一的。尽管有时候人口也会流动，但血缘关系是断不掉的。中国人的籍贯就说明了这个问题。不管人在哪儿，籍贯一般都是以自己的出生地或者父母尤其父亲的出生地为准。

2. 自己人

费孝通提出的"自己人"概念，对于我们研究中国企业的"关系"现象也很有价值。他认为，一些没有血缘关系的人组成新的村落，形成了纯粹的地缘关系，而不是血缘关系，这样，血缘和地缘就分离了。但是这在中国乡土社会是非常困难的。在这样的村落生活的人，在当地没有"根"，他们常被看作"外村人"或者"陌生人"，所以很难融入当地的文化和社会。最重要的原因是他们不是"自己人"，一般不会被当地人认可和信任。除非通过婚姻进入当地的亲属圈子，子女才有机会成为"自己人"，亲属就是"自己人"。这样看来，地缘关系最终还需要血缘关系来保障。

3. 人情

我们研究中国企业的"关系"现象，在一定意义上讲也是一种人情关系。费孝通提出的"人情"概念也给我们很多启发。他指出，在亲密的血缘关系的社会，人们之间都会相互拖欠着未了的人情。"在我们的社会里看得最清楚，朋友之间抢着回账，意思是要对方欠自己一笔人情，像是投一笔资。欠了别人的人情就得找一个机会加重一些去回个礼，加重一些就在使对方反欠了自己一笔人情。来来往往，维持着人和人之间的互助合作。亲密社群中既无法不互欠人情，也最怕'算账'。'算账'等于绝交之谓，因为如果相互不欠人情，也就无须往来了。"[②]费孝通把人情看得很透，谈得很深。但是，他又说这样的人情关系不利于权利和义务的平衡，对社会关系是负担。因此，我们研究中国企业的"关系"现象也要辩证吸收费孝通关于

---

① 费孝通：《乡土中国》，北京大学出版社2012年版，第116页。
② 同上，第119-120页。

“人情”的一些思想。如果把人情看得太重，对于“关系”双方都是一种严重的负担。这样不仅不利于双方关系的维持和发展，而且还极容易引起双方关系的破裂。

4. 商业“关系”

费孝通探讨的商业“关系”，也就是我们研究企业“关系”现象的重点。企业的各种特殊“关系”如何处理，才能既有利于企业的发展，又能保持和维护好各种特殊的“关系”不破裂。这是需要智慧和勇气的。因为，“关系”的维持和发展需要人情的“投资”，这种“投资”会加重企业的负担，有时还会带来道德和法律风险。在这样的处境中，企业的“关系”管理的价值就凸显出来了。费孝通说：“在亲密的血缘社会中商业是不能存在的。这并不是说这种社会不发生交易，而是说他们的交易是以人情来维持的。”[①] 商业活动需要在血缘“关系”之外开展，参与商业活动的人要以“无情”的身份出现，即使彼此之间有各种特殊关系也要撇清，彼此成为“陌生人”，这样才会有真正的商业活动。商业活动是不讲人情的，是在血缘关系之外发展起来的。

费孝通特别强调：“地缘是从商业里发展出来的社会关系。血缘是身份社会的基础，而地缘却是契约社会的基础。契约是指陌生人中所作的约定。”[②] 他进一步指出，契约社会一方面需要信用，另一方面需要法律，不需要的是感情和人情。“从血缘结合转变到地缘结合是社会性质的转变，也是社会史上的一个大转变。”[③] 从费孝通的这个思想中，我们可以看出，不是建立在血缘关系基础上的地缘关系，是形成契约社会的基础。我们在研究中国企业的“关系”现象时，既要站在“同”字角度分析血缘关系和地缘关系，又要从社会发展的角度看到血缘关系转变为地缘关系的重大意义。

二、费孝通“关系”思想的主要观点

费孝通对“关系”现象研究的最大贡献之一就是提出了“差序格局”

---

① 费孝通：《乡土中国》，北京大学出版社2012年版，第121页。

② 同上，第122页。

③ 同上，第122页。

这个概念。这也是国内外学术界研究“关系”现象使用最多的范畴之一，甚至可以说是形成“关系”思想的一个逻辑起点。“费孝通先生用‘差序格局’模式描述中国‘关系’社会的特点。”[①]费孝通是在对中西方社会进行比较的过程中提出“差序格局”这一概念的。他以“捆柴”现象为例，指出西方社会属于团体格局。“几把稻草束成一把，几把束成一扎，几扎束成一捆，几捆束成一挑。每一根柴在整个挑里都属于一定的捆、扎、把。每一根柴也都可以找到同把、同扎、同捆的柴，分扎得清楚不会乱的。在社会，这些单位就是团体。”[②]他把每一根柴比作一个人，在西方社会，一个人属于哪一个团体，不能模糊，一定要分得很清楚。这种人与人的关系格局，他称作团体格局。他又以家庭为例说，西方的家庭概念一般是指父母子女，比较清楚。而中国的家庭概念相对模糊，“家”的伸缩性很大，家人既可以指父母子女，又可以指叔伯侄子，还可以用“自家人”表示自己圈子里的人，等等。实际上这也是中国文化与西方文化的不同。

费孝通认为，造成这种不清不楚现象的原因是，中国社会是差序格局。“我们的格局不是一捆一捆扎清楚的柴，而是好像把一块石头丢在水面上所发生的一圈圈推出去的波纹。每个人都是他社会影响所推出去的圈子的中心。被圈子的波纹所推及的就发生联系。每个人在某一时间某一地点所动用的圈子是不一定相同的。”[③]他以这个例子说明，中国社会中最重要的亲属关系，就具有这种同心圆波纹的特点。每个人都会形成以自己为中心的网络关系、社会圈子特别是亲属圈子。费孝通称作“以亲属关系布出去的网”。这就是中国社会的差序格局。费孝通之所以称之为差序格局，是因为人与人之间的关系有远近亲疏之别。这也是中西方社会和文化的差别。“在孩子成年了住在家里都得给父母膳食费的西洋社会里，大家承认团体的界限。在团体里有一定的资格。资格取消了就得走出这个团体。在他们不是人情冷热的问题，而是权利的问题。在西洋社会里争的是权利，而在我们却是攀关系、

---

① 乔杰、洪亮平：《从“关系”到“社会资本”：论我国乡村规划的理论困境与出路》，《城市规划学刊》2017年第4期，第83页。

② 费孝通：《乡土中国》，北京大学出版社2012年版，第40页。

③ 同上，第41–42页。

讲交情。"[1]从这里我们可以看到，为什么费孝通的差序格局概念被学术界认为是研究"关系"现象的重要理论依据了。"攀关系""讲交情"正是当下各种"关系"现象的主要表现形式。费孝通提出的差序格局概念有以下几个主要的思想基础。

（一）私

费孝通提出"差序格局"概念首先探讨的就是"私"。他说："中国乡下佬最大的毛病是'私'"，"私的毛病在中国实在是比愚和病更普遍得多，从上到下似乎没有不害这毛病的"。[2]当然，费孝通认为，"私"的毛病不仅乡下人有，城里人也有。"私"和"公"是相对的。费孝通提出，中国人的公德心被自私心驱走了。中国人一般对于私人的空间很"上心"，而对于公共的空间却是"缺位"的。譬如贪污不是因为无能，而是因为对公家的事情缺乏责任；中国人不是不善于经营，如果是自家的事，能力大得很。费孝通认为造成这种现象的原因之一在于中国社会结构的格局。所以，他就提出了差序格局。从这个意义上讲，私心、私念、私情是差序格局的原因，也是结果。因为，一切事情都是"私"字当头，才形成了"关系"亲疏远近的差序格局。反过来讲，因为差序格局才使得人与人之间的交往和"关系"以是否有私利为原则。我们研究中国企业的"关系"现象中的关系，主要指的就是人与人之间主要是两个人之间的私人关系。有些关系双方因为都有各自的私心和私利的需要，彼此才结成了特殊的"关系"联盟，或者形成各自的社会圈子和人脉关系。

（二）己

费孝通在探讨差序格局概念的过程中提出了"己"的思想。己，也就是自己。他认为各种关系网络都有一个中心，那就是自己，每一个关系网络都是以"己"为中心的，各个网络的中心都不同。"以'己'为中心，像石头一般投入水中，和别人所联系成的社会关系，不像团体中的分子一般大家是立在一个平面上的，而是像水的波纹一般，一圈圈推出去，愈推愈

① 费孝通：《乡土中国》，北京大学出版社2012年版，第43页。

② 同上，第39、40页。

远，也愈推愈薄。”[①] 这就是说，以与自己关系的远近为基础，越往外“关系”越远，越往外关系越薄。如果说费孝通前面提到的“私”是“关系”的属性，那么“己”则是“关系”的基础。但是，费孝通强调，“己”不是个人主义，而是自我主义。个人是对团体而言的，在西方社会的团体格局中有个人主义。“我们所有的是自我主义，一切价值是以‘己’作为中心的主义。”[②] 我们研究中国企业的“关系”现象也需要把个人主义与自我主义区分开来。中国企业的“关系”现象是以自己为中心展开的网络关系和社会圈子。

（三）伦

差序格局概念的提出，不仅是费孝通对中国社会结构的思考，更是对中国传统文化尤其儒家思想的借用。“我们儒家最考究的是人伦，伦是什么呢？我的解释就是从自己推出去的和自己发生社会关系的那一群人里所发生的一轮轮波纹的差序。”[③] 从这个说法上看，费孝通的差序格局就可以用“伦”这个字概括。儒家思想的基石，就是建立在“君君臣臣、父父子子”人伦关系基础之上的。费孝通认为，伦，重在分别和差等，也就是说，人伦关系是有分别和差等的。他说，“伦是有差等的次序”，“这个人和人往来所构成的网络中的纲纪，就是一个差序，也就是伦”。[④] 这种人伦关系和差序格局，就像水纹波浪是一层层向外“推”出去的。费孝通认为，这也是孔子的思路。儒家提倡的修身、齐家、治国、平天下，就是从自己开始一圈一圈向外“推”出来的。“在差序格局中，社会关系是逐渐从一个又一个人推出去的，是私人联系的增加，社会范围是一根根私人联系所构成的网络。”[⑤] “私”是“关系”的属性，“己”是“关系”的基础，那么“伦”就应该是“关系”的格局。“伦”除了有次序的意思，还有“关系”的含义。人伦也就是人与人之间的关系，特别是人与人之间的伦理道德关系。

---

① 费孝通：《乡土中国》，北京大学出版社2012年版，第43−44页。

② 同上，第45页。

③ 同上，第44页。

④ 同上，第44页。

⑤ 同上，第48页。

（四）私人的道德

费孝通在比较中西方社会结构的不同时，提出了私人的道德。费孝通说过，中国人只有“私德”，缺乏“公德”。私人的道德是从另一个层面说明这个问题。“我说了不少关于‘团体格局’中道德体系的话，目的是陪衬出‘差序格局’中道德体系的特点来。”[①] 他所说的团体格局是西方社会的结构，这种社会结构的道德观念是建立在团体和个人关系之上的。在团体面前，人人平等。而在差序格局的中国社会，“克己复礼”“修身为本”是道德体系的出发点。“从己向外推以构成的社会范围是一根根私人联系，每根绳子被一种道德要素维持着。”[②] 最基本的血缘亲属关系主要靠孝悌维持，朋友之间的关系主要靠忠信来维持。孝、悌、忠、信都是私人关系中的道德要素，也就是费孝通所指的私人的道德。这些道德要素也是儒家思想的内核。这种道德体系建立在一个人对一个人的“关系”基础上。“忠君并不是个人与团体的道德要素，而依旧是对君私之间的关系。团体道德的缺乏，在公私的冲突里更看得清楚。就是负有政治责任的君王，也得先完成他私人间的道德。”[③] 这就说明在差序格局的社会，道德还是不道德，取决于人与人之间的私人关系。“一个差序格局的社会，是由无数私人关系搭成的网络。这网络的每一个结都附着一种道德要素。”[④] 在这种情况下，“中国的道德和法律，都因之得看所施的对象和‘自己’的关系而加以程度上的伸缩”[⑤]。费孝通的这一观点，与梁漱溟的“关系”思想不谋而合。因此，费孝通最后说：“在这种社会，一切普遍的标准并不发生作用，一定要问清了，对象是谁，和自己是什么关系之后，才能决定拿出什么标准来。”[⑥] 这也就是梁漱溟前面所说的没有绝对的标准，只有相对的标准。因为标准都是人定的。这两位国学大师的“关系”思想最后得出的结论都是一致的。

---

①② 费孝通：《乡土中国》，北京大学出版社2012年版，第54页。

③ 同上，第56页。

④ 同上，第57页。

⑤ 同上，第44页。

⑥ 同上，第44页。

三、费孝通“关系”思想的意义

费孝通的“关系”思想在国内外学术界影响非常大，绝大多数学术文献都会引用他的“关系”思想，甚至直接用他提出的“差序格局”概念，解释和分析中国企业的“关系”现象。“在社会科学界中，最先试图描绘华人社会‘关系’特色的是费孝通（1948）所提出的‘差序格局’。”[①] 他对“关系”研究的思路，特别是他基于儒家思想形成的“关系”思想是学术界最常用的。这一点与梁漱溟有点相似。他们都认为，中国传统文化尤其是儒家思想是“关系”现象形成的重要原因之一。这也解释了为什么学术界研究“关系”现象一般都会从儒家文化找原因。费孝通从儒家的人伦思想角度对差序格局进行了全面探讨。儒家的人伦思想和费孝通的差序格局思想探讨的都是以血缘亲属关系为基础形成的各种关系网络和社会圈子。从《乡土中国》这本书的内容看，费孝通是从社会学的角度提出“关系”思想的，其分析了不同于西方的中国特色的社会结构。从这方面看，费孝通的“关系”思想应该放在后面的社会结构部分去研究。但是，中国特色的社会结构的形成也受到中国传统文化尤其是儒家思想的重大影响。因此，我们研究中国企业的“关系”现象的文化基础就需要费孝通的“关系”思想的支撑。在一定意义上讲，费孝通的“差序格局”概念与其说是一个社会学概念，不如说更像一个文化学概念。原因就在于差序格局思想与儒家思想的人伦思想是一脉相承的。费孝通“关系”思想的主要意义体现在以下几个方面。

（一）明确了“关系”的本土性

从费孝通“关系”思想的提出背景和理论基础看，“关系”具有乡土本色。这也是学术界尤其是国内学术界把“关系”现象研究作为中国本土化问题研究的重要原因之一。美国的华人教授边燕杰就一直想在《关系社会学》方面有所突破。我国港台地区的学者黄光国、乔健等也希望通过“关系”现象的研究，推动中国本土化社会科学的研究。我们研究的中国企业的“关系”现象也有着多方面的考虑。作为一门科学，管理学产生于美国等发达国

① 刘泉宏、汪涛：《华人商业活动中的关系及其影响》，《生产力研究》2008年第7期，第79页。

家。由于中西方文化和社会结构不同，推动中国企业管理本土化的研究有着重要的现实意义。因此，费孝通是最早把“关系”现象作为本土化问题研究的学者之一。他在谈到“乡土本色”这一概念的时候强调，中国乡村居所的相对固定、村落群居，特别是熟人现象是乡土本色的重要表现。不要与陌生人说话，到现在都是我们家长经常告诫孩子的。反过来讲，熟人就相对放心得多。在一定意义上讲，我们研究的中国企业的“关系”现象也是一种熟人现象。彼此能够相互照顾、互相帮助的“关系”现象，一般都是通过熟人产生的。因此，费孝通提出的本土性和熟人现象是我们深入研究中国企业的“关系”现象内涵的重要参考之一。

（二）厘清了“血缘”和“地缘”的关系

费孝通对血缘和地缘的分析对于我们研究中国企业的“关系”现象有着更加重要的价值。因为“关系”形成的重要基础就是血缘和地缘。其中血缘关系是最基本的也是最重要的。但是，费孝通对血缘和地缘的关系有两个观点。一个观点是血缘关系和地缘关系是一致的，而且血缘关系是地缘关系的基础。也就是说：一个人的出生，既决定血缘关系，如父母姊妹等；又决定地缘关系，如同村人、同乡人等。另一个观点是血缘关系和地缘关系是不同的。血缘关系中的人都是“自己人”，彼此依靠的是人情。地缘关系中的人一般都是陌生人，彼此依靠的是契约乃至法律。费孝通的这两个观点对我们研究中国企业的“关系”现象有很大的启发。特别是对于突破现有的“关系”研究水平有着重要的参考价值。费孝通提出的“自己人”“人情”概念也是我们研究中国企业的“关系”现象常用的范畴。“关系”与其说是熟人现象，不如说是“自己人”现象。我们一般所说的“找关系”多数指的就是找“自己人”。实际上，“自己人”是“自家人”的扩充。“自家人”就是在家庭血缘关系基础上形成的社会圈子，是与自己最亲密的关系人。“自己人”属于自己社会圈子里的人。不管是“自家人”还是“自己人”，彼此之间都会通过“人情”加以维持。就像费孝通说的，相互欠的人情或者人情债如果不及时“归还”，双方的“关系”可能就会受到影响甚至终止。因此，我们研究中国企业的“关系”现象就会关注“自己人”和“人情”在其中扮演的角色及其作用。

（三）提出了“差序格局”概念

费孝通提出的“差序格局”对于“关系”现象研究具有划时代的意义。直到今天，差序格局还是人们研究“关系”现象离不开的重要理论工具之一。“中国社会科学界对‘关系’概念进行理论梳理的奠基之作，是费孝通在40年代就提出的‘差序格局’。”① 这也是费孝通对“关系”现象研究的最大贡献。“近年来关于中国社会‘关系’的本土研究日渐兴起，其中以心理学、人类学及社会学研究为多，在其根本理论指向方面都涉及对‘差序格局’（费孝通，1985/1947）这一本土概念的深入探讨。”② 差序格局既是一个社会学概念，更是一个文化学概念。作为一个社会学概念，差序格局体现了中国社会结构的特色。所以它是一个本土化的社会学概念。作为一个文化学概念，差序格局是对儒家人伦思想的现代解读。费孝通主要从私、己、伦、私人的道德等几个角度阐述差序格局反映出的“关系”的思想。这几个角度实际上集中一点就是“关系”的私人性。也就是说，“关系”指的是两个人之间的私人联系。这也是“关系”的一个重要特征。尽管我们研究的是中国企业的“关系”现象，但是这里的“关系”指的也主要是两个人之间的私人联系。譬如企业的总经理与某一地方政府官员的“关系”，企业的某一个销售员与某一位客户之间的私人“关系”，等等。我们在后面的内容中还会对“关系”的内涵做深入的探讨。就像我们在前面分析差序格局的时候所说，私是“关系”的属性，己是“关系”的基础，伦是“关系”的格局，私人的道德是“关系”的途径。特别是私人的道德，是中国差序格局独有的现象。也就是说，道德不道德，是以两个人之间的“关系”而定。在这一点上，梁漱溟和费孝通都指出，没有绝对的标准，只有相对的标准。这是因为两个人的私人“关系”不同，标准也就不同。这也就是为什么会有“走后门”“托关系”等不正之风的发生。

---

① 韩巍、席酉民：《关系：中国商业活动的基本模式探讨》，《西北大学学报（哲学社会科学版）》2001年第1期，第43页。

② 沈毅：《迈向“场域”脉络下的本土“关系”理论探析》，《社会学研究》2013年第4期，第203页。

第三节　中国企业“关系”现象的文化解读

通过对以上最早奠定中国企业“关系”现象研究学术基础的两位学术大师梁漱溟、费孝通“关系”思想的梳理和探讨，我们发现，中国企业的“关系”现象是中国传统文化尤其是儒家文化的产物。“众多学者已经指出，在中国等儒家文化圈的国家社会中，存在一种类似西方学术界中的社会资本和社会关系网络但又具有自身特色的东西——guanxi。”① 中国作为世界四大文明古国中唯一延续至今的文明古国，其强大的生命力就来自中国文化。儒家文化在中国5000多年的文明历程中基本居于中间的时间段，起到承上启下的作用。儒家文化对于吸收它之前2500多年的中国文化传统以及延续发展它之后2500多年的中国文化脉络，都有着重要的意义。从这个意义上讲，儒家文化基本代表了中国文化。在它后来的2500多年以来的中国传统文化中，儒家文化一直占据着主导地位。儒家文化的创始人孔子，也基本上就是中国的文化符号。孔子成为中国和中国文化的代名词。现在世界上几百个国家和地区都建立了孔子学院，这也说明了孔子对于宣传中国文化的重要意义。“在转型时期的中国，人们在处理经济和商业事务时很少不考虑‘关系’。‘Guanxi（中文词汇“关系”的拼音）’已经频繁地出现在国外主流商业学术期刊和普及读物上。实际上，在中国文化背景下，‘关系’一词的含义可以追溯到儒家的‘五伦’，即君臣、父子、夫妇、兄弟和朋友之间五种不同的道德原则。”② 以梁漱溟和费孝通为代表的学术大师最早探讨“关系”现象，也基本上是以儒家文化为理论基础和思想源头的。当然，他们的“关系”思想毕竟是基于他们当时的社会环境和学术氛围提出的。“从目前获得的资料来看，用‘关系’来代表儒家之‘伦’的观点可能是中国新文化运动的

---

① 唐炎钊、王容宽：《Guanxi与创业企业成长：国外研究述评》，《商业研究》2013年第2期，第12页。

② 倪得兵、戴春爱、唐小我：《外生的隐性“关系”与显性激励》，《管理工程学报》2011年第3期，第139页。

产物。”[①] 而我们现在所处的环境以及时代发展的要求与他们的已经大大不同，甚至发生了天翻地覆的变化，当然也包括人与人之间相处的方式和人们的交流、交往的观念。因此，我们研究中国企业的“关系”现象既需要参考他们的“关系”思想，又需要结合我们当下的新变化，特别是文化方面的新特色、新基础、新追求，做出新的分析和判断，从而寻找中国企业“关系”现象研究的新规律。

一、中国企业“关系”现象的文化特色

与其说中国企业的“关系”现象是一种文化现象，不如说是一种儒家文化现象。“在论述中国人‘关系’含义的时候，其理论来源需要到儒家思想中去寻找。应该说，近年以来贯彻了这一思想传统的学者很多，而其中较有影响的学者有金耀基、何友晖及黄光国等。”[②] 这些学者提出了很多有价值的“关系”思想，也进一步推动了“关系”研究的深入发展，并将“关系”研究推向国际，也使得“关系”研究成为西方学术界研究中国经济、管理、社会、文化等问题的一个重要窗口。“虽然学者们在对儒家思想的理解上有些差异，但儒家社会理论则成为一种探讨‘关系’含义及其运作的思路和方式。”[③] 研究“关系”现象的学者除了主要以儒家文化为基础，也会汲取社会资本理论等西方理论来解释中国“关系”现象。黄光国是以儒家思想为指导研究“关系”现象最有代表性的学者之一。“虽然黄光国对西方社会学理论与方法有所偏好，但他对中国人‘关系’的研究始终是套在儒家思想当中展开的，或者说黄光国关于中国人‘关系’中的大多数观点都是从儒家思想中得到印证的。”[④] 国内外学术界关于中国企业“关系”现象的研究也基本上是延续着这个思路展开的。“虽然儒家经典中并没有出现‘关系’的字眼，但是‘伦’是‘关系’的原型。”[⑤] 如果把中国企业的“关系”现象

---

① 翟学伟：《中国人的关系原理：时空秩序、生活欲念及其流变》，北京大学出版社2011年版，第170页。

② 同上，第171页。

③ 同上，第172页。

④ 同上，第172页。

⑤ 潘焕喜：《组织管理中的“关系”研究述评》，《中国人力资源开发》2014年第19期，第34页。

套在儒家思想框架内，那么中国企业“关系”现象的儒家文化特色就是不可避免的。对于中国社会“关系”现象有着独到理解的翟学伟教授认为，“我们研究的是‘关系’，但一切证明都是因为儒家是如何说的，因为儒家作了如是说，所以中国人讲究起了‘关系’。我想，如果我们坚持要从儒家思想和言论研究中国人，那我们就先要证明，儒家所说的就是大多数中国人所做的。这显然是荒谬的”。[①] 因此，仅仅从儒家文化作为研究起点，就认为中国企业“关系”现象是中国文化的特色有点牵强。那么，下面我们就具体分析一下，如何理解中国企业“关系”现象的文化特色。

（一）中国特色

中国企业的“关系”现象如果体现了文化特色，当然首先体现了中国特色。事实上，学术界关于“关系”现象，特别是企业“关系”现象的研究，基本上就是作为中国的一种特殊社会现象和文化现象来研究的。按照梁漱溟和费孝通的观点，中国特色的一个重要基础就是中国文化尤其是儒家文化。其中，梁漱溟归纳出的中国文化的14个特征，就体现了中国社会与西方社会的本质差别。我们认为，中国特色不仅来源于以儒家为代表的中国传统文化，也来源于中国传统文化之后产生的中国近现代文化以及中国共产党和中华人民共和国成立以来形成的革命文化和社会主义先进文化，等等。习近平总书记在党的十九大报告中强调：“中国特色社会主义文化，源自于中华民族五千多年文明历史所孕育的中华优秀传统文化，熔铸于党领导人民在革命、建设、改革中创造的革命文化和社会主义先进文化，植根于中国特色社会主义伟大实践。”[②] 从这个意义上讲，中国企业的“关系”现象既受到中国传统文化的影响，更会受到社会主义先进文化的引领。这就需要我们站在中国特色社会主义文化角度研究中国企业的“关系”现象所蕴含的中国特色的意义。可喜的是，习近平总书记在党的十八大以来对中国企业的“关系”现象有过多次重要讲话，并在党的十九大报告中再次强调“构建亲清新型政商关

---

① 翟学伟：《中国人的关系原理：时空秩序、生活欲念及其流变》，北京大学出版社2011年版，第181页。

② 本书编写组：《党的十九大报告》，人民出版社2017年版，第40页。

系”。[①] 因此，中国企业的“关系”管理应该按照习近平总书记提出的这个要求，在各种“关系”尤其是政府官员与企业家之间的“关系”中要遵循既“亲”又“清”的准则。“亲”就是“关系”要体现彼此的亲近和关怀，政府官员要为企业家创造健康公平的经商环境，而企业家也要支持政府官员的工作，为当地的经济社会发展承担相应的社会责任。“清”就是“关系”要纯洁和干净，政府官员不能以任何理由向企业家提出不合理的要求，尤其利益要求甚至收受贿赂，反过来企业家也不能以任何借口向政府官员提出非分甚至违法的想法乃至贿赂官员。这才是中国企业“关系”现象的中国特色。

（二）本土特色

作为中国本土化的问题，“关系”现象以及中国企业的“关系”现象的研究，是一些学者试图构建中国本土化理论的一个重要支点。譬如美籍华人教授边燕杰和居延安分别构建的关系社会学、关系管理学等。中国企业的“关系”现象具有显著的本土特色。本土特色主要有两种含义，一个是指中国特色，也就是中国社会与西方社会、中国人与西方人的不同之处。中国本土化理论就是在这个意义上构建的。本土特色的另一个含义是指中国最基层社会和最基层人群的文化特点和生活习惯。这个含义也是费孝通提出“关系”思想的基础。费孝通的《乡土中国》一书强调的就是乡土特色，也就是本土特色。费孝通用的是“乡土本色”。费孝通主要从当时中国的乡村社会及其乡村人的文化特点及其生活习俗等方面，研究中国社会的特色和中国人的生活现象。这些社会特色和社会现象基本可以代表中国的整体特色和现象。但是，我们当今的乡村社会和费孝通分析的乡村社会及其乡村人已经大大不同。其中一个最大的变化就是经过费孝通写这本书之后80多年，尤其是改革开放40多年的发展之后，中国乡村社会发生了大面积的“人口迁移”。大量的中国乡村人口纷纷奔向城市，成为亦工亦农的所谓“农民工”。而且农民工也已经成为当今中国产业工人的主力军。因此，我们研究中国企业的“关系”现象除了考虑费孝通当年的本土特色，更要考虑我们当下的本土特色。当然，费孝通当年的本土特色与当今的本土特色有一定的联系，甚至连

---

① 本书编写组：《党的十九大报告》，人民出版社2017年版，第39页。

续和连贯性，但是很多当今的本土特色已经大大不同于当年的本土特色了。习近平总书记在党的十九大报告中提出乡村振兴战略：“农业农村农民问题是关系国计民生的根本性问题，必须始终把解决好‘三农’问题作为全党工作重中之重。要坚持农业农村优先发展，按照产业兴旺、生态宜居、乡风文明、治理有效、生活富裕的总要求，建立健全城乡融合发展体制机制和政策体系，加快推进农业农村现代化。”[①] 可见，除了大批乡村人融入城市，而且乡村本身也在按照农业农村现代化的要求开展“新农村”建设，最终实现城乡融合发展。从现在的实际情况看，有些乡村的发展面貌与城市的差距或差别越来越小，甚至有的乡村还超过了当地城市的发展。在这种情况下，再完全按照费孝通描述的当年的乡村社会状况来研究中国企业的“关系”现象就有点捉襟见肘了。这就需要我们对新时代的新变化做新的思考和新的定位。

（三）时代特色

中国企业“关系”现象的文化特色不仅要考虑中国元素和本土元素，更要考虑时代要求。时代在进步，中国在发展，已经成为不争的事实。特别是如今的中国已经成为世界第二大经济体。中国企业的“关系”现象研究之所以引起国内外学术界尤其西方学术界的高度关注，与我国取得的巨大成就是分不开了。梁漱溟和费孝通的“关系”思想尽管是国内外学术界研究中国企业“关系”思想的重要学术源头之一，但是梁漱溟和费孝通在他们所处的时代提出的“关系”思想的时代局限性越发凸显。这不得不需要我们重新思考“关系”现象的时代新特色。习近平总书记在党的十九大报告中提出：“中国特色社会主义进入新时代，意味着近代以来久经磨难的中华民族迎来了从站起来、富起来到强起来的伟大飞跃，迎来了实现中华民族伟大复兴的光明前景；意味着科学社会主义在二十一世纪的中国焕发出强大生机活力，在世界上高高举起了中国特色社会主义伟大旗帜；意味着中国特色社会主义道路、理论、制度、文化不断发展，拓展了发展中国家走向现代化的途径，给世界上那些既希望加快发展又希望保持自身独立性的国家和民族提供了全新

---

① 本书编写组：《党的十九大报告》，人民出版社2017年版，第31页。

选择，为解决人类问题贡献了中国智慧和中国方案。”[①] 所以，我们研究中国企业的“关系”现象不仅要具有新时代的特点，更要有新时代的使命。那就是中国企业的“关系”管理要助推建设社会主义现代化强国新时代目标的实现，还要为世界贡献中国的管理智慧和管理方案。这需要我们在研究中国企业的“关系”现象时加入新时代的元素，反映新时代的要求，顺应甚至引领新时代的发展。这才是中国企业“关系”管理要达到的最高目标。因此，我们研究中国企业的“关系”现象不仅要吸收梁漱溟和费孝通提出的有参考价值的“关系”思想精髓，更要剔除已经不符合新时代发展要求的过时的提法和做法，为建构新时代的中国企业“关系”管理思想奠定科学健康向上的思想文化基础。

二、中国企业“关系”现象的文化基础

中国企业的“关系”现象在一定程度上反映了中国文化特别是儒家文化的特色。这种文化特色的形成需要一定的文化基础。“‘关系’及其作用被认为是在中国从事商业活动的一个基础性变量，也被认为是中国文化主导下的企业从事商业活动的一个重要特点。”[②] 我们认为，翟学伟教授的观点有力地回答了“关系”现象产生的文化基础。“在中国，数千年的农业文明下的社会交往同小农经济有直接的关系，它造成了人们对家庭、亲属与老乡关系的重视，因此，我们有理由认为血缘和地缘积淀性地成为中国人的交往基础。而在此基础之上形成的‘关系’一词，其含义则格外复杂，运行也极为发达。”[③] 从翟学伟教授的观点看，“关系”文化产生的重要文化基础就是农业文明及其对人们家庭、血缘和地缘等的重视。特别是农业文明的重要基础是土地。土地是不能移动的。那么，推动农业文明进步的人一般也是相对固定的。这样的生态和生活以及生产方式就决定了人们之间的“关系”也相对固定。也就是说，小到父母子女之间的家庭关系，大到乡里乡亲之间的

---

① 本书编写组：《党的十九大报告》，人民出版社2017年版，第10–11页。

② 庄贵军：《关系在中国的文化内涵：管理学者的视角》，《当代经济科学》2012年第1期，第18页。

③ 翟学伟：《中国人的关系原理：时空秩序、生活欲念及其流变》，北京大学出版社2011年版，第82页。

同村或同乡关系，这些“关系”在农业文明环境下不仅不会发生时间上的变化，也不会产生空间上的变化。譬如，对于家庭关系来说，在时间上，几乎祖祖辈辈都生活在一个相对固定的地方，有的家庭就会逐渐发展为家族。在空间上，同村或同乡关系还会扩充至邻村关系、邻乡关系甚至同学、同事、同志等“关系”。这些时间和空间上形成的相互交错的复杂“关系”一般都是在血缘关系和地缘关系基础上形成的。这些“关系”都富有浓厚的农业文明的色彩，也是我国历朝历代维持社会发展的重要基础。儒家文化对家庭关系的重视也是基于这方面的考虑。换句话讲，家庭关系也是儒家文化形成的重要基础。但是，我们现在已经步入了工业文明或者后工业文明乃至信息化文明时代，我们的生产和生活乃至交往的方式都发生了根本性的变化。所以，我们研究中国企业的“关系”现象还需要重新考虑文化基础的新发展趋势。尽管农业文明和小农经济形成的文化习惯和生产、生活方式在今天还影响着我们，但是其中的一些内容和要求也逐渐被我们所放弃甚至抛弃。譬如其中的一个最大内容就是中国人口大量从农村涌向城市而农村的人口越来越少。也就是说，人口的巨大流动性与农业文明环境下的人口的相对稳定性，形成显著的反差，从而对“关系”现象形成的基础产生巨大的影响。

（一）家庭观念的新变化

重视家庭尽管仍然是中国社会与西方社会的根本区别之一，但是，传统的家庭观念已经发生巨大的变化。譬如父母子女之间的关系、夫妇之间的关系，在传统的中国社会，父母对子女、丈夫对妻子具有强大的权威甚至支配。换句话讲，子女、妻子对父母、丈夫必须绝对服从。也就是说，“关系”双方具有严重的不平等的地位。一方是绝对的权威，另一方则是绝对的义务。子女在父母面前、妻子在丈夫面前几乎没有独立人格。而今天我们的家庭观念也远远不是这样的情形了。最起码父母子女、夫妇之间的关系不存在绝对的权威和绝对的义务。“关系”双方尤其子女、妻子的地位几乎彻底改变。他们有了自己的独立人格，自己可以决定自己的人生。当然，这并不影响子女仍然要孝敬父母、妻子仍要忠诚丈夫，等等。除了家庭关系的新变化，还有“留守儿童”“空巢老人”等现象使得家人长期无法在一起生活，市场经济的发展强化了人们的金钱利益观念，使得家庭关系的情感成分逐渐淡化、利益成分逐渐加大，以及婚姻观念的变化使得离婚率、单身人数上升，等等。这些都使得传统家庭观点受到严重的挑战。这些对于传统的“关系”现象也会造成不小的冲击。我们研究中国企业的“关系”现象需要考虑这些新变化。

（二）血缘关系的新动向

由于家庭观念的新变化，必然使血缘关系出现一些新的动向。在传统家庭观念的指导下，传统的血缘关系相对固定和相对稳定，人的一生一般不会离开亲人太远。俗话讲，父母在，不远游。十里八乡的亲人几乎都在自己的身边或附近。这个特点决定了血缘关系之间的空间距离和心理距离相对比较近、感情比较深、走动比较频繁、相互依赖程度比较大，等等。这就使得血缘关系中的任何一方，如果有什么大事，譬如结婚生子等大喜事，大家彼此之间都会相互捧场，遇到了什么难事，譬如家人遇到官司等纠纷，大家一般也会主要通过血缘关系或者借助血缘关系疏通人脉，去帮助解决，等等。但是，现在这种相对固定和相对稳定的血缘关系发生了巨大的变化。其中最大的变化就是血缘关系中的亲人或亲属相互之间的空间距离和心理距离越来越远。从空间上看，有的人长年在外打工或者工作，甚至连过年都不能回家，即使回家几天也是匆匆忙忙而来，匆匆忙忙而去，大家长年不在一个地方或地区生活、工作，这就使得大家相互之间的走动很少，甚至长年没有联系。从心理上看，由于大家长期没有相互走动，就使得感情慢慢淡化、血缘关系也慢慢“褪色”，彼此的依赖也没有过去强烈了。我们研究中国企业的“关系”现象也应该注意到这种血缘“关系”的新动向。

（三）地缘关系的新特征

地缘关系在过去都是因血缘关系而产生的。一个人的出生不仅决定了他的血缘关系，也决定了他的地缘关系。血缘关系就是他的父母姊妹等家庭或者家族关系，地缘关系就是他的邻居或者老乡关系。一般来讲，血缘关系和地缘关系都是“自己人”或者熟悉的人。但是，按照费孝通的观点，血缘关系都是“熟人”，地缘关系都是“陌生人”；血缘关系重视的是相互间的情分，地缘关系强调的是共同遵守的规则或者契约。费孝通还指出，从血缘关系向地缘关系的转变，就是从乡村社会向现代社会的转变。费孝通的观点对我们研究中国企业的“关系”现象有一定的启发意义。也就是说，传统的地缘关系是以血缘关系为基础的，而新型的地缘关系与血缘关系没有必然的联系。俗话讲，远亲不如近邻。地缘关系由于空间上的近距离，拉近了心理上的距离。但是，按照费孝通的观点，地缘关系中的人之间都是陌生人，陌生人之间才会产生正常的生意或者商业活动。商业活动不能靠人情而是靠“无情”，也就是契约来推动。我们研究的企业“关系”现象也应该按照费孝通提出的地缘关系思路进行，这样就会避免“关系”的负面效应。“凭借目前的学术成果与生活经验来看，中国人所讲的关系在社会运行中所起的负面作用较多。”① 因此，地缘关系的契约性质基本保证了“关系”的合理、合情、合法。实际上，我国改革开放40多年的发展，中国特色社会主义市场经济也是按照契约精神运行的。地缘关系呈现出的最大特点就是人情味愈来愈淡、契约味愈来愈浓。但是，有时候人情味和契约味是矛盾的。按照费孝通的观点，契约就是陌生人之间的“无情”。这就需要我们在人情味和契约味或者无情味之间找到一个平衡的办法。习近平总书记提出的“亲”“清”政商关系，既亲，有人情味；又清，有契约味。当然，习近平总书记所讲的亲，不是一般意义上的人情，而是“关系”双方要真诚相待、彼此支持。

三、中国企业“关系”现象的文化追求

中国企业的“关系”现象有一定的中国文化或者儒家文化特色，也有相对稳定的文化基础，还应该有相对明确的文化追求。中国企业的“关系”现象之所以受到国内外尤其西方学术界的高度关注，中国企业的“关系”管理之所以受到热捧，必然有着内在的价值或文化追求。有的学者给出了明确的答案：“‘关系’中所蕴藏的获利空间，激励着企业越来越多地投入到‘关系’的经营中去，而‘关系’的丰厚回报，则减轻了企业原本必须依靠降低价格和提高质量来获得生存的压力。”② 可见，“关系”可以带来更多的利益。梁漱溟和费孝通的“关系”思想提出的义务、人情乃至差序格局等

---

① 翟学伟：《中国人的关系原理：时空秩序、生活欲念及其流变》，北京大学出版社2011年版，第82页。

② 李林艳：《关系、权力与市场：中国房地产业的社会学研究》，社会科学文献出版社2008年版，第140页。

概念也有一定的利益内涵。但是，如果真的把中国企业的“关系”现象看作中国文化尤其儒家文化的产物，那么“关系”的逐利性的文化追求就要大打折扣。“儒家教导人们的是重义轻利，家庭也是一个被要求遵循儒学教义的生活单位，否则很容易解体。因此，单从这一方面来探究‘关系’，我们很难回答为什么‘关系’却有工具化和利益化的倾向。所谓‘拉关系’‘搞关系’‘走后门’‘关系学’等，意思都是指一种便利地实现个人利益的捷径。”[①] 因此，我们研究中国企业的“关系”现象，需要对中国文化或者儒家文化的文化追求立场和现实“关系”现象中的文化追求进行深入探讨和比较。不管是梁漱溟和费孝通的“关系”思想还是现实中的“关系”现象，表面看都与儒家倡导的文化追求有所区别。实质上也有根本区别。既然这样，为什么学术界包括梁漱溟和费孝通还要把“关系”现象扣在儒家文化的头上呢？这确实是一个值得深入研究的大问题。我们认为，既然可以用儒家文化解释“文化”现象，那么就需要为“关系”现象确立正确的文化导向。当然，“关系”现象不仅是作为儒家文化现象而且是作为中国文化现象来研究，这就需要我们还要从中国特色社会主义文化立场研究中国企业的“关系”现象。

（一）中国特色社会主义文化的指导

我们研究中国企业的“关系”现象更多的是从中国立场和中国特色角度加以研究，这就离不开中国特色社会主义文化的指导。只有按照中国特色社会主义文化的指导，确立的“关系”现象的文化导向和追求才是全面的。因为，中国特色社会主义文化包括中国传统文化尤其是社会主义先进文化的精髓和精华，是指导中国特色社会主义事业包括中国企业“关系”管理的最高指导思想。按照党的十九大报告的要求，中国特色社会主义先进文化也已经写进《中国共产党党章》和《中华人民共和国宪法》。“富强、民主、文明、和谐，自由、平等、公正、法治，爱国、敬业、诚信、友善”这24个字的社会主义核心价值观是中国特色社会主义文化的灵魂，也是中国企业“关系”管理要追求和秉承的。梁漱溟和费孝通以及学术界将中国企业的“关

① 翟学伟：《中国人的关系原理：时空秩序、生活欲念及其流变》，北京大学出版社2011年版，第98页。

系”现象纳入儒家文化中去研究和探讨，也要符合儒家思想倡导的“重义轻利”的基本要求。家庭关系作为一切“关系”中最重要、最基础的关系，也要打造有情有义的家庭关系。习近平总书记在党的十九大报告中提出实施家庭美德建设，激励人们孝老爱亲。从这个意义上讲，这就是新时代家庭关系的文化追求。特别是“国家”这个词，也体现了“家国同构”的思想。2500多年的中国传统文化尤其儒家文化对“家国同构”的思想一直非常重视，提出“修身、齐家、治国、平天下”的治国理政思想，在今天也有着重要的现实意义。以儒家为代表的中华优秀传统文化一直受到党和国家的高度重视。习近平总书记在党的十九大报告中特别强调：“中国共产党从成立之日起，既是中国先进文化的积极引领者和践行者，又是中华优秀传统文化的忠实传承者和弘扬者。当代中国共产党人和中国人民应该而且一定能够担负起新的文化使命，在实践创造中进行文化创造，在历史进步中实现文化进步！”①因此，我们研究中国企业的“关系”现象也是担负文化使命的一种表现。

（二）“关系”的均衡性

中国企业的“关系”现象应该是一种均衡现象，既是权利与义务的均衡，更是情与利的均衡。没有完全没有权利的“义务”，也没有完全没有义务的“权利”。同理，没有完全没有情的“利”，也没有完全没有利的“情”。二者应该是均衡的。按照梁漱溟的观点，“关系”之所以存在就在于义务，“关系”双方彼此对对方负有义务。当然，在一方算义务，在另一方则是权利。义务与义务的均衡也就是权利与义务的均衡。譬如父母对子女有抚育的义务，子女就享有受抚育的权利；反之，子女对父母有赡养的义务，父母则享有受赡养的权利；等等。扩而广之，以家庭“关系”为基础的其他“关系”也是这样的。所以，梁漱溟认为，中国社会是“关系”本位的社会。“关系”双方之所以彼此会对对方负有义务，是因为彼此之间有情分，“关系”双方从对方享受的权利中就含有利益的成分。因此，权利与义务的关系就是利与情的关系。也就是说，“关系”双方的权利与义务、利与情应该是均衡的。费孝通提出的血缘关系依靠人情、地缘关系依靠契约的观

① 本书编写组：《党的十九大报告》，人民出版社2017年版，第43-44页。

点也有这样的内涵。但是，费孝通所说的人情，不单单有“情”的成分，也有利的成分。人情债是需要还的。费孝通还认为，基于人情的血缘关系不利于商业的发展。这就需要契约来规范交易各方的行为。习近平总书记提出的“亲”“清”政商关系也进一步明确了“关系”的均衡性。政商双方按照既“亲”又“清”的原则保持“关系”的均衡性。这是我们研究中国企业的“关系”现象要坚持的文化立场和文化追求。

（三）规则意识的培养

梁漱溟和费孝通的“关系”思想都认为，没有绝对的标准和规则，只有相对的标准和规则。因为标准和规则都是人制定的。只有确定了“关系”才能确定标准或规则。现实中我们也确实看到了这样的情况，那就是一些基层执法者在执法过程中会依据与他“关系”的远近，处罚违法者。这种“关系”现象就是梁漱溟和费孝通提出的所谓标准或规则的相对性。但这与党和国家倡导的依法治国的理念是相悖的。中国特色社会主义市场经济也是法制经济和规则经济。法律面前人人平等，规则面前一视同仁。我们认为，费孝通提出的地缘关系依靠契约或者法律来调节的思想还是有一定道理的。当然，我们研究的中国企业的“关系”现象中无论是对于地缘关系还是血缘关系乃至其他各种特殊的关系，都应该坚持用契约和法律来调节。这样才会大大规避“关系”现象的负面效应，特别是有力推进“亲”“清”政商关系的构建。据我们了解，现在很多省市按照习近平总书记提出的“亲”“清”政商关系精神，纷纷出台构建“亲”“清”政商关系的政策文件。这些都是推动中国企业的“关系”管理健康持续发展尤其是合情、合理、合规、合法发展的重要保障。

第二章

中国企业“关系”现象产生的社会基础

中国企业的“关系”现象既是一种文化现象，更是一种社会现象。所以，国内外学术界也分别形成了文化论题的“关系”研究和社会结构论题的“关系”研究范式。“文化论题强调‘关系’是中国独特文化的体现，不仅社会结构受到关系文化的塑造，而且个体的日常实践也受到‘关系’图式的引导，因此关系文化塑造了中国社会的独特图景。结构论题认为‘关系’依随于特定的社会结构，‘关系’实践是特定社会结构形态的衍生物，而不是一种由文化所引导乃至决定的行为方式，因此，有关‘关系’的解释必须到相应的社会结构中去寻找。”① 从这个意义上讲，中国企业的“关系”现象如果站在文化立场看，就是一种相对稳定的文化现象；如果站在社会结构立场看，就是一种社会发展到一定阶段的暂时社会现象。作为最早研究“关系”现象的学者，梁漱溟和费孝通都是从中国文化或儒家文化角度研究“关系”现象，他们提出“关系”思想的代表作《中国文化要义》和《乡土中国》都是在1949年前完成的，并在很大程度上反映了当时“关系”现象产生的社会基础。但是，他们的研究在根本上还是属于文化论题的“关系”研究范式。因为，他们所分析的主要是基于中国文化尤其儒家文化影响的社会结构。“关系”现象真正引起国内外学术界广泛关注的时间是20世纪80年代以后。“‘关系’无论在中国传统还是现代社会，都是一种极为重要的社会现

① 李林艳：《关系、权力与市场：中国房地产业的社会学研究》，社会科学文献出版社2008年版，第5-6页。

象。但学界对这一现象的关注直到20世纪80年代后才开始。”[①] 而20世纪80年代正是中国改革开放的初期，这就说明两个问题。一个是“关系”现象在改革开放之后的中国社会逐渐增加，另一个是“关系”现象被国内外学术界尤其西方学术界认为是改革开放之后的一种重要社会现象。

我们认为，第一个问题的出现原因在于改革开放之后，中国由计划经济转向有计划的商品经济直至今天的市场经济，中国企业的“关系”现象是经济发展尤其是转型经济期的产物。在计划经济体制下，企业的供产销活动几乎都是政府决定的，个人也不能搞任何商业活动。改革开放之后，除了当时的国有企业改革推行所有权和经营权分离、企业逐渐脱离政府，成为独立的自负盈亏的经济主体外，还陆续出现了私营企业或私人企业。在这种情况下，有些企业特别是私营企业或者私人企业有时会通过所谓的“关系”赢得市场资源和机会。第二个问题的出现原因在于，中国的改革开放政策使得国外很多企业陆续进入中国市场，这些国外企业也会了解乃至学习中国市场的“经营之道”。这时他们也会看到中国社会的“关系”现象。中国社会的“关系”现象也主要是在20世纪80年代前后引起西方学术界关注的。早在1979年，西方学者Bruce J.Jacobs 基于当时台湾的情况，发表了研究“关系”现象的学术论文。这是西方学术界发表的研究“关系”现象最早的学术文献之一。Bruce J.Jacobs指出：“中国人称之为‘关系’的特殊情感，在其政治上扮演着重要的角色。西方的学术著作大致接受了中国人的这种观点。”[②] 他还说：“在台湾观察到的中国特殊情感关系与大陆上的这种关系有时十分相似。”[③] 我们研究中国企业“关系”现象的社会基础，主要从改革开放前后时期以及21世纪前后时期两个历史发展阶段来探讨，从而研究“关系”现象产生的社会基础和发展规律。“杨美惠（Yang，1994）则集中对计划经济背景下的‘关系学’展开了质性研究，从而较早对‘文化大革命’后中国

---

① 翟学伟：《中国人的关系原理：时空秩序、生活欲念及其流变》，北京大学出版社2011年版，第94页。

② Bruce J.Jacobs:《中国政治联盟特殊关系的初步模式：台湾乡镇中的人情和关系》，收录于黄光国、胡先缙等《人情与面子：中国人的权力游戏》，中国人民大学出版社2010年版，第155页。

③ 同上，第157页。

大陆重新盛行的‘关系学’做出了细致分析。”[①] 基于此，我们主要以两个最有代表性的“关系”研究成果为例。一个是美国加利福尼亚大学桑塔芭芭拉分校的华人教授杨美惠撰写的《礼物、关系学与国家：中国人际关系与主体性建构》一书，另一个是两位美国学者胡安·安东尼奥·费尔南德斯和劳里·安德伍德撰写的《关系：跨国CEO的中国经验》一书。这两本书都属于实证研究成果，全面展现了我国两个历史发展阶段的“关系”现象状况。它们在“关系”研究领域有很大的影响，其中，《礼物、关系学与国家：中国人际关系与主体性建构》主要反映了我国改革开放前后时期的“关系”现象状况，《关系：跨国CEO的中国经验》主要展现了我国21世纪前后时期的“关系”现象状况。

第一节　我国改革开放前后时期的“关系”现象状况

杨美惠是学术界全面深入系统研究我国改革开放前后时期“关系”现象状况最早、最系统、最有影响的学者之一。她甚至把对“关系”现象的研究称作“关系学”。“关系学可被翻译成‘对关系的研究’。”[②] 她认为，关系学的出现主要有三个方面的社会原因，第一个原因是中国数千年的封建主义或自给自足经济产生的对血缘关系的依赖，第二个原因是“文化大革命”对社会秩序的破坏，第三个原因是经济改革和对外开放使得西方资产阶级的个人主义伦理渗透进中国。对于第三个原因，杨美惠进一步说：“按这种关系学起源的观点，弥漫在官僚阶层中的‘不正之风’，正是官僚们不考虑大多数人的利益，只考虑自己狭隘的例证。同样，在官方眼中，社会风气的变‘坏’，反映出同样的与物质利益相关的个人主义和自私自利，以及人们丢弃了社会主义的理想所产生的后果。”[③] 杨美惠对关系学产生的原因的分析

① 沈毅：《迈向“场域”脉络下的本土“关系”理论探析》，《社会学研究》2013年第4期，第205页。

② 杨美惠：《礼物、关系学与国家：中国人际关系与主体性建构》，江苏人民出版社2009年版，第7页。

③ 同上，第126页。

基本属于社会结构论题的研究范式。在她提出的以上三个方面的社会原因中，封建主义社会时期和“文化大革命”时期两个历史阶段，她都没有经历过。而改革开放初期阶段是她亲身经历的，也为她深入观察、体验和研究这个阶段的“关系”现象提供了有利时机。她在《礼物、关系学与国家：中国人际关系与主体性建构》一书的前言中说：“这本书的内容是中国大陆的关系学实践，它是我在1980年代和1990年代中总共长达两年的对于中国都市的田野调查的结果。”①因此，杨美惠的这本书成为国内外学术界了解和研究我国改革开放前后时期特别是改革开放初期“关系”现象状况最重要的学术文献之一。实际上，她在研究改革开放初期“关系”现象状况的同时，对改革开放之前乃至中国历史上的“关系”现象也做了一定的梳理和探讨。

一、关系学的产生

杨美惠作为美籍华人在北京大学留学的时候，产生了对“关系”现象研究的兴趣。“从1981年9月起，我是在北京大学留学的美国交换学生。访问丁健前的几个月，我对关系学的人类学兴趣被激发起来。”②杨美惠所说的丁健，是她研究“关系”现象时访谈的一个对象。丁健曾经对杨美惠说：“关系学对人是有好处的。每个人都用他们的关系网，你请一个朋友帮忙，如果他办不了，他会请另外的人。这样底层就能和高层联系上了。”③通过丁健的描述我们可以看出，关系学在当时主要是为了满足相互之间的帮忙。这反映了我国改革开放初期“关系”现象的基本状况。“我对关系艺术的人类学研究跨越了20世纪80年代和90年代初期，也就是中国改革开放时期，我对关系学的田野研究主要是我在北京居住两年时做的。那些年我在中国其他地方旅行时也收集了材料，还有在1990年、1991年、1992年和1993年我重访时的材料。”④因此，杨美惠关于“关系”现象的研究对于了解我国改革开放初期的“关系”状况有很重要的参考价值。

---

① 杨美惠：《礼物、关系学与国家：中国人际关系与主体性建构》，江苏人民出版社2009年版，第3页。
② 同上，第1页。
③ 同上，第3页。
④ 同上，第14页。

（一）关系学的内涵

杨美惠对改革开放初期“关系”现象的研究，不如说是对关系学的研究。“‘关系学’一词是由‘关系’一词派生出来的，因而对‘关系’的界定是研究关系学的基本前提。不过，杨美惠似乎通篇没有对‘关系’做一个界定。”[①] 在一定意义上讲，研究关系学、掌握关系学是当时的一种社会现象。这种社会现象的产生与关系学的丰富内涵是分不开的。“关系学涉及礼品、赠品和宴请的交换，个人关系和相互依赖的网络的培养，义务和负债的产生。这些活动和表述之所以有生命力，是因为它涉及一些最基本的概念，像个人关系所牵涉的权力，及其在满足日常生活的需要和愿望中所占的重要性。”[②] 杨美惠认为，尽管关系学在每一个有中国人的地方都会不同程度地出现，但是在20世纪八九十年代的中国改革开放初期更加普遍。“对我来说有意思的是，我与各行各业的中国人打交道时，关系学的话题出现频率极高，通常不需要我提示，关系学是个随处可见的主题。它出现在经济交易中，出现在政治和社会关系中，出现在文学作品、报纸、学术刊物、戏剧和电影中，出现在民间和官方的话语中。”[③] 对于这种现象的产生，杨美惠进一步指出：“是什么驱使一群人在一个特定的时间认识和评价关系学，或如何达成一个粗略的共识关于关系学是如何复活的。正是这个问题——由于认清关系学不仅是社会实行，而且也是成话语而产生的问题——应许将关系学的研究扩展成产生和认识关系学的这种社会形成的研究。”[④] 杨美惠的这种观点再一次印证了“关系”现象的产生需要一定的社会条件。换句话讲，“关系”现象不仅是文化的产物，更是社会的产物。

杨美惠还指出，关系学也会出现在非中国人的环境中，譬如东欧和苏联。杨美惠的这种看法进一步说明，“关系”现象受到社会结构的影响更大。她认为，我国改革开放初期从计划经济体制转化为有计划的商品经济之

---

① 姚泽麟：《社会转型中的关系学——评杨美惠的〈礼物、关系学与国家〉》，《社会学研究》2011年第3期，第220页。

②③ 杨美惠：《礼物、关系学与国家：中国人际关系与主体性建构》，江苏人民出版社2009年版，第5页。

④ 同上，第6页。

后的过渡期的社会结构，是“关系”现象乃至关系学形成的重要原因之一。“‘关系学’强调相互约束的权力和人际关系的感情和伦理特性。‘礼品经济’突现礼品、好处、宴请交换这样的成分。礼品经济是个有用的术语，因为关系学运作的逻辑与礼品互惠的许多属性有共同之处……这就是在关系学中能发现‘有义务给予、有义务接受、有义务回报’这样的成分，一种非营利的、工具性的慷慨的混合，同时也是自愿和强迫的互惠的混合，‘礼品经济’这个术语也说明不论什么可从关系学中得到的物质利益，都只有遵循这种关系的仪式化形式的规定才能得到。”① 从杨美惠对关系学内涵的界定中，我们可以看到关系学呈现出以下几个特点。

1. 相互性

关系学是在“关系”双方之间相互交往过程中产生的。有“关系”双方的权力是相互约束的。也就是说，一方的权力可以为对方提供帮助或帮忙，另一方的权力也是这样的。权力意味着资源和机会，有权力的一方在支配资源和提供机会方面是有选择性的，他们对于有“关系”的人一般会优先选择。如果“关系”双方的权力做不到相互约束或者双方的“关系”没有了相互性而变成了单方性，这时候双方的“关系”可能就会出现问题甚至终止。

2. 情感性

“关系”现象不仅是社会现象，也是文化现象。“关系”双方的往来和相互性一般是建立在情感或者伦理基础之上的。社会现象一般也会受到文化现象的影响。因此，“关系”现象有着社会性和文化性的双重属性。在各种“关系”中，血缘家庭关系是最重要和最基本的，也是情感和伦理成分最浓厚的。以血缘家庭关系为基础扩充的其他关系一般也要有情感或伦理的成分。譬如，同学关系、战友关系中的情感或伦理成分就比较明显。

3. 利益性

按照杨美惠的研究发现，关系学在我国改革开放之初的社会结构调整过渡期有着明显的物质利益导向。她所提出的“礼品经济”就反映了关系学

---

① 杨美惠：《礼物、关系学与国家：中国人际关系与主体性建构》，江苏人民出版社2009年版，第7页。

的利益性。礼尚往来尽管是中国传统文化的一个重要习俗，在中国人的生活中占有特别重要的地位。婚丧嫁娶活动中“送礼”“随礼”现象今天也很普遍。但是，杨美惠认为关系学的运作需要物质利益作为保障。

4. 义务性

梁漱溟认为，“关系”双方彼此之间要对对方负有义务。杨美惠则特别强调给予、接受、回报就是“关系”双方的义务。具体讲就是，当“关系”中的一方需要对方帮助或帮忙时，另一方要及时给予，而对于对方的给予也要习惯接受。但是，接受之后，还要在以后适当的时机回报对方的帮助或帮忙。当然，这种帮助或帮忙不是一般意义上的帮助或帮忙，而是有着内在特殊的利益需求。

5. 工具性

关系学的工具性就是把“关系”作为实现个人利益需求的工具和手段。这与关系学的利益性和义务性是一脉相承的。如果关系学主要是为了从对方获取利益或者履行各自的回报义务，那么关系学的工具性就非常强了。我们研究中国企业的“关系”现象时也要注意这种工具性。有的企业建立和发展各种“关系”，最终目的是实现企业另外的目标，譬如获取更多的市场资源和机会。这时候“关系”就是工具和手段，企业的盈利才是真正的目的。

（二）民间的“关系学”话语

杨美惠认为，“关系学这个概念首先是在大众话语里形成的，具有反社会活动的贬斥含义，是一种建立在自利基础上的失常的实用行为。在道德上理应予以拒斥”。[①] 杨美惠通过实地走访了解到，女性一般对利用人、操纵人的关系学持反对或否定态度，男性则对关系学的工具主义持接受的态度，并把关系学看作实现自己特定目的不得已做的事。但是，“在经济改革时代，大众话语中对关系学的否定理解是把它和官僚贪污同等看待”[②]。杨美惠通过调研了解到，有些官僚利用关系学捞取自身经济和政治地位，官

---

① 杨美惠：《礼物、关系学与国家：中国人际关系与主体性建构》，江苏人民出版社2009年版，第46–47页。

② 同上，第48页。

僚之间也利用他们的关系网互相捞取好处，还通过自己的地位为亲戚朋友捞好处。“整个20世纪80年代，对官僚利用关系为自己和家庭搞特权，公众的怨恨越来越大。”[①] 因此，“关系学这种行为已经对党和社会造成危害”[②]。

杨美惠还列举了几位访谈对象对关系学的看法。一位访谈者认为，只有感情、交换和抵抗三种特征同时出现时，才会有关系学的产生。感情是指两个人的“关系”具有浓厚的感情色彩和人情色彩，交换是指一方对另一方的利用具有利益交换的色彩，抵抗是指关系学是抵抗正式组织的非正式的组织方法，也就是不通过正常渠道或者通过不合规、不合法的渠道达到目的。另一位访谈者认为，关系学是为了走歪门邪道达到目的，有时通过迂回的路径，避开法律。除此之外，杨美惠还提出了民间话语中关系学常用的几个关键字和概念。譬如关系网、关系户、熟人、“拉关系”“走后门”、人情、送礼等等。其中，熟人是关系学中的核心。在一定意义上讲，所谓的有“关系”一般指的就是有“熟人”。

关系网和关系户需要的就是熟人。“熟人指的是在关系网中个人能向他求助的人。熟人是一些处于一定的有利地位上的、能影响某些好处和好东西再分配的人。”[③] “拉关系”“走后门”一般也是通过熟人实现的。人情、送礼面向的多数也都是熟人。其中的人情是“关系”得以延续的基础。杨美惠认为，人情主要有三种含义，即做人、行事、回报。做人是指有人情，就是会做人、做好人；行事是指每个人都会按照别人的社会地位以及与自己的“关系”情况决定如何对待别人；回报是指欠了别人的人情是需要回报的。杨美惠还指出：“一个人可以以帮助别人‘做个人情’，‘托人情’是轮到他从别人那里寻求帮助。为了得到其他人的一些帮助，有些时候只说些人情话就行了，或者用一些暗示的事情打动人心，唤起别人的个人义务感。‘人情势利’让人很难回绝帮助的要求或不回报人情债。”[④] 实际上，人情有时候对人就是个巨大的负担。我们每一位中国人也确实能够感受到人情的压力

---

① 杨美惠：《礼物、关系学与国家：中国人际关系与主体性建构》，江苏人民出版社2009年版，第48页。

②③ 同上，第49页。

④ 同上，第62页。

和无奈。但是，人情不等于人情味。人情味是指人们之间的温情和亲情、友情。人与人之间如果没有了人情味，人就会对人冷漠和残酷甚至麻木不仁。人情则主要是指“关系”双方对对方曾经给予自己的“好处”所要返还的回报。所以，人情一般是欠对方的“债”，俗称“人情债”。

通过以上杨美惠对民间的“关系学”话语的研究我们发现，民间的“关系学”是让人既爱又恨的东西。爱是因为它能给人们带来好处，恨是因为它经常会给人带来巨大的负担。这种负担不仅是经济负担，更是心理和精神负担。俗话讲，还不清的人情债。这反映了关系学会给人们带来无尽的烦恼。我们研究中国企业的“关系”现象就需要正确理解关系学的含义及其特点，规避关系学给企业发展带来的不必要的负担甚至不利的后果。对于杨美惠分析的改革开放初期出现这样的“关系”现象及其关系学，我们也应该有理性的认识。毕竟我国各项改革刚刚起步，一些制度乃至法律法规还不健全，这就会给一些人带来钻制度和法律空子的机会。譬如杨美惠指出的官僚腐败、“拉关系”“走后门”等不正之风，也为民众所反对和厌恶。这就是说，改革开放初期，不仅制度和法律法规不健全，而且出现了很多新现象、新事物，还需要有一个认识的过程，这就使得关系学能够有足够的发展空间。但是，我们认为，作为不正之风的关系学，应该是中国企业“关系”管理要坚决摒弃的。

（三）官方的“关系学”话语

与中国民间对关系学又爱又恨的状况不同，官方具有更鲜明的道德和政治立场。“与大众话语不同，官方话语的特征是它的垄断性。它把关系的技巧完全定义为反面的社会现象，关系学因其败坏正常的社会主义的伦理而受到道德的和政治的谴责。”[①] 因此，关系学在官方话语中被明确认定为不正之风。在官方眼中，关系学是“靠旁门左道来办事，而不是通过官方正常的管道。关系学的道德人格是不正直的，是值得怀疑的”[②]。关系学包括的所谓道德义务是与社会主义伦理背道而驰的。按照官方的解释，关系学的产生一方面是受到封建主义传统伦理的影响，另一方面是受到资产阶级腐朽思想

①② 杨美惠：《礼物、关系学与国家：中国人际关系与主体性建构》，江苏人民出版社2009年版，第53页。

的影响。我们认为，关系学的产生不仅是封建主义和资产阶级腐朽思想影响的结果，还有我国改革开放初期的社会结构调整过渡期各项制度不健全带来的影响。杨美惠指出："在把关系学只认作一种消极事物时，官方话语经常有意忽视关系学中的伦理原则，并且把焦点只集中在它工具性的和反社会的层面上。"[①]

对于这种情况，杨美惠以当时报纸报道的一位医院女会计坚持"原则"不徇私情为例指出，这位女会计因为拒绝给上级、朋友、邻居、亲戚、老乡和老同志好处得到了表扬。这些人都想让她利用职权帮忙。"在公众利益和党的原则利益上，她成功地抵制了这些私人关系所要求的义务和恳求。"[②]这就是杨美惠所说的关系学中的伦理原则。杨美惠总结道："个人应当总是按照'公事公办'的原则，意思就是遵守国家制定的法规和指示，而不是在个人义务的基础上行使职权 。这个短语总是被用来作为搞关系的对立面。既然一个人绝不应当对来自亲友的个人的要求和呼吁有任何迁就， 那么搞关系就是把个人凌驾于公众之上。"[③]所以，官方的话语是把关系学看作获取私利的手段。

杨美惠认为，官方话语除了把关系学看作谋取个人私利的手段，还把它看作官僚贪污腐败和贿赂的表现。在大众话语中，关系学和受贿之间有明显界限。"在关系学里，两人之间的交换关系与已经存在于两人之间的原有关系是不能分开的，但贿赂关系完全只是为了贿赂某人而急速建立起来的。"[④]杨美惠还以一位在美国求学的研究生的观点为例指出，关系学暗含着人情、友谊、长期个人关系以及帮助别人等意思，这是贿赂里没有的。但是，杨美惠认为："官方话语和大众话语都将关系学与官僚腐败连在一起，但前者说起关系学来就是指腐败，而大众话语除了腐败这个主题以外，对关系学有着多种解释。"[⑤]具体讲就是："大众话语包含着对关系学多元的、又爱又恨的和矛盾的理解，而官方话语只承认它消极的、自私自利的、反社会

---

① 杨美惠：《礼物、关系学与国家：中国人际关系与主体性建构》，江苏人民出版社2009年版，第55页。

②③⑤ 同上，第56页。

④ 同上，第57页。

主义的特点。”[①]

总而言之，官方话语中的关系学是没有任何积极意义的。我们研究中国企业的“关系”现象需要对官方话语和民间大众话语做深入的分析。二者一个是一元的精神，一个是多元的精神，一元的精神就是对关系学持彻底否定的态度，多元的精神则是对关系学有肯定也有否定。这种情况发生在我国改革开放初期是可以理解的。因为，我国刚刚从计划经济体制逐渐转型为有计划的商品经济，在很大程度上还有一元的计划经济痕迹，而社会公众在改革开放的大潮中思想相对活跃起来，思想上的多元现象逐渐成为常态。所以官方话语和民间公众话语对关系学的看法有分歧是正常的。随着我国社会主义市场经济的建立和完善，特别是制度和法律法规的健全，官方话语和民间公众话语就会趋于一致。我们认为，“关系”现象和关系学也要从两个方面加以分析，一方面分析其中的人情味而不是人情，另一方面分析其中的合情合理合规合法的成分，抛弃不正之风的内容。

二、关系学的应用范围

杨美惠通过对关系学的实例调查描绘了它的应用范围，揭示了产生关系学的社会和历史原因。杨美惠认为，关系学在各种变化的社会语境中展开并发挥它的社会作用。关系学存在于不同类型的人群和社会组织中。[②]杨美惠主要从城乡、职业、背景、场合等几个方面调研，并探讨了关系学的各种应用范围。关系学作为能够在改革开放之初的社会结构转型期为个人带来好处的技巧和工具，应用范围非常广泛。不管是农村还是城市，不管什么职业、背景以及场合，总会对关系学情有独钟。改革开放之初确定的经济发展目标，特别是农村到城市的经济改革一下子把人们发财致富的梦想点燃起来。人们为了提高自身的经济生活水平，会想尽一切办法获取经济发展的机会和资源。当时社会上有一个非正式的职业称呼，叫“倒爷”，就是通过“关系”把计划内的商品“倒出来”，卖到市场上，从而赚取其中的差价。通

① 杨美惠：《礼物、关系学与国家：中国人际关系与主体性建构》，江苏人民出版社2009年版，第58页。

② 同上，第67页。

过这个例子我们可以看出，当时只要有能够让人赚钱的渠道和场合，都会引起关系学的产生。不仅包括赚钱，还有当年上山下乡的知识青年的回城、找工作等。只要能够绕开正常渠道，并更快实现个人的合理或不合理的目标，都会充斥着关系学。所以，关系学的应用范围不仅广阔，而且丰富多彩。

（一）农村的关系学

杨美惠通过调研发现，当时的中国农村比城市更加流行关系学。“因为它的发源地是农村文化，其中亲属纽带和劳动交换、相互帮助和义务的传统是占支配地位的。”[①] 她访谈的对象也强调农村关系学的重要性。“一个农民不得不靠送礼、参加婚礼等等活动与大队和生产队主管保持良好关系，这样才能被安排轻松工作、得到更好的工作考核。从20世纪70年代中期和80年代早期，下放青年的家人竭力想办法让他们逃脱艰苦的农民生活返回城市。他们不得不使出浑身解数，调动一切力量，给大队主管和农村地区更高的主管拉关系、送礼。”[②] 从这个描述我们可以看到，拉关系、送礼的对象主要是当时农村的主管，因为他们有支配别人工作甚至人生变化的权力和资源。拉上关系、送上礼的人，就会在工作上或者人生转机上得到“好处”。从这个意义上讲，“关系”现象和关系学也不能画等号。因为“关系”现象中的“关系”多数都是天然、自然形成的并主要以情感为主，譬如父母子女关系、同学关系等。关系学中的“关系”则一般都是后天形成的，并以利益、好处为主。譬如，上面说到的农村关系学中，之所以要与主管拉关系、向主管送礼，是因为有好处。

改革开放初期，农村关系学的重要性不仅没有降低反而更加重要。“20世纪80年代，随着令人惊奇的农村经济改革，看起来关系的艺术面临更多的机会和情境。随着农村联产承包责任制的实行，农业的商品化、乡镇企业的兴起，农民企业家不得不通过关系获得原材料，保护当地市场。我访问过一家乡镇企业，我了解到建设、维持、管理乡镇企业的一项重要工作就是与各

① 杨美惠：《礼物、关系学与国家：中国人际关系与主体性建构》，江苏人民出版社2009年版，第68页。

② 同上，第67页。

种官员和当地政府‘搞好关系’，这是一项微妙而复杂的任务。乡镇企业要依赖当地政府办以下事情：原材料、电力、劳动转移、运输、产品分配、减免税收，要得到这些好处必须搞关系学。”①

我们认为，中国企业“关系”管理不能停留在关系学的层面，尽管企业的目的是盈利，但是如果只是通过与政府官员搞关系学来发展企业，是很有局限性的。当然，还有一个问题，如果有的地方政府官员本人喜欢搞关系学，对于搞关系学的企业家“大开绿灯”，对于不搞关系学的企业家就“百般为难”，这就不是我们企业“关系”现象研究的问题了。这与习近平总书记以及党和国家倡导“亲”“清”政商关系是背道而驰的。这样的官员现在就会受到严厉的处理。

（二）城市的关系学

杨美惠尽管强调关系学在农村的重要性，但在当时的城市关系学也一样重要。杨美惠研究关系学的主要背景是当时的城市。“在许多农村地区，既存在关系的技巧，也存在灵活的礼仪性的礼物经济，在大城市的生活中，关系学比生日、结婚、升迁等场合的送礼要重要得多。”②

杨美惠主要从当时的城市职业层面探讨了城市关系学的状况。她认为，中国改革开放初期，除了传统的干部、工人、知识分子等职业称呼外，又出现了个体户、企业家、广告商、公关小姐等新的职业称呼。在这些职业中，杨美惠认为，干部最擅长搞关系。有两个理由：一个理由是“干部处理事情有决策权和资源分配权，这使干部们经常成为送礼的目标和拉关系的序幕”；另一个理由是“他们与工人相比过着相对闲散和流动的生活。有更多的提升和交换工作出差和其他干部参加地区性会议的机会，主管干部工作期间很少受到指挥，这样他们就有更多的机会搞关系”③。杨美惠还引用顺口溜反映当时城市关系学的状况。“一等人送上门，二等人走后门，三等人要托人，四等人气死人。”④一等人主要是指大干部在家等着别人给他们送礼；二等人主要是指小干部、医生、司机、店员等，他们尽管政治地位不高

①②④　杨美惠：《礼物、关系学与国家：中国人际关系与主体性建构》，江苏人民出版社2009年版，第68–69页。

③　同上，第76页。

或者没有政治地位，但是有拉“关系”的资源；三等人主要是指必须花时间拉“关系”的人；四等人主要是指没有任何“关系”的人。以上四等人中，最重要的是一等人，其他等次的人拉“关系”的对象也主要是一等人。这是因为当时的政治地位和政治机关掌握着太多的资源和机会。当时的普通群众对搞“关系”的干部有着很大的意见。因为这些干部有较高的社会和政治地位，他们是当时关系学的最大受益者。

除了城市干部的关系学，杨美惠还分析了其他城市职业角色的关系学状况。譬如，有的工人会利用他们能够弄到的物质或者社会资源搞“关系”。一位焊接工告诉杨美惠：“他偶尔在工厂藏一些边角料，用单位的机器为朋友做些时髦的金属烟斗”，建筑工人“能在建筑工地弄到木材、砖、水泥，他们从建筑工地上偷偷弄回来，给那些要加盖个小房的朋友用”[①]。所以，尽管干部和工人在当时是两个职业阶层，但是他们搞“关系”的本质大同小异，一个利用自己的社会和政治地位搞“关系”，一个利用自己便利的工作平台搞“关系”。他们搞“关系”干的都是违规违纪甚至违法的事情。我们研究中国企业的“关系”现象必须将这种违规违纪甚至违法的关系学剔除在外。

对于职员和服务员的关系学，杨美惠也做了调研。职员和服务员当时控制着公众需要的商品和服务，杨美惠指出，他们对于普通不认识的陌生顾客，有时会恶语相向，是因为他们就像小官僚，对一些商品和服务有控制的权力，不会因为他们干得好坏而影响他们的去留。杨美惠以她调研的一个图书管理员和饭店服务员为例，说明这个问题。一个图书管理员“没什么权力，但她管着书。她经常不管公众的要求，只为自己的特殊的朋友和给过她好处的人优先服务。一个饭店服务员只给他的朋友和关系户上好菜。因此，尽管他们没有正式的行政权力，职员和服务员经常能弄到东西进入‘关系’的交换，克服其社会地位的相对低下”[②]。这种现象反映了当时的职员和服务员服务的态度和质量，取决于与他们的“关系”远近。与他们“关系”近

---

① 杨美惠：《礼物、关系学与国家：中国人际关系与主体性建构》，江苏人民出版社2009年版，第77页。

② 同上，第78页。

或“关系”好的人，他们的服务态度和质量就会好；反之，服务态度和质量就不好。

对于知识分子这个职业角色来说，杨美惠说：“知识分子也要活，他们也要生活得舒适，因此他们也不得不学关系学。”① 可见，关系学在当时几乎是无孔不入，遍布几乎所有职业角色。从这个意义上讲，城市关系学的重要性一点不亚于农村关系学。二者的共性就是“关系”几乎左右着当时人的生活质量和人生境况。为此，人们不得不求助于关系学，试图改变自己的生活质量或人生境遇。但是，我们认为，这只是社会的暂时现象，不会长久持续下去。否则的话，靠关系学就能解决一切问题，不仅会破坏公平正义，也会使人的道德素质和文明素质大大降低。这也是与我们社会主义的伦理精神和法律精神相悖的。我们研究中国企业的“关系”现象必须清醒地看到这一点，违反道德法则、市场规则乃至法律准则的“关系”现象，是坚决要摒弃的。

（三）使用背景的多样性

杨美惠除了对农村关系学和城市关系学研究外，还就城市关系学中的各种更具体的使用背景，进行了相对全面的介绍。我国改革开放初期，物资相对匮乏、机会相对偏少，使得关系学有了较大的“市场”。当时最直接、最常见的现象就是，如何在短缺供应中获得低价又优质的商品，是当时很多人的想法。这时他们不得不借助于“关系”。自行车、缝纫机、食品、水果、烟酒等商品在当时确实需要通过“关系”才能搞到。企业也是这样。“一些生产性的商品，像原料（如钢铁、木材、水泥）和机械也是短缺商品，工厂经常依赖和生产部门上级单位的‘关系’获得充足的原料供应满足和超过生产的需要。个体户、小店主和摊贩则依赖与工厂供销科或国营商业机构的人的‘关系’以批发价取得供他们零售的商品。”② 这些“关系”现象都是当年短缺经济环境下的产物。企业的“关系”管理在那种情况下主要就是疏通“关系”，获取原辅材料，保障正常生产。当然，反过来，企业生产的商品

---

① 杨美惠：《礼物、关系学与国家：中国人际关系与主体性建构》，江苏人民出版社2009年版，第79页。

② 同上，第80页。

在当时基本也都是短缺的，他们的商品在多数情况下也是通过“关系”才能弄到。随着我国改革开放的逐步深入，物资极大丰富的时候，这种现象就大大降低了。

杨美惠还列举了当时需要关系学的几种情况。譬如找工作、工作调动、找医生和医院看病、分房子、职务晋升提拔、乘火车和飞机、上学乃至看电影，等等。对这些情况，杨美惠说：“搞‘关系’是找到工作的基本手段”；“换工作单位和提升这类难题也经常通过拉‘关系’的途径来解决”；“农村经济改革的结果是把农民从土地上解放出来，大批原先住在农村的农民也想迁居到城镇和城市。从20世纪70年代开始，搞‘关系’开始成为规避严格控制的异地调动的重要方式”；“医生是人们培养‘关系’的重要对象，因为除了提供医院的床位以外，与医生搞好‘关系’会使他得到的医疗完全不同。给有‘关系’的人看病时，医生会认真听病人的讲述，给予很好的治疗。没‘关系’的人，医生马马虎虎半心半意地就打发了”；“不论是从单位取得住房还是从市房管局取得住房，通过‘关系’的活动还是能让一个人很快取得成功”；“在一些场合，关系学在为个人找政治靠山中也很有用”；“买飞机票、船票或渡船票也都可以通过‘关系’”；“关系学在让孩子入托儿所上也有用处”；“‘关系’的技巧也被用来取得娱乐或文化活动的票”；等等。[①]

这些使用关系学的背景几乎涉足当时人们生活的所有领域。当时的人们好像离开了关系学几乎寸步难行。但是，这毕竟是杨美惠调研的部分现象，不一定代表全部。我们认为，这些现象的出现与当时的社会发展阶段是分不开的。我国改革开放刚刚起步，很多事情都没有经验。特别是物资和资源的相对匮乏以及制度还不是太完善，这是出现关系学的主要原因。这些现象和问题都可以在经济社会的发展过程中逐步消化和解决。实际上，今天的中国经过改革开放40多年的发展，以上关系学的现象很多都消失了。

（四）企事业和行政场合

杨美惠上面更多的是从个人层面探讨了关系学的应用情况。不管是农

---

① 杨美惠：《礼物、关系学与国家：中国人际关系与主体性建构》，江苏人民出版社2009年版，第81–86页。

村关系学还是城市关系学乃至其他各种使用关系学的场合，基本上满足的都是个人的生活、工作需要。而对于企事业行政单位来说，关系学也很重要。“关系学并不局限于个人的社会交换，它也存在于企事业的机构和国家不同行政机构之间的关系中。像工厂、商业企业、学校和机关，也把这种复杂技巧当作自身生存策略和提高人员生活的一部分。商店和百货公司和国家供销部门搞好‘关系’，就能获得质量高、品种多样的商品卖给消费者。学校和机关与电力和煤炭部门搞好‘关系’，就能得到充足的电力供应和取暖的煤。工厂也要搞好‘关系’，以便得到原料、技术支援以及其他基本生产物资。不仅要维持与其他单位和企业的一般‘关系’，也要与工厂的各级上级行政部门搞好‘关系’。甚至和行政级别比自己低的机构也要搞好‘关系’。横的和纵的‘关系’都会影响一个机构的良好状态。”① 杨美惠的描述反映了当时中国企业“关系”现象的实际状况。也就是说，当年中国企业发展的每个环节都需要关系学去打通和拓展。“关系”是当年很多企业要过的一个“坎”，过不了“关系”这个“坎”，企业的发展阻力可想而知。因此，关系学不仅是个人在生活和工作上的需要，也是企业发展必不可少的。

杨美惠在探讨企事业单位的“关系”现象时特别强调，这种“关系”现象表面看是两个单位之间搞关系，实际上是两个人之间搞关系。“尽管企事业的实体之间双方是互利的或者是大部分人获利的，但实际的关系活动却是由一个人完成的，而不是由正式的单位对单位的关系完成的。在关系交换中，单位之间彼此互助，主要是职员之间或代表之间关系联系的结果。就是说，通过两个人之间面对面的关系，许多企事业事宜才能运作。”② 杨美惠对企事业单位的“关系”界定对我们研究中国企业的“关系”现象有很大的参考价值。这也再次强调了“关系”的特殊性。“关系”不仅被国内外学术界认为是中国的一种特殊文化现象和特殊社会现象而体现出它的特殊性，还因为“关系”主要是指两个人之间的特殊“关系”而不是一般的、普通的“关系”而表现为特殊性。

---

① 杨美惠：《礼物、关系学与国家：中国人际关系与主体性建构》，江苏人民出版社2009年版，第89页。

② 同上，第90页。

杨美惠不仅对当时企事业单位的关系学情况进行了调研和探讨，对行政单位的关系学也做了研究。“中国社会中除了工业和经济界要维持企事业‘关系’，关系学也在国家机构内的不同级别的行政单位之间的业务指导上扮演重要角色。”① 可见，关系学不仅渗透到个人生活和工作的方方面面，而且在企事业行政单位也有着广泛的影响。杨美惠最后总结企事业行政单位的关系学时，再次强调了“关系”的个人属性。“不管是企业实体间横向企事业关系还是垂直的行政和地区的上下级关系，关系学的这个层面展示了关系学的受益者不仅有个人，也有整个集团或社会的某一阶层。既然集团的关系经常通过特殊的有决定性的人物来联系，这个人也作为一个集团的代表，靠他的地位来受益。”② 这就说明，“关系”不管在什么场合和背景下应用，都必须建立在两个私人之间的“关系”之上，否则就不是关系学意义上的“关系”，也不是特殊意义上的“关系”。我们研究中国企业的“关系”现象也主要是站在两个人之间的私人“关系”角度，而不是企业与其他组织机构间的关系。

三、社会发展中的关系学

我们通过杨美惠对改革开放初期中国“关系”现象包括企业“关系”现象的探讨，可以了解社会发展中的关系学状况的变化规律。就像杨美惠思考的问题：“在传统文化领域中，关系学的渊源或者根基是什么？尽管经过共产主义的革命，经济、政治和意识形态都发生了基础性的变化，关系的艺术如何投胎转世呢？关系学的发展在国家社会主义文化中依循了什么样的轨迹呢？在中国的城市中，人们把关系学的出现或者重新归结为什么原因呢？”③ 这些问题也是我们研究中国企业的“关系”现象要着重考虑的。

（一）关系学产生的三种观点

杨美惠认为，关于关系学的产生和发展有三种观点。首先，关系学产

① 杨美惠：《礼物、关系学与国家：中国人际关系与主体性建构》，江苏人民出版社2009年版，第90页。

② 同上，第94页。

③ 同上，第125页。

生于数千年封建主义和自然经济或者自足经济对血缘关系和宗法制度的依赖；其次，“当代的关系学应怪罪于‘文化大革命’”；最后，关系学的流行是因为改革开放使得资产阶级个人主义的伦理渗透进中国。[①] 其中的第一个观点，我们在前面“关系”现象产生的文化基础部分，有了较深入的探讨。

对于第二个观点，杨美惠引用一位调研对象的说法作为印证：“回想起刚刚解放的那几年，我们看到人际关系是正常的。人们要做什么事，一般都通过组织关系和互助关系完成自己的任务。在那个时候，如果人想通过不正当关系捞取个人利益，他们就会受到公众意见的谴责。不仅如此，他们自己也感到难堪。”但是，“‘文化大革命’导致社会秩序混乱，无组织、无纪律，使每个人不再依靠国家和党组织，而是靠个人‘关系’来维持每天的生存”。[②] 由此可见，在杨美惠看来，“文化大革命”对社会秩序特别是法规、法纪的破坏，是关系学产生的原因之一。

对于第三个观点，杨美惠认为，改革开放初期，中国的一些杂志和报纸出现了讨论“关系学”和关系网的文章，这些“拉关系”的活动，当时被指责为对国家是有害的。“关系学在‘文化大革命’期间出现的观点似乎是最广泛的反映。而一些不同意这种关系学起源观点的人坚持认为关系学是中国文化的一部分。其他人则认为关系学始于1978—1979年的改革开放。”[③] 这三个关于关系学产生的观点的基本立场，都是基于社会结构的特点和变化。传统社会结构中的血缘关系和宗法制度，“文化大革命”对社会秩序以及法规、法纪的破坏，改革开放初期西方思潮的社会影响等，反映了关系学产生的社会基础。

（二）中华人民共和国成立至改革开放前的“关系”现象状况

根据杨美惠的研究发现，中华人民共和国成立初期几乎没有关系学的现象。“那时人际关系比较单纯、简单，很少有人拉‘关系’。一种解释是革命以后，普遍的情况是每个人都对建设社会主义新社会满怀理想，想不到用

①②③　杨美惠：《礼物、关系学与国家：中国人际关系与主体性建构》，江苏人民出版社2009年版，第125–126页。

关系学改变自己的生活。精神高尚，人们信奉社会主义伦理，工作努力，互相帮助。”[①] 同时，杨美惠还说：“‘裙带关系’和利用个人关系帮助朋友办事被否定了。同时，友谊所要求的信任和互相坦诚会使他们冒有意无意泄露个人隐私的险。有一些五六十岁的人告诉我，有人很想利用‘关系’改善自己的生活，但他们又怕做这些事，不敢找人帮忙，怕一些人会说他们缺乏集体精神。”[②] 可见，中华人民共和国一切都是新的，最新的就是社会主义制度。在社会主义制度尤其是社会主义新伦理思想的影响下，着重满足于私人利益的“拉关系”“走后门”的关系学现象没有了“市场”。

但是，杨美惠指出，关系学的产生在很大程度上说是“文化大革命”造成的。她引用一位访谈者的观点说：“20世纪50年代，关系学并不是日常生活的特征，社会上的一切都在严格控制之下：‘就像一张整洁有序的书架，每样东西都各得其所。但在‘文化大革命’时期，整个秩序都被破坏了。做事越来越难，找不到谁在负责，命令是通过什么管道下的，人们只能自己找办法。’另一个原因是商品越来越少，满足不了人们的物质需求。那时工厂都停工了、瘫痪了，无数的政治运动、仪式、持续的斗争，生产量的下降意味着人们得不到充足的基本必需品，所以他们要利用关系学为自己去获得食品、衣物、捞好处。”[③] 我们认为，关系学由中华人民共和国成立初的几乎没有，到“文化大革命”时期的盛行，根本原因就在于社会的正常制度和秩序被严重破坏。中华人民共和国没有关系学，是因为很多事情是通过社会制度加以规范的，“文化大革命”则严重破坏了各种社会制度和社会秩序，公检法机构等都几乎陷入瘫痪，这时候关系学才有了生存和生长的空间。因此，关系学是一定社会环境的产物。

（三）改革开放初期的“关系”现象状况

杨美惠认为，关系学产生的第三个原因是我国改革开放初期阶段的特殊性决定的。“官方话语谴责20世纪80年代初‘关系’的风气是西方资产阶级

---

① 杨美惠：《礼物、关系学与国家：中国人际关系与主体性建构》，江苏人民出版社2009年版，第125页。

② 同上，第131页。

③ 同上，第133–134页。

影响的渗透，公众话语与此不同地提出经济需要和稀缺的主题。”[①]也就是说，我国改革开放初期，西方资产阶级的影响和物资相对匮乏的社会现实，被认为是关系学产生的直接原因。但是，杨美惠指出，与“文化大革命”时期的关系学更多的是政治诉求不同，改革开放初期形成的关系学主要是为了经济目的，也就是为了物质金钱的利益需要。这种不同也很好理解。毕竟改革开放之前尤其是“文化大革命”期间以政治运动为主，改革开放之后则以经济建设为主。“由于一种市场经济因素的引入，在每一种关系交换中，利害攸关的并不是直接使用和消费的东西，关系学变质为捞取更大的财富和机会。”[②]所以，关系学深深打上了时代的烙印。这也进一步说明，关系学的产生与社会基础和变化有着一定的内在联系。从这个意义上讲，要改变靠关系学做事的不正之风，不仅需要从文化思想上加以引导和教育，还要从社会结构和体制上进行改革。实际上，我国的改革开放不仅涉足经济领域的改革，也涉及社会乃至政治体制的改革。

杨美惠在谈到改革开放初期的关系学状况时，特别提到了与我们研究的中国企业“关系”现象密切相关的当年的个体户和企业家现象。对于当年的个体户，杨美惠说：“他们的生存依赖于‘关系’，他必须与一些官方的实体拉‘关系’，准许他们开工厂，减免税收，批交通执照”；对于当年的企业家，杨美惠又说：“这些人之间有很多‘关系’，不仅在经济事务（交换货物、原材料、市场信息），也在政治事务上互相帮忙。”[③]可见，当年的个体户和企业家对“关系”的依赖和使用也很普遍。但是，这时候的关系学由于受到经济改革大环境的影响，越来越强调利益诉求，甚至两个人之间的普通“关系”交往，也会受到所谓金钱的腐蚀。也就是说，人们变得越来越势利和讲实惠。“随着商品经济的发展和对利润的追求，金钱交易也不断侵占‘关系’交换的领域。主要关注金钱得失的‘关系’和建立在关系学上的‘关系’已不太一样了，它不再顾及人情及其枝枝杈杈。确实，这种‘关

① 杨美惠：《礼物、关系学与国家：中国人际关系与主体性建构》，江苏人民出版社2009年版，第135页。

② 同上，第136页。

③ 同上，第137页。

系’经常被概括为‘不讲人情’。这就是说，它们在一个非人情化的基础上对待人。但是用钱送礼本身并不必然构成非人情化的金钱关系。可以用钱替换礼物以完成自己的人情义务，像孩子给年迈的双亲赡养费。金钱的出现必须与最初的得与失的计算，手段与目的的计算，交换中的人之间社会距离的远近联系起来。”① 杨美惠描述的这个变化，揭示了关系学或者“关系”现象的新走向。很多传统意义上的“关系”都嫁接在金钱利益之上。特别是非人情，是改革开放初期的“关系”或者关系学与以往不同的地方。这让我们想起了费孝通的“关系”思想。他认为，从依赖人情的血缘“关系”到依赖非人情的契约或者法律的地缘“关系”转变，是现代社会发展的标志。但是，费孝通强调的是契约或者法律“关系”。杨美惠描述的我国改革开放初期的“关系”现象或者关系学更多的是一种金钱利益“关系”。这其中也是有很大差别的。

杨美惠研究的重点是当时社会上流行的“关系学”现象，而不是单纯的“关系”现象。也就是说，我国改革开放前后时期的“关系”现象，更多地反映为一种关系学现象。我们认为，关系学是社会发展的特定阶段的产物，会随着社会发展到更高的阶段而逐步退出社会和人们的视野。这是我们的一个基本学术判断。实际上，杨美惠也提出了关系学和“关系”现象是不同的范畴。“关系并不能简单地归结为关系学中的‘关系’。在一些方面，它们在精神上是与关系学相对立的。朋友、亲属、同学等等并不与关系学等同，只是作为关系学的基础或者潜在的场所。从中产生出相同性或认同的亲戚和朋友关系，在普通话中被理解为非功利性的，非实用的，在伦理上比关系学的‘关系’要纯洁。”② 我们研究中国企业的“关系”现象也不是关系学，而是“关系”现象，是在健康的文化环境和正常的社会秩序中产生的。

---

① 杨美惠：《礼物、关系学与国家：中国人际关系与主体性建构》，江苏人民出版社2009年版，第125页。

② 同上，第97页。

第二节　21世纪前后时期的“关系”现象状况

两位美国学者胡安·安东尼奥·费尔南德斯和劳里·安德伍德合著《关系：跨国CEO的中国经验》一书以“关系”作为书名，展现了我国21世纪前后时期“关系”现象的基本状况，对我们研究中国企业的“关系”管理现象有重要的参考价值。这本书在序言中用世界银行的一个研究报告说：“中国将其他国家几个世纪的成就压缩到一代人中，没有其他国家在如此短的时间内有如此大的成就。中国在一次完成两种转型（从指令经济到市场经济以及从农村社会到城市社会）方面的独特尝试是前无古人的。”① 这里所说的两种转型，实际上是中国社会结构的两个重大转型，这两个转型都必然伴随着“关系”现象的变化。我国改革开放初期的关系学现象的产生，也与这两种转型有关系。指令经济到市场经济的转型，使得当时的关系学出现金钱利益导向，从农村社会到城市社会，引起大量农村人口向城市转移。这就是费孝通所讲的血缘关系向地缘关系的转变。中国当时经过30多年的改革开放，这两大转型基本到位。中国特色社会主义市场经济的确立和发展，使得市场环境趋向国际化和规范化，城市人口已经超过总人口的一半。现在的农民工已经成为我国当今产业工人队伍的主力军。

胡安·安东尼奥·费尔南德斯和劳里·安德伍德主要从中国社会的“关系”现象视角，介绍了跨国公司的管理是如何实现本土化的。他们特别强调“关系”是“基于好处与义务交换发展出来的人际关系。在对我们的顶层经理和咨询顾问的访问中，‘关系’或者说是‘中国式的人际网络’，自始至终都被认为是在中国做生意最重要的一个方面。这一概念非常重要，所以人际关系是本书的一个中心主题”。② 他们所指的“关系”强调四个特点，一是好处，二是义务，三是人际关系，四是中国特色。好处是首要的特点。也就是说，“关系”的价值就在于可以为企业带来好处。但是，好处是要以第

① [美]胡安·安东尼奥·费尔南德斯、劳里·安德伍德：《关系：跨国CEO的中国经验》，译林出版社2010年版，序言第1页。

② 同上，第5–6页。

二个特点义务为保障的。如果只是向对方要“好处”而不为对方尽义务，这种好处很难有保障。第三个特点人际关系强调的是“关系”是人与人之间的事情，而不是企业与企业或者其他组织之间的事情。第四个特点强调“关系”的中国属性，这也延续了国内外学术界研究中国社会“关系”现象的传统做法。“关系”的四个特点实际上也是中国改革开放30多年特别是进入21世纪后表现出的时代特点。

胡安·安东尼奥·费尔南德斯和劳里·安德伍德在书中访谈调研的跨国公司有非常强的代表性，基本上可以全面反映中国社会“关系”现象的当时状况。“这些企业加在一起具有了五百一十二年在中国经营的经历，平均每家公司二十六年。其中三家公司在中华人民共和国成立前就已经在中国营业：标准渣打在清朝最后一位皇帝（1912年被废黜）统治时期就已成立，联合利华于1923年成立中国公司，可口可乐则是在1927年。另外五家公司从邓小平的改革一开始就在中国落脚，至今已超过二十年。”[①] 所以，书中的这些跨国公司经历了我国社会的很多巨大变化时期。他们也是我国改革开放政策的亲历者和受益者。

一、“关系”的重要性

胡安·安东尼奥·费尔南德斯和劳里·安德伍德在《关系：跨国CEO的中国经验》一书第一部分的标题是“人际关系无比重要”。这就为本书定了一个基本主调，那就是中国社会“关系”的重要性。尽管他们用的是“人际关系”这个词语，但是我们知道，他们指的就是中国的“关系”现象。因为“人际关系”这个词语体现不出中国社会“关系”的特殊性。他们引用一位英国驻中国公司的总裁的话说：“如果要我（对新来的经理）着重讲一句话，我会强调人际关系的重要性……这真的就是取决于人——人和人之间的关系以及他们对对方的信心，中国在这方面比欧洲或美国都要突出。”[②] 在中国社会，人与人之间的关系比西方社会更微妙，更具有特殊性的意义。中

① [美]胡安·安东尼奥·费尔南德斯、劳里·安德伍德：《关系：跨国CEO的中国经验》，译林出版社2010年版，第2页。

② 同上，第8页。

国人在乎这种特殊的“关系”。而这种特殊的“关系”对于跨国公司在中国的发展有着重要的意义。胡安·安东尼奥·费尔南德斯和劳里·安德伍德在访谈一些跨国公司总裁时让他们谈谈，希望他们的继任者，在中国市场需要什么样的能力素质。这些总裁重点列举了三个方面的能力要求，即职业能力、个人的全球化能力、关乎中国特征的个人能力。在这三个能力中，关乎中国特征的个人能力，主要是指与中国人打交道的能力，这个能力包括了在中国建立“关系”的能力。胡安·安东尼奥·费尔南德斯和劳里·安德伍德引用可口可乐中国公司总裁的话说：“如果你和中国以及中国人打交道有问题，那么（你的生意）不大可能成功。”[①] 家乐福中国公司总裁说：“想在亚洲尤其是中国成功，你得听别人说什么。你要是不这么做，就可能全部搞砸。”[②] 因为，“倾听是学习中国商业文化关键因素的最好方法”[③]。

（一）中国特征的个人能力

胡安·安东尼奥·费尔南德斯和劳里·安德伍德在书中列举了五项中国特征的个人能力，第五项是“关系”能力。中国特征的个人能力前面的定语，指的就是个人能力应该具有中国特征，是在中国社会和中国市场环境中应该具备的能力。但是，胡安·安东尼奥·费尔南德斯和劳里·安德伍德指出：“人们所列举的在中国取得成功的关键能力常常是相互矛盾的，这一点很有意思。高级经理们建议要同时具备谦卑和强势，耐心和速度。”[④] 他们所说的这些矛盾正是中国社会和中国文化的特色。中国文化与西方文化最大的不同之一在于，不是非此即彼的思维方式。就像中医中的阴阳思想，是阴中有阳，阳中有阴，二者彼此交融、浑然一体。而西方的思维则是阴是阴，阳是阳。所以，西方才会有“头痛医头、脚痛医脚”的思维方式。胡安·安东尼奥·费尔南德斯和劳里·安德伍德所指的矛盾实际上就是具有中国特征的个人能力也有中国文化的元素在这里面。从这个意义上讲，尽管中国社会已经进入了21世纪，但是人们身上的中华传统文化的色彩和特征还继续保留着。他们提出了四种中国特征的能力。

---

① [美]胡安·安东尼奥·费尔南德斯、劳里·安德伍德：《关系：跨国CEO的中国经验》，译林出版社2010年版，第15页。

②③④ 同上，第18页。

1. 谦卑

他们通过受访者得到的信息是，在中国保持谦卑的姿态很重要。“在中国，基于自大和以恩人态度自居的领导风格会招致失败”①，“在中国，对你的同事、员工、客户和朋友表示尊重，以及承认你自己知识所不能及的领域，是一种建立好感的有力方式。”②俗话讲，谦虚使人进步。这也是中国人的传统美德。在正常的人际交往中，谦卑确实不是一般的重要。胡安·安东尼奥·费尔南德斯和劳里·安德伍德在书中以微软中国公司为例说明了谦卑行事在中国的积极效果。他们还特别强调，即使对亚洲很熟悉的经历，在中国也应该更加放低自己的态度。我们研究中国企业的“关系”现象也应该重视以谦卑为代表的中华传统美德的重要性。

2. 强势

胡安·安东尼奥·费尔南德斯和劳里·安德伍德认为，强势和谦卑是一对矛盾，但是都受到受访者的充分肯定。“要强势，至少在坚持原则和严守跨国公司文化的关键领域方面应该如此。换句话说，在适应所在国的商业行为方面走得太远是一种错误。这里的窍门在于，在与所在国商业文化的某些方面接轨和坚持本来的公司文化的关键方面保持正确的平衡。”③这也是好几位受访对象的共同看法和做法。他们所谓的强势，就是坚持自己企业的文化立场和规则，不简单屈尊于中国的社会或文化。中国的社会或文化有个性，跨国公司也有自己的个性。这两种个性的平衡，是这些跨国公司寻求的出路。我们认为，这些跨国公司基本了解和弄懂了中国的社会和文化。这反映了中国社会的“关系”现象正在趋于正常和健康。因为，“关系”是两个人之间的事情，只有彼此尊重对方又坚持自己的立场的“关系”，才会让双方受益并健康持续发展。

3. 耐心

俗话讲，心急吃不了热粥。讲的就是耐心的重要性。胡安·安东尼奥·费尔南德斯和劳里·安德伍德认为在中国做生意，耐心很重要。“我们

---

① [美]胡安·安东尼奥·费尔南德斯、劳里·安德伍德：《关系：跨国CEO的中国经验》，译林出版社2010年版，第19页。

②③ 同上，第20页。

的受访者在谈到造就或者毁掉在中国的国际经理人的因素时重复最多的一个词就是‘耐心’。看起来，沉着、稳健、着眼长远的方法，对于一个在中国工作的经理人的很多方面都至关重要——从自官员处取得许可，到与供应商谈判、与合资伙伴合作以及发展客户需求。”① 还有的受访者给新来中国的经理们第一条建议就是“做事要有耐心”②，因为，“没有耐心导致的问题远远比与你的中国同事和客户发生不应有的摩擦来得严重”③。可见，耐心被看作跨国公司在中国做生意的基本准则之一。做事要耐心，做人更要耐心，尤其在人与人的交往和“关系”上也要耐心。“关系”是慢慢处出来的。从这个意义上讲，耐心处“关系”也体现了中华文化的传统美德，是个人有修养的表现。耐心是一种向内求的状况，处“关系”一般是向外求的状况。如果用向内求的耐心，处向外求的“关系”，效果可能就会不一样。最起码这种“关系”会经得起时间的考验。

4. 速度

胡安·安东尼奥·费尔南德斯和劳里·安德伍德在强调耐心的同时，又提出了速度的要求。“尽管耐心是在中国管理业务必需的生存技能，可迅速适应并转变的能力也是同样重要的。换句话说，跨国公司业务的某些方面需要小火慢炖，而其他方面则需要以发达国家和成熟市场所没有的速度快速沸腾。可以有把握地说，世界上没有任何其他地方的商业环境比如今中国的城市中心改变得更快了。”④ 他们所指的速度实际上就是我们今天所说的中国速度。改革开放政策使得中国成为世界上发展速度最快的国家。就像中国的高铁一样，高速发展助就了中国今天的辉煌成就。这种高速发展不仅改变了中国经济社会的面貌，也大大改变了中国人的生活和工作方式以及交往方式。速度和耐心也是一对矛盾，把握二者的平衡，也是中国的处事方式和做事风格。就像胡安·安东尼奥·费尔南德斯和劳里·安德伍德所说的，有时候需要耐心，有时候需要速度。

---

① [美]胡安·安东尼奥·费尔南德斯、劳里·安德伍德：《关系：跨国CEO的中国经验》，译林出版社2010年版，第22-23页。

②③ 同上，第23页。

④ 同上，第25页。

（二）“关系”的内容

俗话讲，旁观者清。作为旁观者，胡安·安东尼奥·费尔南德斯和劳里·安德伍德两位美国学者更能客观地看清楚中国社会“关系”现象的实质。21世纪前后时期中国社会的“关系”现象状况，可以通过这两位美国学者的研究得到一些了解。“关系（中国式人际网络）是本书从头至尾的核心主题，在从如何管理中国员工，到如何与商业伙伴谈判、如何与政府官员工作等各方面提出的所有针对性建议中处于中心地位。实际上，关于建立与维持关系的概念是本书的核心思想之一。”①他们再次强调了“关系”是人与人的“关系”或者网络，包含了员工、商业伙伴、政府官员等。

对于“关系”的内容，他们进一步指出：“这一概念可以被解释成两个人之间由相互之间的义务构成的相通的关口或者联系。‘关系’在家人间由于血缘而存在，在校友或工友间由于某段共同的记忆而存在，或者在商业相识间互相帮助了对方后而建立。”②其中，义务和帮忙是“关系”的核心内容。尤其对于商业上的“关系”，尽管“在全世界的文化中都直接或者间接地存在，但在中国，它的应用更加经常、广泛，而且也更加重要。”③商业上的“关系”双方之间的相互帮忙，“在西方也很常见，但是付出好处和欠人情债的观念在中国要强烈得多”④。胡安·安东尼奥·费尔南德斯和劳里·安德伍德确实点出了中国社会“关系”现象的实质。好处和人情或人情债体现了中国社会“关系”现象的本质。这也是中国社会“关系”现象这么受跨国公司关注的重要原因之一。

胡安·安东尼奥·费尔南德斯和劳里·安德伍德还对“关系”与“腐败”进行了分析。他们认为，“关系”不是“腐败”的一种好听的说法，“‘关系体制并不意味着，公司在行贿或者达成私人交易后可以为所欲为。不过，它的确意味着，与西方国家相比，中国的商业伙伴发展出更加密切和深入的‘关系’。它意味着，国家经理人常常发现自己在开展正常业务时，是在一个友好而且依靠个人（而非职业）能力的环境中行事。在很多情况下，比起上一代人，‘关系’如今扮演的角色在减弱。……当然，‘好处交

①②③④　[美]胡安·安东尼奥·费尔南德斯、劳里·安德伍德：《关系：跨国CEO的中国经验》，译林出版社2010年版，第26页。

换’有可能并且的确涉及非法好处的领域，不过这种负面的‘关系’不是我们讨论的主题”[①]。从胡安·安东尼奥·费尔南德斯和劳里·安德伍德的分析中我们看到，21世纪前后时期的中国社会的“关系”现象状况表现为三个特点，一是合法性，二是个人性，三是好处性。合法性是指“关系”不等同于搞不正之风的“关系学”，更不等同于搞“腐败”。个人性是指“关系”体现了个人的一种能力。好处性是指“关系”能够给当事人带来好处。但是，在21世纪的中国，“关系”的重要性在有些领域与过去相比有所削弱。譬如，经过40多年的改革开放，中国社会的物质极大丰富，这时候就用不着通过“关系”获取生活和工作上需要的物质。购买火车票现在都在网上进行，这也大大减少了通过“关系”获取火车票的数量，等等。这也进一步说明了“关系”现象受到社会变化的影响。

（三）建立“关系”的能力

胡安·安东尼奥·费尔南德斯和劳里·安德伍德把建立“关系”的能力，作为他们提出的五种中国特征的个人能力中最重要的能力。他们特别强调：“在华国际经理一般需要比在母国花费更多的时间和精力与他们的合作伙伴建立和维持密切而积极的人际关系。他们必须和员工、商业伙伴、供应商、政府官员和客户建立‘关系’。虽然与这些相关各方保持良好关系在西方当然也是必要的，不过在中国人际关系要更加重要得多。”[②]他们还引用一些受访着者观点说明建立“关系”这种能力的重要性。有的受访者说：“做生意有时可以变得非常个人化，真的就是取决于人——人和人之间的关系以及他们对对方的信心。中国在这方面比欧洲或美国都要突出。”[③]还有的受访者认为，“尽管中国正在迅速转变，但是‘关系’体制仍然深深植根于此。……尽管自2001年加入世界贸易组织以来，中国的商业环境取得了发展，更加国际化，商业管制也变得‘越来越被我们了解’，但这些都没有削弱‘关系’的重要性。‘人际网络和关系仍然扮演着重要角色。个人联系

①② [美]胡安·安东尼奥·费尔南德斯、劳里·安德伍德：《关系：跨国CEO的中国经验》，译林出版社2010年版，第27页。

③ 同上，第28页。

仍然非常重要'"①。可见，21世纪的中国在很多领域都发生了根本性的变化，可是"关系"现象的重要性在有些领域还是很重要。

既然是中国特征的个人能力，胡安·安东尼奥·费尔南德斯和劳里·安德伍德认为，"对于新来的经理人来说，建立人际关系的艺术是一项有用的，甚至是关键的能力。不幸的是，这是最难以学习的能力之一，它要求外派经理在东方和西方之间小心地保持平衡，在建立良好关系的同时坚持他们公司要求的行为准则"②。可见，建立"关系"的个人能力是既很有用又很难学的能力，对于跨国公司来说需要做好中西方文化之间和企业内外要求之间的两对平衡。换句话讲，建立"关系"的能力既要体现国际化还要融入本土化，既要建立各种特殊的"关系"又要遵循企业规则。总之，21世纪的中国社会的"关系"现象已经进入了新常态，既有过去的传统特点，又有新时代的要求。我们在研究中国企业的"关系"现象过程中也要注意二者的平衡。有的传统的"关系"现象因为社会的发展和进步自然消失，有的满足新时代需要的"关系"现象还会继续存在甚至发挥更加重要的作用。我们研究的中国企业"关系"现象是企业发展中回避不了的一种管理现象，也是需要有效面对的管理问题，更是向世人尤其西方国家展示的中国管理特色。

二、家文化中的"关系"现象

中国社会的"关系"现象不管是从文化角度还是从社会角度看，产生的基础都是"家"文化和"家"现象。中国传统文化尤其儒家文化倡导的就是"家"文化，中国的传统社会包括现在的社会把"家"看得无比重要。这也是中国与西方在文化和社会结构上的最大区别之一。胡安·安东尼奥·费尔南德斯和劳里·安德伍德在《关系：跨国CEO的中国经验》一书第二章用的题目是"公司更像一个家庭"。第一章谈"关系"很重要，第二章谈家庭是顺理成章的事情，也是符合逻辑和常理的。他们引用西门子中国公司总裁的话说："中国人——总体上亚洲都是这样——接受一份工作时和我们在欧洲的态度不同，对我们来说，公司当然是重要的，但主要是作为一个职业基

①② [美]胡安·安东尼奥·费尔南德斯、劳里·安德伍德：《关系：跨国CEO的中国经验》，译林出版社2010年版，第28页。

础而言，而对于中国人来说，公司更像一个家庭，这里面的想法是，‘我把我自己贡献给了西门子，你现在要照顾我’。”[①] 中国的很多企业在开展企业文化建设的时候一般也会凸显“家文化”的特色，培养员工对企业的归属感和增强员工的凝聚力。这种“家文化”融洽了企业员工之间的和谐关系。当然，这里的“关系”也是延续了血缘家庭关系的色彩，从“同祖”到“同业”，即企业员工都是在一个企业，成为同事的“关系”。血缘家庭“关系”是先天的，是后天无法改变的，是以亲情为纽带的。同事“关系”则是后天形成的，也是随时可以改变的，是以友情为纽带的。企业倡导的“家文化”希望企业员工之间亲如“家人”，既有友情更似亲情。这也是很多企业的“家文化”建设的初衷和要达到的目标。

胡安·安东尼奥·费尔南德斯和劳里·安德伍德在“家文化”背景下探讨了中国人力资源的状况、人力资源战略问题，最终落脚在雇主与员工的“关系”问题上，揭示了在“家文化”背景下企业人际关系中这对最重要的“关系”。雇主与员工的关系类似家长与子女的关系。这对“关系”更能凸显“家文化”的本质。胡安·安东尼奥·费尔南德斯和劳里·安德伍德通过调研访谈发现，跨国公司来中国遇到的最大问题就是如何与中国的员工搞好“关系”，如何做好人力资源管理。“当我们要求受访的二十位执行官提出他们在领导中国业务时面临的最困难的挑战，（到现在为止）最普遍的答案是‘人力资源问题’。”[②] 这里所讲的人力资源问题主要是指跨国公司到中国之后招聘和使用的中国员工。这就是雇主要营造“家文化”氛围的基础。俗话讲，知其然，还要知其所以然。雇主要与中国员工搞好“关系”，首先就需要了解中国员工特别是中国人力资源的状况。这样做是为了提高企业员工的积极性、主动性和创造性，从而提高企业的核心竞争力。

（一）中国的人力资源状况

跨国公司来到中国，从客观上讲，首先应该了解中国的人力资源状况，

---

① [美]胡安·安东尼奥·费尔南德斯、劳里·安德伍德：《关系：跨国CEO的中国经验》，译林出版社2010年版，第30页。

② 同上，第31页。

知己知彼，百战不殆。特别是中国人与西方人在很多方面都有着本质的差异，尤其是思想、文化、习俗等方面的差异。跨国公司在管理中国员工方面的难度要比管理西方员工大得多。“许多执行官要比他们在日本或西方的同事参与更多的管理日常的人力资源事宜。”① 为此，胡安·安东尼奥·费尔南德斯和劳里·安德伍德从以下几个方面探讨了中国人力资源的状况。他们首先谈了跨国公司对中国劳动力保持长期乐观的四个原因，即质量、兴趣、经验、缺口。根据他们的调研资料尤其一些跨国公司总裁的意见，质量是指“这里有令人难以置信的高水平的劳动力”，兴趣是指“中国员工会基于公司知名度和国际竞争力地位而产生强烈的兴趣”，经验是指“自20世纪90年代后期开始在中国网罗有经验的职业人士的工作变得稍微轻松了一些”，缺口是指“人才需求和供给之间的缺口在一些地方正在开始缩小”。② 这说明跨国公司对中国员工的吸引力越来越大。同时，中国对跨国公司的吸引力也越来越大。“在愿意前往海外工作的西方职业经理人圈子里，‘每个人现在都想到中国去’。”③ 但是，胡安·安东尼奥·费尔南德斯和劳里·安德伍德还指出了导致专业人员短缺的另外四个原因。

1. 激烈竞争力导致专业人才需求大于供给

这个原因说明跨国公司和中国本地公司都在抢专业人才，从而导致人才的需求大于供给，出现专业短缺的情况。根据胡安·安东尼奥·费尔南德斯和劳里·安德伍德的访谈和调研情况，人才短缺是一个普遍情况。西门子中国公司总裁说：“留住表现优秀的员工是我们最大的顾虑。特别是在高科技领域，我们每天都在为人才打仗。”④ 实际上，不仅西门子这样，其他跨国公司也一样。“高度竞争的职业市场带来的结果就是，如何留住重要员工成为我们访问的二十位国际经理的首要问题。”⑤ 在探讨留住重要员工时，胡安·安东尼奥·费尔南德斯和劳里·安德伍德谈到了一个非常有价值的信息。“单独一个优秀的经理在美国可能对一个大公司的总体业务成功只有

①③ [美]胡安·安东尼奥·费尔南德斯、劳里·安德伍德：《关系：跨国CEO的中国经验》，译林出版社2010年版，第31页。

② 同上，第33页。

④ 同上，第34页。

⑤ 同上，第35页。

比较小的影响。但是，单个的优秀经理在中国对经营业绩的影响要大得多”，[①]“在美国，有很多制度约束了单个人员带来的优势，而在中国很多方面都还没有效率。所以如果你找到了一个真正杰出的人，他对你生意的影响是巨大的”。[②]他们强调个人的重要性与我们研究的“关系”现象有一定的内在联系。因为，“关系”现象也是基于个人立场的“关系”，是两个人之间的私人“关系”。中国人力资源管理和西方人力资源管理尽管有很多共性，但在发挥个人的能力方面，中国有着明显的特殊性。

2. 竞争对手的快速成长

导致专业人才短缺的第二个原因是跨国公司在中国市场的快速成长，尤其是对专业人才的需求大量增加。胡安·安东尼奥·费尔南德斯和劳里·安德伍德分别以西门子、可口可乐、杜邦的中国公司为例指出，“西门子的中国业务全国共有2.53万名员工，其中99%是中国人……2003年，在可口可乐中国公司，包逸秋谈到公司成长的‘最大障碍’在于招募人员的速度还不够快。……2003年，杜邦中国公司员工数量增长了20%，达到3065人（其中98%为中国人）”。[③]作为跨国公司的代表，这三家公司不仅在中国而且在全球都有着很大的影响力。他们的发展在很大程度上得益于对专业人才的使用。改革开放几十年的发展大大激活了中国市场从而也极大吸引了来自世界各地的跨国公司。这些跨国公司在争夺中国市场的同时，还会在人才市场争夺专业人才，进行所谓的“人才战”。

3. 中层经理的短缺

跨国公司除了需要大量的一般专业技术人才之外，更需要在中国市场找到管理这些专业技术人才的中层经理，但是，这也是让跨国公司感到“头疼的”。胡安·安东尼奥·费尔南德斯和劳里·安德伍德指出，这不仅是历史的原因，即中国曾经的“文化大革命”使得中国教育培养的专业人才存在一定的“断层”，而且跨国公司相互之间也都在“争抢”优秀的中层经理。杜邦中国公司的查布朗说：“市场中的确有高质量的人才，可困难在于所有的

① [美]胡安·安东尼奥·费尔南德斯、劳里·安德伍德：《关系：跨国CEO的中国经验》，译林出版社2010年版，第35页。

②③ 同上，第36页。

公司——包括顶尖中国公司——都在从同一个群体中招人。”①可见，人才竞争不仅来自跨国公司之间，而且中国本土的企业也必然参与其中。跨国公司对中层经理的需求比中国本土企业更加迫切，因为很多跨国公司的总裁和职业经理对中国市场尤其是对中国人了解有限，不得已需要大量的中层经理管理中国市场的具体业务，包括对中国员工的管理。这就与我们研究的“关系”现象密切相关。因为，管理中国员工与西方员工的最大难点在于，中国人看重“关系”。“关系”质量的好坏大大影响员工之间尤其雇主与员工之间的心态、情感以及工作质量和工作状态，从而对企业凝聚力和竞争力有巨大影响。而这一切在很大程度上需要中国的中层经理去处理和协调。这就是中国的中层经理对于跨国公司的重要意义。

4. 中国员工的高期望值

根据胡安·安东尼奥·费尔南德斯和劳里·安德伍德的调研发现，“中国专业人士的职业期望是‘大大高于其他许多国家’”。②主要原因在于中国人从小到大追求进步的想法都比较强烈。未成年人是“面临来自父母、亲戚和老师的更大的去奋斗的压力”，成年人是“继续向家庭和同辈证明自己。‘他们感到发展和进步的强烈需要’”。③胡安·安东尼奥·费尔南德斯和劳里·安德伍德的受访对象，通用中国公司总裁也说到中国员工的期望值过高：“令我不快的是，当你聘用了某个来自清华大学或者交通大学的聪明人，他们就跑到你的桌前说，‘三年之内，我想坐上你的位子’”，“我花了二十五年才走到这一步。在生意上有一种东西叫学习，那可不是你三年就能做完的”。④这种现象一方面反映了年轻人“急于求成”的心态，另一方面也体现了在改革大潮中中国年轻人“舍我其谁”干大事业的气魄。事实证明，我国改革开放40多年的快速发展也确实催生了一大批享誉全球的年轻企业家，譬如马云、马化腾、李彦宏、刘强东，等等。所以，中国员工的高

---

① [美]胡安·安东尼奥·费尔南德斯、劳里·安德伍德：《关系：跨国CEO的中国经验》，译林出版社2010年版，第36页。

② 同上，第38页。

③ 同上，第38–39页。

④ 同上，第39页。

期望值不仅来自胡安·安东尼奥·费尔南德斯和劳里·安德伍德分析的家庭成长和社会文化原因，最重要的是中国改革开放的时代调整和机遇。

（二）人力资源政策

胡安·安东尼奥·费尔南德斯和劳里·安德伍德的多数受访者对中国的员工几乎都延续了他们过去的人力资源政策，“大多数受访者建议保持人力资源原则与政策大体不变”。[①] 譬如，通用电气中国公司“在中国保持了大部分的人力资源政策不变”，麦肯锡上海公司“在中国保留全球人力资源标准”，阿尔卡特中国公司“几乎原封不动地照搬全球人力资源政策”，英国石油中国公司“在中国应用的人力资源管理工具和其他任何地方的都一样”。[②] 尽管如此，这些跨国公司还是会考虑到中国员工的实际情况，尤其是中国员工的特殊性。“每一位受访者不加任何转变地把人力资源政策的每一条简单地移植到中国来，即使是那些仅仅被‘翻译’了的政策也需要向中国员工（常常是那些对这些概念不熟悉的员工）进行详细介绍，接着再谨慎地实施。结果是，受访者中没有人觉得在中国建立或实施人力资源政策是件容易的事。”[③] 因此，跨国公司还需要根据中国员工的具体特点和要求，采用灵活而本土化的人力资源政策。

1. 正确的薪酬

胡安·安东尼奥·费尔南德斯和劳里·安德伍德用的是“正确的薪酬”来描述对中国员工的做法，而不是薪酬的高低。这就说明，支付中国员工的薪酬的重点不在于高低，而在于方式正确与否。空中客车中国公司总裁说：“留住人才不是薪水的问题。如果一个人想走，你再给他加钱，那就太迟了……员工应该能够为他们所做的感到愉快，比如为管理层工作，对生意感兴趣，感到被信任，为公司感到自豪，感到是成功的一部分。”[④] 胡安·安东尼奥·费尔南德斯和劳里·安德伍德的一些受访者也表示他们给的薪酬并不是行业内最高的。但是，“国际经理们仍然强调，薪酬必须能够赶上现行

---

① [美]胡安·安东尼奥·费尔南德斯、劳里·安德伍德：《关系：跨国CEO的中国经验》，译林出版社2010年版，第39-40页。

② 同上，第40-41页。

③④ 同上，第41页。

行业水平。中国的专业人士对于他们本行业的当前薪酬水平非常熟悉”[①]。这就说明，中国员工也非常在意薪酬的水平高低，只不过在意的重点比较特殊。“中国人往往按教育背景和职称，你是个工程师或者高级经济师之类，来进行（奖金）考评。”[②]这种情况一方面反映了“出身和背景”对于中国人的重要性，另一方面反映了我国改革开放过程中绩效考核的科学性有一个逐渐完善的过程。薪酬的支付在中国员工中不仅仅是高低的问题，更是对“出身和背景”的认可问题。

2. 招聘

在中国市场招聘到合适的专业人才也需要考虑中国员工的实际情况。“很多受访者仍然面对不能尽快招聘以适应中国区快速增长速度的问题。……如果你找不到他们，那就培养他们。”[③]很多跨国公司招聘不到合适的专业人才，有时不得不招聘更为年轻的中国员工，并在培训上花了很多工夫，“受访者中的几个人在中国采用了雇佣比其他地方更为年轻的经理的策略，随后从最早期就提供更多的培训和指导”。[④]胡安·安东尼奥·费尔南德斯和劳里·安德伍德指出，这些跨国公司聘请到年轻的中国员工“需要更加手把手的管理方法”。[⑤]也就是说，跨国公司对于招聘来的中国员工要比世界其他地方的员工付出更多的时间和精力去指导甚至培训。“因为员工们都太新了”，“在这里，如果你布置一个任务，你得描述清楚所有细节，确保意思被完全理解清楚”。[⑥]我们认为，这些情况应该源于我国改革开放过程中一下子涌现出这么多世界品牌的跨国公司，而实际能够满足他们需要的专业人才相对匮乏。最重要的原因应该是中国员工过去对于这种国际化的环境和规则相对陌生。当然，随着我国改革开放的逐步深入和中国员工国际化经验的不断丰富，这些问题就会逐步得以解决。

3. 培训并保有

胡安·安东尼奥·费尔南德斯和劳里·安德伍德用“培训并保有”来

①② [美]胡安·安东尼奥·费尔南德斯、劳里·安德伍德：《关系：跨国CEO的中国经验》，译林出版社2010年版，第42页。

③④⑤ 同上，第43页。

⑥ 同上，第44页。

描述跨国公司对于中国员工的态度。也就是说，培训是为了留住中国员工。“在应对员工保有问题时，我们的国际经理们传达的最明确的信息之一是，阻止流失的方法是提供职业培训。”[①] 这是因为“中国员工比西方员工更加受到教育性奖励的激励”，“与金钱相比，机会是人们留下来的第一动力”，“中国人不论在哪一个级别，都乐于接受培训”，“跨国公司能够吊在优秀中国员工面前的最诱人的胡萝卜之一就是海外培训和海外工作经历的可能性”。[②] 胡安·安东尼奥·费尔南德斯和劳里·安德伍德进一步指出，就是因为这些跨国公司用培训留住中国员工的办法，也会带来一些问题。譬如“一些受访者承认，在中国的跨国公司当提供培训项目的时候最常面对的难题是‘培训后就走人’”，“中国员工工作努力而投入，但是同时也不断地在职业市场上寻找其他机会，并频繁地更换工作。这和在德国或日本的人们在同一家公司期望工作很久的态度有所不同”。[③] 胡安·安东尼奥·费尔南德斯和劳里·安德伍德把这种情况的出现归结为与员工对企业的忠诚度低有关系。我们认为，出现这种情况的原因很复杂，不能仅仅用忠诚或者金钱、浮躁等单一原因来解释。其中与中国员工的价值观、所处的社会环境乃至中国社会的“关系”现象等因素也有着密切的联系。

4. 快速提升

快速提升的重点在于“快速”两字，反映了跨国公司对中国员工职业心态的认识。“在中国，跳槽的主要原因之一是感到职业生涯进展太慢。‘在这个市场中最难控制的就是（中国）员工的高期望值’……‘人们希望能够非常快速地成长’。”[④] 胡安·安东尼奥·费尔南德斯和劳里·安德伍德列举的几个跨国公司的例子确实是这样。“对所有级别的员工都强调提升的机会”，“如果你不能帮助他们成长，你就会失去他们”，“全力加速他们的成长”。[⑤] 对于中国员工之所以这么看重“快速提升”，胡安·安东尼奥·费尔南德斯和劳里·安德伍德从“丢面子”和“职位头衔”两个方面做

① [美]胡安·安东尼奥·费尔南德斯、劳里·安德伍德：《关系：跨国CEO的中国经验》，译林出版社2010年版，第44页。

② 同上，第46-47页。

③④ 同上，第47页。

⑤ 同上，第49页。

了说明。在“丢面子”方面，他们指出，“国际经理在中国遇到的一大问题是，在组织中提升一个人会使其他没有提升的人‘丢面子’。尽管在西方，人员在面对提升时也会招致不满，但是在中国这种不满更为严重，并有可能导致主要人员辞职。‘因为‘关系’非常重要，所以你每提升一个人都关系到‘面子’问题。你可能要冒失去其他人的风险。某种程度上说，人们通过和他人的比较来衡量自己。’”[①] 在“职位头衔”方面，“职位头衔对于中国员工要比对他们的西方同伴们重要得多。……对于中国人来说，名片上印的头衔非常关键，因为它们清楚地界定了一个人的地位、角色和等级”[②]。由此可见，中国员工对“快速提升”的要求的根源在于“面子”。“‘面子’一直是任何一个在中国生活过的人或接触过中国人的人都能感受到的一种文化心理现象。”[③] 实际上，“面子”和“人情”都是我们研究“关系”现象非常重要的概念。

（三）雇主与员工的“关系”

胡安·安东尼奥·费尔南德斯和劳里·安德伍德在探讨“家文化”中的“关系”现象时说：“中国人比起西方人来，倾向于与他们的雇主建立更为密切的关系（作为个人的上级而非公司）。在中国，下属对上级的期望也更多——体现在培训、职业生涯管理、职业发展，甚至协助解决个人问题等方面。作为回报，上级也对下属期望更多——体现在尊重、忠诚以及承诺方面。双方都比较倾向于更含混地定义职业和个人的界限，并寻求相比于西方标准更高的相互付出。比方说，一个中国的上级有可能期望他的下级长时间加班而不必道歉或付出额外报酬。同时，一个中国员工可能会从上级（或其配偶、表亲、朋友）处为朋友向银行贷款、获取旅游签证或者申请外国大学等寻求帮助。（这种基于职业际遇而提出的个人要求就是‘关系’机制起作用的表现。）”[④] 胡安·安东尼奥·费尔南德斯和劳里·安德伍德把中国企业的“关系”现象描述得客观而生动。他们使用的几个词语点出了“关系”

---

① [美]胡安·安东尼奥·费尔南德斯、劳里·安德伍德：《关系：跨国CEO的中国经验》，译林出版社2010年版，第50页。

② 同上，第51页。

③ 翟学伟：《人情、面子与权力的再生产》，北京大学出版社2013年版，第154页。

④ 同①，第53页。

现象的本质，即个人、回报、配偶、表亲、朋友、帮助。其中的词语“个人”是“关系”的前提，其他的词语是“关系”形成的手段和目的。也就是说，中国企业的“关系”现象是以个人为前提的，而不是一般意义上所指的企业与其他单位之间的组织层面的关系。胡安·安东尼奥·费尔南德斯和劳里·安德伍德进一步指出，以个人为前提的雇主与员工之间的良好“关系”是“解决最普遍的困扰在华跨国公司执行官们的人力资源问题的方法”。①

1. 内部“关系”

胡安·安东尼奥·费尔南德斯和劳里·安德伍德所指的企业内部“关系”主要是指雇主与员工之间的个人关系，也就是老板与员工之间的“关系”。当然，企业的内部“关系”还有上下级之间的个人关系、员工与员工之间的个人关系，等等。除了企业内部的“关系”，还有外部的“关系”，譬如企业或者企业员工与政府官员、客户代表等利益相关者之间的个人关系。胡安·安东尼奥·费尔南德斯和劳里·安德伍德主要对跨国公司遇到的雇主与员工之间的个人关系进行探讨。“雇主和雇员一起从早上八点工作到晚五点，以竞争力换取报酬——但并不超出约定的界限——这一观点在中国并不通用。……（中国的）人们会因为喜欢为（他们的上级）工作而为公司努力工作，出于与这个人的个人关系。”② 这就表明，雇主与员工之间的个人关系状况会影响员工的工作状况也包括雇主的工作状态。因此，“关系”管理在中外企业中都有着特别重要的意义。

2. 家文化

胡安·安东尼奥·费尔南德斯和劳里·安德伍德说：“在中国，我们一遍又一遍地听到，工作场所就‘像一个家’。”③他们以上海希尔顿酒店为例说：“成功地为员工创造一个家的环境是上海希尔顿酒店在过去十一年中没有失去任何一位部门领导的原因。最高执行官鲁培尔说：‘你得创造一种伴侣或者家长式的关系，让大家能信任你。（中国员工）必须感到你喜欢他们，他们必须感到你在照顾他们。当他们工作的时候，就像在第二个家

---

①③　[美]胡安·安东尼奥·费尔南德斯、劳里·安德伍德：《关系：跨国CEO的中国经验》，译林出版社2010年版，第53页。

②　同上，第54页。

里一样。'"[①] 由此看来，"关系"现象起源于"家"还要回归于"家"。这就是中国的文化、中国的社会、中国的人。跨国公司通过为中国员工建"家"，营造家庭和家人的氛围，特别是雇主和员工之间的个人关系的建立更加重要。实际上，很多中国企业也非常重视"家文化"建设。"在中国，公司跟家庭一样重要。"[②] 既然把公司当成了"家"，那员工之间自然就成了家人关系，雇主就是家长。家长和家人之间的"关系"就要遵循特殊的家庭"关系"来维持和发展。其中最重要的就是彼此之间的义务和责任。尤其是雇主对员工要负起"家长"的义务和责任。除了满足正常的工作需要之外，生活上的需要乃至员工自己家里的需要，都会需要雇主利用特殊的"关系"给予照顾。这就是中国企业与西方企业的最大区别之一。

3. 忠诚

胡安·安东尼奥·费尔南德斯和劳里·安德伍德用"对经理的回报"表示中国员工的忠诚。"在中国，人们为某个人而不是公司工作……（员工）忠诚度常常更加直接地联系到其直接上级身上。……如果你的直接老板不喜欢你，不尊重你，不给你'面子'，你就会和你的公司失去纽带，并且迟早会开始写辞职信……如果一个经理受到中国员工的爱戴和信任，回报常常是一位非常忠诚的下属。这使得亲密的工作关系常见于很多本地公司……忠诚度在中国公司中（比西方公司）要强得多。"[③] 所以，忠诚是建立在雇主与中国员工的个人"关系"之上。"关系"好的忠诚度高；反之，忠诚度低。"对于国际经理，与中国员工建立一种密切的关系在弥合文化差距方面非常有用。……一旦与外国经理建立了密切关系，中国员工往往会有跟对中国老板一样的忠诚。"[④] 员工的忠诚对于中外企业都非常重要。但是，很多人谈的忠诚都浮在面上，没有抓住实质。胡安·安东尼奥·费尔南德斯和劳里·安德伍德则通过中国的"家文化"把忠诚这个问题谈到点子上了。忠诚是在个人层面上讲的。在家里，父母子女之间、夫妇之间要彼此忠诚于对

---

① [美]胡安·安东尼奥·费尔南德斯、劳里·安德伍德：《关系：跨国CEO的中国经验》，译林出版社2010年版，第54页。

②③ 同上，第55页。

④ 同上，第56页。

方。在企业，雇主和员工之间也要彼此忠诚于对方。最终的忠诚与否，主要看双方之间的“关系”质量。

三、政商“关系”

胡安·安东尼奥·费尔南德斯和劳里·安德伍德所探讨的企业“关系”现象除了企业内部的“关系”主要指雇主与员工的个人“关系”外，又重点研究了企业外部“关系”中的政商“关系”，即企业人员与政府官员之间的个人“关系”。这也是国内外学术界研究中国企业“关系”现象最关注的“关系”之一。胡安·安东尼奥·费尔南德斯和劳里·安德伍德的研究发现：“在过去的日子里，普遍的看法是，如果没有与有影响力的政府官员的特殊关系，商业高层（特别是跨国公司的外国管理层）就不可能得到业务成长和发展所需的来自政府官员的支持——例如获取执照、批准项目或允许聘请重要人员。今天，我们所采访的‘中国通’们说，这种特殊‘关系’的必要性正在消减。许多受访者说，和官员间的‘关系’现在不再被看作一种必需的关键条件，而更多的是一种额外优惠或是在竞争中的优势。……通用电气中国公司总裁孔礼达说他大约有65%的时间花在与政府官员打交道上——既有官员，也有被委任的国有企业客户领导。”[①]胡安·安东尼奥·费尔南德斯和劳里·安德伍德强调了两个重要的信息，一个是政商“关系”的特殊性，一个是政商“关系”的重要性。特殊性包括“关系”的主体特殊和“关系”的性质特殊。主体特殊指政商“关系”是一种企业人员与政府官员之间的个人“关系”，而不是一般意义上的企业与政府之间的组织关系。性质特殊是指这种“关系”与其他特殊的个人“关系”一样，企业人员与政府官员相互之间都希望从对方得到个人“好处”。这两个特殊性也是受到中国社会“关系”现象影响的。“送礼和请客户喝酒吃饭是在中国长久以来的商业做法，而按美国法律是受到限制的。裙带关系和任人唯亲在国内公司里也很普遍，而家庭成员、同学、校友之间的‘关系’在商业决策中的力量，在中国

① [美]胡安·安东尼奥·费尔南德斯、劳里·安德伍德：《关系：跨国CEO的中国经验》，译林出版社2010年版，第171－172页。

比其他国家要大得多。”[①] 这就是跨国公司这么重视“关系”包括政商“关系”的重要原因之一。但是，胡安·安东尼奥·费尔南德斯和劳里·安德伍德也指出了政商“关系”规避腐败的方法，即不违反法律或者道德。因此，随着法律的健全和道德文明程度的提升，这种特殊的政商“关系”的重要性也会逐步减弱。

（一）政商“关系”的重要性

政商“关系”的重要性有逐渐减弱的趋势，但是其重要性还是存在的。胡安·安东尼奥·费尔南德斯和劳里·安德伍德的受访者强调，“随着中国日益转向国际化和标准化的商业环境，‘关系’的本质正在发生变化。他们的大多数将与政府官员培养良好关系看成对于公司的额外好处，而非‘成败攸关’的必需”[②]。看来，在得到额外好处方面，政商“关系”与其他特殊的“关系”没有本质的区别。但是，政商“关系”已不是决定企业“成败攸关”的因素。胡安·安东尼奥·费尔南德斯和劳里·安德伍德的受访者还分别表示，“关系培养不需要跨入腐败行为的领域”，“‘关系不是解决问题的唯一方法’，但是的确有用”，“中国法律不作很多说明。如果（官员）支持你，你就能得到一个更好的判决。这就是‘关系’在中国超级重要的原因”，“如果你和中国（政府）‘关系’不好，这会把所有事情都给耽误”，“‘关系’在监管规定模糊的情况下有帮助”，“当监管规定明确且标准化时，‘关系’就没有那么重要”，“当你是先头部队，在某个地方第一次干某事时，（关系）问题要突出得多”[③]。这些情况说明，政商“关系”不能涉足腐败，否则就变质了。另外，政商“关系”的重要性高低取决于法律制度监管的清晰程度，越清晰，重要性越低；反之重要性越高。胡安·安东尼奥·费尔南德斯和劳里·安德伍德对21世纪企业“关系”现象状况的研究，反映了我国改革开放进程中法律法规及其相关政策制度在逐渐完善和规范的背景下，“关系”现象尤其政商“关系”现象的发展变化规律及其特点。

---

① [美]胡安·安东尼奥·费尔南德斯、劳里·安德伍德：《关系：跨国CEO的中国经验》，译林出版社2010年版，第172页。

② 同上，第185页。

③ 同上，第185–186页。

（二）政府谈判

政商“关系”在很大程度上取决于企业人员与政府官员之间的个人“关系”，但是，这种状况会随着我国改革开放的逐步深入而有所改变。也就是说，在政商“关系”中的个人成分会逐步降低，组织成分会逐渐增加。毕竟企业人员是企业的代表，政府官员是政府的代表。胡安·安东尼奥·费尔南德斯和劳里·安德伍德认为，21世纪初的政商“关系”的状况是“尽管与政府机构建立良好的工作关系现在变得简单了，……跨国公司在与政府一起工作时仍然困难重重”①。他们所说的困难主要是跨国公司与政府谈判时的困难。我们知道，改革开放政策让我国经济社会发展取得了巨大成就，这其中与各地方政府在经济社会发展中扮演的角色有着密切的联系。招商引资是一些地方政府表现政绩的一项非常重要的工作。这就必然离不开跨国公司与地方政府的接触甚至谈判。胡安·安东尼奥·费尔南德斯和劳里·安德伍德所说的与中国政府谈判存在的主要困难有以下几个方面。

1. 法律执行不力

胡安·安东尼奥·费尔南德斯和劳里·安德伍德用“法律执行不力”来概括当时我国的法律环境：“我们的受访者在与中国政府共同工作时遇到的最大困难就是管制与司法系统的不成熟。在所有的行业里，国际经理们都遇到过与中国在发展中的法治相关的挑战。”② 这种情况反映了我国的相关法律制度正在不断发展和完善当中。但是，他们也看到了中国的进步，“毫无疑问他们每天都在改进。和其他政府相比，他们的成绩令人难以置信。中国政府在尊重商业法律方面确实持有诚实、积极的态度。但是有时候法律还不够完善，让事情有漏洞可钻”。③他们说的这个情况也符合我国改革开放的实际情况。毕竟我国的改革开放在国际上是没有先例可循的，很多事情是“摸着石头过河”。因此，有的受访者说：“如果你从政治和经济进步的角度看中国，他们独创了他们自己的道路，没有参考，没有模式可以遵循。他们

① [美]胡安·安东尼奥·费尔南德斯、劳里·安德伍德：《关系：跨国CEO的中国经验》，译林出版社2010年版，第186页。

②③ 同上，第187页。

通过不断试错创造了一个成功故事。”[①]所以，跨国公司在这种巨大的动荡变化之中的改革大潮中有时会有“摸不着北”的感觉。这是让他们产生困惑的重要原因之一。同时，他们也看到了希望，那就是中国社会正变得越来越好，越来越有朝气和生命力。

2. 司法制度的缺陷

对于这个问题，胡安·安东尼奥·费尔南德斯和劳里·安德伍德提出，“我们的许多受访者提到的一个弱项是中国的司法系统存在一些缺陷。一些人将法院列为法律体系中最弱的一环，认为中国的司法系统缺乏专业的标准和实践”[②]。但是，“我们的受访者们同意，法律体系、法院和执行都在改善”[③]。这就是说，他们既看到了我国司法制度当时存在的问题，又看到了中国正努力不断改善这些问题。我们认为，他们所说的法律执行和司法制度等存在的问题，让一些政商“关系”的特殊“关系”或者特殊好处在当时有了产生的空间和可能，给当时一些人钻法律的空子提供了机会。但是，随着我国各项改革的逐步深入，法律执行和司法制度的不断完善，将会减少一些特殊“关系”产生的特殊利益，特别是非法利益，减少和杜绝腐败的发生。党和国家近年加大反腐工作的力度，在这方面已有卓见成效。

3. 监管规定解读不一致

这是困扰跨国公司的又一大难题。监管规定对于跨国公司非常的重要，没有明确和清晰的监管规定，很多事情就办不成。在中国市场必须遵循中国的监管规定。任何市场体制的国家也都是这样。胡安·安东尼奥·费尔南德斯和劳里·安德伍德指出，“在与政府共同工作方面，另一个常常被提及的困难是，当通过一整套新的商业法律和管理规定时——这在加入世界贸易组织之后特别常见，有许多是不完整或者含混的”[④]。特别是，“所提及的最大的管理困难是，相同的规定往往在政府的不同级别和不同地区得到不同的解

①② [美]胡安·安东尼奥·费尔南德斯、劳里·安德伍德：《关系：跨国CEO的中国经验》，译林出版社2010年版，第188页。

③④ 同上，第189页。

释”[①]。俗话讲，上有政策，下有对策。中央政府的很多政策是指导性和原则性的，地方政府还要根据当地的具体情况制定实施细则。这就存在两个问题，一个问题是地方政府制定和执行一个政策的时候，是否反映中央的要求和地方的实际情况，另一个问题是解读政策和执行政策有没有个人误读或者主观解读的情况。其中的误读或者根据当地特别是个人需要加以解读，就会出现个人的色彩。这样就会给政商“关系”中的特殊“关系”和利益提供方便。我们认为，避免这种情况的有效方法就是加强中央对地方的巡视和政策执行的监管。

4. 延误

延误反映了跨国公司对当时中国地方政府办事效率的印象。胡安·安东尼奥·费尔南德斯和劳里·安德伍德指出，“我们的受访者提出的一个普遍的抱怨是，在中国取得政府批准是一个缓慢而且有时缠杂不清的程序。……谈判过程可能比我们预计的要长得多……耐心在与政府的谈判中往往是必要的，在取得了重要官员的信任以后，就会有进展”[②]。胡安·安东尼奥·费尔南德斯和劳里·安德伍德所说的这个情况，一方面反映了当时我国改革开放过程中的政府体制改革还不是太到位，另一方面则体现了政府官员的专业水平及其与跨国公司人员之间的“关系”质量对于跨国公司取得政府官员的信任非常重要。因此，当时很多跨国公司都在努力寻求与政府官员建立良好的个人“关系”。

（三）建立政商“关系”的方法

胡安·安东尼奥·费尔南德斯和劳里·安德伍德在探讨跨国公司建立政商“关系”方法的时候强调，“如果说与官员的‘关系’对于国际公司在中国的成功仍然很重要，那么新上任的公司领导具体应如何建立这种‘关系’，同时又避免发生腐败行为？这一问题在我们的受访者中激发了丰富的答案。……很多人强调说，他们正在规则允许的范围之内努力寻找与政府

① [美]胡安·安东尼奥·费尔南德斯、劳里·安德伍德：《关系：跨国CEO的中国经验》，译林出版社2010年版，第190页。

② 同上，第191页。

机构以及官员个人建立良好‘关系’的方法”[①]。实际上，他们强调了政商“关系”的合法合规性，以不违反规则乃至法律法规为准则，特别是不能产生腐败行为。这也正是我们研究中国企业的“关系”现象要把握的原则。他们提出建立政商“关系”的方法有以下几个方面。

1. 最高执行官参与

胡安·安东尼奥·费尔南德斯和劳里·安德伍德首先强调，“我们的在华跨国公司经理们提出的第一个要点就是，一般来说最好由公司最高执行官处理与政府的‘关系’和谈判——他们往往比在世界上其他地方要花多得多的时间来处理与政府的联系。要求总裁或首席执行官出席政府会议体现了公司的诚意，并给了官员们‘面子’”[②]。由此看来，跨国公司最高执行官参加政府谈判是一些政府官员“面子”的需要。胡安·安东尼奥·费尔南德斯和劳里·安德伍德的受访者分别表示，“香港的政府官员比较愿意和中层级别的公司代表交涉，而中国其他地区的官员则倾向于直接与最高执行官打交道”，“我接手的那人要花大概65%到70%的时间拜访政府官员。我大概花20%到25%的时间在这上面”，“仅仅为了表现尊重与建立个人联系而对官员进行的传统‘礼节性拜访’已经变得越来越不必要了……中国的投资热潮使很多官员现在根本忙得没法仅仅为了建立‘关系’而花时间”，上面有一个细节我们需要注意，那就是对政府官员传统的“礼节性拜访”越来越不必要了，政府官员没法仅仅为了建立“关系”而花时间。这里传达出的信号就是，传统的政商“关系”已经让位于新型的政商“关系”。新型政商“关系”的重点在于满足“关系”双方的新要求，即跨国公司人员如何在政府官员的招商引资项目中赢得“一杯羹”。一个是投资的需要，一个是引资的需要。这种情况也顺应了我国改革开放中经济发展的需要。

2. 聘请本地的政府工作专才

尽管在政商“关系”中跨国公司的最高执行官很重要，但有时也很难起到决定性作用。“将最高执行官——特别是一位外籍首席执行官——派去与政府谈判并不足以保证成功。很多人强调，聘请一位有政府‘关系’方面专

---

①② [美]胡安·安东尼奥·费尔南德斯、劳里·安德伍德：《关系：跨国CEO的中国经验》，译林出版社2010年版，第193页。

长（并往往兼具实际经验）的中国人对任何国际公司中国业务的成功都是至关重要的。”[①] 这是把政商“关系”本土化的做法，让中国人面对中国人，用中国人的方式解决中国人的问题。特别是包括政商“关系”在内的各种“关系”。很多中国人都熟悉它的“规则”和“套路”。跨国公司为了在中国市场站稳脚跟并有所发展，煞费苦心地研究我们中国的社会及文化现象。当然，客观上这也是好事，可以帮助我们的社会更健康规范有序发展。跨国公司对于聘请中国人有各种各样的做法和见解，“很多国际公司招聘具有政府背景的人员，例如退休官员”，“你得有很好的本地团队，因为他们在（政府的）各个级别都有很好的网络”，“找一个很棒的本地人来替你做这件事。中国人从来都在跟官僚体制打交道”。[②] 这些跨国公司把与各级政府尤其官员交往或者搭建“关系”作为开辟中国市场的必要手段，有的甚至直接聘用退休官员为他们做事。我们认为，这种政商“关系”处理不好，就可能产生腐败或者不合法不合规的现象。这也是我们研究中国企业的“关系”现象中要重点探讨的问题。

3. 了解政府心态

俗话讲，知己知彼，百战不殆。跨国公司在政商“关系”中除了发挥最高执行官特别是中国本地专业人士的作用外，还会深入了解政府尤其政府官员的情况。“与中国政府机构的成功谈判还取决于对政府心态的深入了解。清楚并理解政府机构以及具体官员个人所面临的压力与挑战，是向着缓解潜在问题迈出的一大步。”[③]政府的心态尤其官员个人的压力与挑战，实际上就是我国改革开放带来的经济发展的高要求和高标准。这也是各级政府及其官员政绩中重中之重的大压力与大挑战。因此，建立政商“关系”不仅是跨国公司的战略需要，更是各级政府及其官员的现实需要。胡安·安东尼奥·费尔南德斯和劳里·安德伍德的受访者们表示，“在任何战略行动上，都要确保你考虑到了当地城市或省份的影响”，“只要遵守规则，你就能与中国政府建立非常深远的合作关系”，“你必须展示你项目的所有方面以说服（官

①③　[美]胡安·安东尼奥·费尔南德斯、劳里·安德伍德：《关系：跨国CEO的中国经验》，译林出版社2010年版，第194—195页。

②　同上，第195页。

员）这值得一做”，“如果没有特定的政府机构对项目感兴趣，如果没有大的中方伙伴认为这是个好主意，那么你可以肯定它不会容易。没有人会帮你，你的项目会被压在最下面。如果某个政府机构感兴趣，事情通常就会顺畅”，“成功谈判，尤其是与地方政府官员的成功谈判，关键之一是‘认识到你在社区中的角色’……如果你的公司是‘城里最大的投资者’，你就能期望更多的政府支持”。[①] 我们认为，这些跨国公司了解的政府心态基本上都属于正常的心态，譬如对中国社会的贡献，遵守中国的规则，得到中国政府的支持，等等。这也说明，经过几十年的改革开放，我国政商“关系”越来越趋于规范和健康。

4. 赢得所有级别政府的支持

胡安·安东尼奥·费尔南德斯和劳里·安德伍德指出，“我们的受访者提出的一个明确建议是，与所有级别的政府机构——从中央到地方——建立‘关系’”[②]。这些受访者的具体建议是，“你必须与政府的所有级别都有联系”，“了解所有影响有关决定的主要领导对于公司来说非常重要。‘要想帮你自己拿到政府批准，你就得和所有负责以及不负责但有关联的部门进行沟通。’……尽管这些官员不一定能帮助你，但他们能阻止你”。……这种工作对于非中国人来说太复杂太中国化，“仅仅拿到一个级别的政府批准并不足以让你向前推进”。[③] 这种情况也确实“难为”这些“老外”了。但从中国社会的“关系”现象及其复杂的运行模式来看，这些“老外”真的是“老外”。因为他们没有出生和成长在我们这个社会，他们对复杂“关系”及其人情世故“老外”一些，是可以理解的。胡安·安东尼奥·费尔南德斯和劳里·安德伍德反映的这个情况，也不单单是我国政府体制改革不完善的问题，更是我国深层次的“关系”文化及其人情世故问题。有的政府“官员”如果特别要“面子”，跨国公司没有征求他的意见，就可能引起他的“不高兴”。好像这是不尊重他的意思。这也许就是这些跨国公司所说的

---

① [美]胡安·安东尼奥·费尔南德斯、劳里·安德伍德：《关系：跨国CEO的中国经验》，译林出版社2010年版，第197－198页。

② 同上，第198页。

③ 同上，第198－199页。

“关系”的复杂化和中国化。

5. 做足功课，遵守规则

关于做足功课，胡安·安东尼奥·费尔南德斯和劳里·安德伍德指出：“所有受访者都强调，跨国公司应该为与政府的任何谈判做好充分准备。他们中有很多人同意，在向政府寻求批准前对程序进行完整研究和遵守的简单工作就能够避免长期的耽搁。”① 这些都是常规的要求。但是，有些受访者却认为，“最大的困难在于（批准）流程在中国比在美国更不为人所知”，“要对实际批准流程非常清楚，你需要在正确的时间找到正确的部门里的正确的人。……找出它现在到了谁手上，并跟他们一同工作。找出他们可能会有什么问题，可能需要哪些方面的更多信息。了解（官员）个人并确保事情能够持续推进。”② 这些跨国公司所说的“不为人所知”的批准流程，反映了我国一些地方政府在投招标过程中的所谓“暗箱操作”的不透明、不公开现象。这是我们政府体制改革过程中要努力解决的问题。如今，这些问题正在逐步得以解决。他们所说的“正确的人”是具体承办相关公务的政府官员。他们认为，与这些政府官员的“关系”情况在一定程度上影响着很多事情的进度和效果。但是，不管如何，跨国公司也非常清楚的是，他们必须要遵守中国的相关规则。胡安·安东尼奥·费尔南德斯和劳里·安德伍德进一步指出，“我们的受访者的另一个关键建议是，确保遵守所有政府的规则和监管规定”。“‘首先，绝不要作弊。’……要贯彻承诺。‘如果你承诺某件事情，你就得做。这样你就能获得他们的尊重’。”③ 可见，跨国公司在政商“关系”中有较强的规则意识和诚信意识。

6. 保持谈判立场

在以上政商“关系”策略的基础上，胡安·安东尼奥·费尔南德斯和劳里·安德伍德特别强调：“尽管我们的受访者建议国际经理们首先知晓并理解中国政府的立场，然后做足功课，花时间建立‘关系’与信任，很多受访者还是建议要在谈判中坚持你的立场。虽然保持良好‘关系’非常重要，但

---

①② [美]胡安·安东尼奥·费尔南德斯、劳里·安德伍德：《关系：跨国CEO的中国经验》，译林出版社2010年版，第199页。

③ 同上，第200页。

是跨国公司不应该在中国谈判时感觉要对政府官员仰视或者战战兢兢。”①因为，这些跨国公司清楚：“中国日益开放和透明的法治体系帮助跨国公司能够采取强硬立场，至少当法律在他们一边时”，“在今天的中国，如果公司做足该做的功课并与政府建立良好的‘关系’，他们就能够坚持得到应有的合法权利”，“如果政府提出我认为不对的事情，我会让他们知道。我告诉他们我能做什么，并请他们做我认为该做的事情”，“中国官员和企业家之间的鸿沟正在日益缩小”，“在于所有级别的政府都建立良好关系的过程中，经理和其他公司成员也必须避免腐败行为并坚持遵守公司的行为准则”。②从胡安·安东尼奥·费尔南德斯和劳里·安德伍德的描述中我们发现，政商“关系”在中国变得越来越规则化和法制化。这一方面归功于我国改革开放的逐步深入和卓见成效，另一方面归结为政商“关系”双方长期的磨合和相互了解直至相互信任。我们也相信，随着我国改革开放质量特别是我国政府体制改革的逐步完善，政商“关系”就会按照习近平总书记以及党和国家提出的“亲”“清”政商关系的方向发展。

以上就是我们通过胡安·安东尼奥·费尔南德斯和劳里·安德伍德的实证研究，了解了我国经过30多年的改革开放后21世纪前后时期中国社会的“关系”现象状况。我们集中围绕“关系”现象主题，对“关系”的重要性、“家文化”中的“关系”现象以及政商“关系”进行了重点探讨和分析。实际上，“关系”不仅对于跨国企业有着重要的战略意义，对中国本土企业也有着同等的战略价值。李林艳博士曾经以中国房地产行业为例，系统研究了21世纪初中国本土企业的“关系”管理状况。“‘关系’是房地产企业普遍而又积极采用的一种经营战略。在房地产项目前期，房地产企业借助‘关系’松动政府规则对项目的各种限制和约束；在中期，房地产企业纵容政府权力，乐得他们假借‘关系’之名向房地产市场渗透，为此甚至不惜以降低房屋的质量为代价；在后期，为保护自身的商业利益，房地产企业建立起自卫的制度堤坝，想方设法地抵制‘关系’对项目利润的侵蚀。在这当中，有两点值得关注。一是开发商对于‘关系’的两种截然不同的建构策略。在项

①② [美]胡安·安东尼奥·费尔南德斯、劳里·安德伍德：《关系：跨国CEO的中国经验》，译林出版社2010年版，第200页。

目前期阶段，他们急于利用‘关系’来松动各种制度条件，解决自身的一些经营难题；在项目后期阶段，他们又想方设法把‘关系’加以制度化，尽可能地减少‘关系’所带来的利益损失。两者之间形成了鲜明对照。二是房地产企业在项目中期阶段，由于照顾‘关系’而降低房屋质量标准的做法。这至少表明，对于房地产开发商来说，‘关系’所带来的收益远远大于降低房屋质量所带来的损失，显示了房地产市场中存在的市场机制失灵的问题。‘关系’中所蕴藏的获利空间，激励着企业越来越多地投入到‘关系’的经营中去，而‘关系’的丰厚回报，则减轻了企业原本必须依靠降低价格和提高质量来获得生存的压力，也使房地产市场对材料、劳动、资金等资源的组织越来越受到‘关系’的左右，最终导致市场优胜劣汰原则的边缘化。”① 李林艳博士的这一研究反映了以房地产企业为代表的中国本土企业的“关系”现象特别是政商“关系”现象状况。这其中的描述实际上更多揭示了“关系”的违规甚至违法现象。这是我们在研究中国企业的“关系”现象时要特别注意的问题。

第三节　中国企业“关系”现象的社会解读

在上述内容中，我们主要通过两个在“关系”研究领域有很大影响的学术成果，了解和探讨了我国改革开放前后两个历史发展阶段的“关系”现象状况，特别是企业“关系”现象的状况。杨美惠的《礼物、关系学与国家：中国人际关系与主体性建构》一书研究的重点是我国改革开放前后时期的“关系”现象状况，胡安·安东尼奥·费尔南德斯和劳里·安德伍德的《关系：跨国CEO的中国经验》一书则主要对我国21世纪前后时期“关系”现象状况进行了研究和分析。最后我们还提到了李林艳的《关系、权力与市场：中国房地产业的社会学研究》一书，简单了解了我国改革开放至21世纪期间的中国房地产企业“关系”现象状况。他们的实证研究让我们看到，“关

① 李林艳：《关系、权力与市场：中国房地产业的社会学研究》，社会科学文献出版社2008年版，第140页。

系”现象不仅是一种文化现象，受到我国传统文化尤其儒家文化的影响；而且也是一种社会现象，在社会发展的不同阶段表现出不同的特点和形式。实际上，研究“关系”现象最早并产生学术成果最多的学科和领域之一是社会学。譬如美国的华人教授林南、边燕杰，中国香港的乔健、金耀基，中国台湾的黄光国、杨国枢，中国大陆的翟学伟、罗家德，等等，他们几乎都是社会学家。因此，“关系”现象在更现实的意义上看是一种社会现象。这些社会学家也更多的是从社会的角度去研究和探讨中国社会的“关系”现象。“在中国社会，关系的运作其实是社会结构与社会行动相权宜的产物。”①我们认为，“关系”现象具有很强的社会属性，社会基础、社会特色、社会走向等都会影响“关系”现象的变化和调整。杨美惠把我国改革开放之前特别是“文化大革命”期间的关系现象称作“关系学”，就意味着在当时人们对“关系”的依赖程度之高。换句话讲，“关系学”的影响在当时几乎渗透到每个人的生活中乃至社会的很多角角落落。这种影响一直延续到我国改革开放初期。经过几十年的改革开放，胡安·安东尼奥·费尔南德斯和劳里·安德伍德描述的我国21世纪前后时期的“关系”状况就发生了彻底的变化。其中最大的变化之一就是“关系”的规则意识和法制意识逐渐增强，而在过去物资匮乏时代几乎时时处处事事都需要的“关系学”也逐步退出历史的舞台。这是因为，很多生活、生产物品的极大丰富可以很自然地通过市场来满足人们的需要，人们用不着费尽周折“走后门”“托关系”购买所谓的“紧俏”物资。这是社会进步带来的“关系”新变化。我国改革开放之后的企业“关系”现象状况发生的明显变化就是，企业遇到问题由过去的找“市长”变为现在的找“市场”。有问题找“市长”是计划经济体制的产物，找“市场”是市场经济的产物。我们研究中国企业的“关系”现象就应该更多关注符合市场经济规律的合法合规的“关系”，而不是相反。

一、中国企业“关系”现象的社会基础

我们对中国企业“关系”现象的社会解读分三个方面进行，即社会基

① 翟学伟：《中国人的关系原理：时空秩序、生活欲念及其流变》，北京大学出版社2011年版，第161页。

础、社会特色和社会走势。其中，社会基础是纵向解读，社会特色是横向解读，社会走势是趋势解读。纵向解读是对中国社会自身前后发展阶段中的“关系”状况进行解读；横向解读是对中国社会与西方社会相比表现出的“关系”特色进行解读；社会走势是对中国社会未来发展的“关系”走势进行解读。这三个解读的角度都是基于“关系”现象的社会属性。这部分我们主要通过纵向解读分析中国企业“关系”现象形成的社会基础。杨美惠在《礼物、关系学与国家：中国人际关系与主体性建构》一书中也提出了“关系”现象形成的三个社会基础，即传统社会的基础、“文化大革命”的社会基础、改革开放之初的社会基础。其中，传统社会的基础与我们前面探讨的文化基础有着内在的一致性。因为中国传统文化尤其儒家文化提出的“关系”思想就是建立在我国传统社会基础之上的。梁漱溟和费孝通也是在传统社会以及传统文化尤其儒家文化角度提出了自己的“关系”思想。从这个意义上讲，杨美惠的“关系”现象研究更重要的意义在于分析了改革开放之前包括改革开放之初的“关系”现象状况，包括企业“关系”现象状况。胡安·安东尼奥·费尔南德斯和劳里·安德伍德则是对我国21世纪前后时期的企业“关系”现象状况进行了探讨。因此，我们可以这样讲，梁漱溟、费孝通、杨美惠、胡安·安东尼奥·费尔南德斯和劳里·安德伍德对“关系”现象的研究，就把我国社会三个历史发展阶段的“关系”状况给串起来了。第一个阶段是传统社会的“关系”现象状况，第二个阶段是改革开放之前的“关系”现象状况，第三个阶段是改革开放之后（至今）的“关系”现象状况。根据他们的研究发现我们看到，我国社会的这三个发展阶段分别形成了三个各有侧重点的“关系”现象。传统社会的“关系”是以血缘关系为主、类血缘关系或地缘关系为辅，改革开放之前的“关系”出现了“关系学”现象，改革开放之后的“关系”，政商关系变得很重要。根据杨美惠的研究发现，在改革开放之前的“关系”现象状况中，中华人民共和国成立后至“文化大革命”之前的时期，几乎没有关系学的生存空间。她认为关系学在一定意义上讲是“文化大革命”的产物。

（一）社会变动

中国企业的“关系”现象不是一成不变的，而是随着社会发展的变化不断产生新的内容和形式。在梁漱溟和费孝通的描述中，我国传统社会是一个农业社会，人们因长期依靠土地生存而缺少流动性。因此，以父母子女等血缘关系为基础的“关系”现象非常重要。杨美惠发现的“关系学”现象则是我国改革开放之前的物资相对匮乏特别是“文化大革命”时期造成的暂时社会现象。因为物资相对匮乏，人们不得不通过各种关系渠道获得自己需要的物资。“文化大革命”严重破坏了公检法等社会公正机构，使得社会处于比较混乱的状态。人们没有这些正规的社会公正机构做依靠，不得不求助于自己的“关系”资源赢得机会和保障。直到“文化大革命”结束，一切才逐步恢复正常。特别是我国改革开放政策不仅全面开展各个领域的改革，而且打开国门吸引了很多外商投资中国，也让国人大开眼界。根据杨美惠的研究发现，我国改革开放初期的“关系学”与“文化大革命”时期的“关系学”因为社会的变动也发生了根本转变，“‘在文化大革命’期间，人们对物质利益并不感兴趣……今天关系学主要是经济用途，是为了得到稀有商品”①。这个变化的根源就在于“文化大革命”时期是以政治运动为中心，而我国改革开放时期则是以经济建设为中心。“由于一种市场经济因素的引入，在每一种关系交换中，利害攸关的并不是直接使用和消费的东西，关系学变质为捞取更大的财富和机会，手段经常就是目的。”②我国企业的“关系”现象也随着改革开放的逐步深入而发生着不断的变化和调整。胡安·安东尼奥·费尔南德斯和劳里·安德伍德重点从雇主与员工的“关系”以及政商“关系”角度全面展示了我国21世纪前后时期跨国企业“关系”现象的状况。李林艳则以中国房地产行业为例揭示了我国改革开放之后到21世纪期间中国本土企业的政商“关系”现象状况。我们研究中国企业的“关系”现象就需要从社会变动的角度，以发展的眼光思考“关系”现象的内容及其表现形式。但是有一点我们应该注意，中国企业的“关系”现象不管如何变化，在一定程度上都反映了当时社会发展的程度和水平。

---

① 杨美惠：《礼物、关系学与国家：中国人际关系与主体性建构》，江苏人民出版社2009年版，第135页。

② 同上，第135-136页。

（二）农村基础

关于“关系”现象的研究尽管学术界有不同的观点，但是在一个问题上大家基本上达成了共识，那就是儒家思想特别是小农经济是“关系”现象产生的重要原因之一。而儒家思想也是建立在小农经济基础之上的。“传统中国社会的最重要特征是农耕文明。即使是在21世纪的今天，中国的13亿人口中大约有七亿人口仍生活在农村，从事着农业及非农业生产劳动。……儒家思想正是建立在这种生产方式和生活方式上的思想体系。……儒家思想的逻辑起点是家庭成员关系。”① 从这个意义上讲，我国的“关系”现象形成的社会基础是农村及其农业文明。农业文明造成了人口相对固定在一个地方几乎很少流动，家庭乃至家族成员之间的血缘关系相对密切，以这种血缘关系为基础形成的类血缘关系或地缘关系也比较亲密。这也大大拉近了人们之间的心理距离和空间距离。这就是很多人感觉农村的人情味比较浓厚的原因之一。而且，农村的“关系”现象也相对单纯和朴实。所以，我国农村人总能给人留下比较老实憨厚的印象。这就是我们常说的，在农村都感觉比较亲。譬如我们很多人可能都有这种经历：如果我们去农村走亲戚看朋友，遇到的农村老太太总是非常热情。尤其在吃饭的时候，这些老太太总会不断地给客人夹菜、让饭，热情的程度有时还会让人感觉有点受宠若惊。这就是中国的农村和农民。这种热情以及亲密的人际关系是几千年中国农业文明传承下来的。它们已经融入中国农民乃至我们每个中国人的血液和灵魂，成为中国传统文化的重要组成部分。我们说“关系”现象既是一种社会现象，更是一种文化现象。社会离不开文化，文化也离不开社会。我们之所以分别从文化基础和社会基础两个角度去探讨“关系”现象，是为了更深入了解“关系”现象产生的更深层次原因。在一定意义上讲，“关系”文化和“关系”社会就是农村文化和农村社会。即使我们今天已经进入了21世纪，但是几千年的农业文明形成的“关系”情分、“关系”习惯、“关系”风格等已渗透到中国社会的方方面面。我们成立中华人民共和国之前的革命是通过农村包围城市实现的，我国的改革开放政策下的改革是从农村的家庭联产承包责任制开始

① 翟学伟：《中国人的关系原理：时空秩序、生活欲念及其流变》，北京大学出版社2011年版，第140−142页。

的，近几十年来几乎每年的中央1号文件都是关于农业农村农民问题的，等等。这就是中国的国情和中国的社会。我们认为，研究中国企业的“关系”现象也应该关注我国的农村问题以及农村的“关系”现象。一个客观的事实是，我国现在农村人口已经大量涌向城市，很多都成了农民工。他们身上的生活习惯以及“关系”现象既有传统的农村朴实的特色，也浸染了经济大潮的“色彩”而体现很多“追求利益”的成分。即使在农村，人们之间的“关系”也变得越来越“实际”了。也就是说，人们的“关系”不仅有情感的成分，利益的成分也多了起来。

（三）城市变革

杨美惠研究“关系学”现象的著作主要是基于改革开放初期的城市变革带来的“关系”现象的新变化展开的。“这本书中关系学的许多案例都是以城市为背景的”，[①]“关系应用于每日城市生活的各个方面”，[②]“关系学并不局限于个人的社会交换，它也存在于企事业的机构和国家不同行政机构之间的关系中。像工厂、商业企业、学校和机关，也把这种复杂技巧当作自身生存策略和提高人员生活的一部分。”[③]杨美惠尽管也研究了农村的“关系学”状况以及改革开放之前尤其“文化大革命”期间的“关系学”状况，但是她作为美籍华人在北京大学留学的时间正处在改革开放初期，尤其她在书中一开始介绍自己之所以对“关系学”现象产生研究兴趣，起源于当时的一位工人给她提供了大量“关系学”的社会信息，而且她也是更多基于对当时城市中的大量“关系学”现象的观察和思考才形成了自己的研究成果。实际上，在以经济建设为中心的改革开放政策推动下，我国虽然首先在农村改革中启动农村家庭联产承包责任制，与此同时，在城市改革中的企业承包责任制也在陆续展开。企业承包责任制重点强调企业包括企业家在经营活动中的主体地位。所谓的政企分开、所有权和经营权分开的目的就是突出企业的市场主体地位尤其经营权的主导地位，让企业包括企业家成为真正的市场主体。这样改革的结果就是要给企业“断奶”，由过去找“市长”也就是向政

---

① 杨美惠：《礼物、关系学与国家：中国人际关系与主体性建构》，江苏人民出版社2009年版，第69页。
② 同上，第80页。
③ 同上，第89页。

府“要饭吃”，到现在的找“市场”，要向“市场”“要饭吃”。在当时除了国有企业的改革之外，社会上还陆续出现个体企业的成分。“关系学”现象不仅出现在杨美惠描述的当时的国营企业单位，更在个体企业中有着很大的“市场”。因为，国有企业所需要的各种资源的获取相对方便，而个体企业的生存发展环境要相对“严峻”得多。他们不得不疏通自己的各种“关系”渠道获取资源，维持发展，争得市场。个体企业当时还需要在“夹缝”中求生存。一方面，在当时人们还是比较看好国有企业的产品，而对个体企业缺乏一定的信心甚至信任；另一方面，我国当时尽管允许个体企业发展，但是由于我国改革开放初期的各项改革措施刚起步，并有很多不完善的地方，特别是人们对姓“社”、姓“资”的争论还是存在的。我们知道，这个问题的争论，直到1992年邓小平南方谈话特别是党的十四大确立社会主义市场经济之后才正式结束。今天看来，我国个体企业或者叫私营企业、民营企业经过改革开放40多年而有了长足的发展，出现了很多享誉全球的中国民族企业品牌。譬如阿里巴巴、腾讯、华为、京东、联想、海尔，等等。我们研究中国企业的“关系”现象也主要是以城市改革为背景，探索中国企业“关系”现象的新时代内涵。我国今天的城市改革包括企业改革还在继续进行。按照党和国家的要求，现在的改革已经进入了“深水区”，有时称作第二次改革。这次改革进入了新时代，我们还需要在新时代中发现和探索中国企业“关系”现象的新走向。

二、中国企业“关系”现象的社会特色

国内外学术界研究“关系”现象包括企业“关系”现象的研究成果基本上都是以中国社会为背景和基础的。换句话讲，“关系”现象包括企业“关系”现象被学术界认为是中国社会的特色之一。“虽然中国正在发生前所未有的变化，但‘关系’依然是中国社会的基本特征之一。尽管目前中国社会已具有工商、市场、通信技术等现代特征，但在‘关系’上仍然维系着这一传统，甚至有发扬光大的意思。”① 胡安·安东尼奥·费尔南

① 翟学伟：《中国人的关系原理：时空秩序、生活欲念及其流变》，北京大学出版社2011年版，第293页。

德斯和劳里·安德伍德研究我国21世纪前后时期的企业“关系”现象的原因之一，也是把“关系”现象看作中国社会的特色之一。“在我们开始讲述受访者的见解之前，必须首先介绍‘关系’的概念——基于好处与义务交换发展出来的人际关系。在对我们的顶层经理和咨询顾问的访问中，‘关系’或者说是‘中国式的人际网络’，自始至终都被认为是在中国做生意最重要的一个方面。”① 他们访谈的跨国CEO几乎都认为，“关系”在中国社会以及中国市场非常的重要，“关系”是他们在中国社会以及中国市场生存和发展的根本。但是，他们对于“关系”现象的态度非常明确：“关系”现象不是搞腐败。因为搞腐败不仅违反中国的法律法规，也不符合他们跨国企业的管理制度和规则。从这个意义上讲，他们研究的“关系”现象与杨美惠探讨的“关系学”现象有着根本的区别。“关系”现象在一定意义上讲是中国社会的一种传统和习惯，是了解和交往中国人的必然手段。“关系”的主要意义在于“情感”的成分多一点。但是，按照杨美惠的观点，“关系学”主要是在“文化大革命”期间相对无序社会状态下产生的一种交际策略和手段，是我国特定历史发展阶段的产物，“关系学”的主要意义在于通过“关系”渠道交换物质、好处、利益等。这些物质、好处甚至利益在很多情况下是不合规、不合理甚至不合法的。因此，“关系学”在当时也是受到官方的极力批评和指责。对于西方人胡安·安东尼奥·费尔南德斯和劳里·安德伍德来说，他们和接受采访的跨国企业的CEO们站在旁观者的角度，通过“关系”现象认识和了解中国社会、中国市场尤其是中国人，特别是中国的员工和中国的官员。跨国企业雇主与中国员工之间的“关系”、跨国企业与中国官员之间的“关系”即政商“关系”是他们关心的重点和研究的核心。实际上，按照胡安·安东尼奥·费尔南德斯和劳里·安德伍德在《关系：跨国CEO的中国经验》一书前言中所讲的思路，他们的这本书所有章节的内容都是按照企业的内部关系和外部关系两个维度来安排的。其中的内部关系是以第二章雇主与员工的“关系”为中心，包含了第三、四章的内容；外部关系是以第八章政

① [美]胡安·安东尼奥·费尔南德斯、劳里·安德伍德：《关系：跨国CEO的中国经验》，译林出版社2010年版，第5−6页。

商“关系”为中心，包含了第五、六、七章的内容。第一章则阐述“关系”的重要性，最后一章第九章则是对前面章节内容的总结。“这本书以我们的主角，即在中国的国际经理人为主轴。这样一位经理在我们的模型中处于中心地位，每一章都分别概括了他如何应付主要的外部或内部群体（员工、伙伴、总部，等等）。”[①] 胡安・安东尼奥・费尔南德斯和劳里・安德伍德对企业内外部“关系”的研究为我们研究中国企业的“关系”现象提供了有价值的参考。

（一）中国社会的新挑战

中国的改革开放政策不仅在国内搞活了经济，在国外也吸引了大批跨国企业纷纷涌向中国市场。这不仅让中国社会发生了天翻地覆的变化，而且也给很多跨国企业带来巨大的挑战。作为世界上最大的社会主义国家，中国建立和推动的中国特色社会主义市场经济给跨国企业带来的最大挑战之一就是，对中国社会和中国市场的准确把握。“这个国家正在探索自己的由计划经济向市场经济转变的道路——尽管是有中国特色的。这一进程中最显著的特点是不确定性：陌生的领域、易入歧途的开始以及不断的失败与尝试。”[②] 当然，这种不确定性不仅对跨国企业是这样，就是对于我们自己的企业来讲也是这样的。因为，我们的改革开放是无前例可循的，也就是“摸着石头过河”。我们就是在这样的改革开放过程中曲折前进的。改革开放是当今中国社会最大的特色，也是中国社会发展的最大动力。中国能成为世界上发展速度最快的国家也得益于中国的改革开放。不了解中国的改革开放政策，就难以了解中国的社会。但是，与其他国家相比，我国改革开放政策形成的市场经济和市场行为都是有中国特色的。“当跨国公司在中国开始经营时，他们与中方伙伴——官员、委托人、买主之间的往来经常存在某种程度上衔接不上的问题。这一不平衡就好像一对舞者，男舞伴跳得太快而女舞伴跳得太慢。只有当两个舞伴加深对彼此的了解时他们才能和谐优雅地起舞。对于跨国公司来说，学习如何和中国商业环境保持步调一致是艰难的一

① [美]胡安・安东尼奥・费尔南德斯、劳里・安德伍德：《关系：跨国CEO的中国经验》，译林出版社2010年版，第5页。

② 同上，第1页。

课。”[①] 由此可见，中国社会的飞速发展以及形成的有挑战性的商业环境是跨国企业必须要适应和了解的。胡安・安东尼奥・费尔南德斯和劳里・安德伍德的研究发现，中国的“关系”可以让这些跨国企业有效地迎接中国社会的新挑战。

（二）“家文化”的新特征

家庭是中国“关系”现象形成的基础，也是中国社会发展的基石。在一个企业内部开展“家文化”建设有利于营造员工之间类似家庭成员之间相互关爱的良好“关系”氛围。胡安・安东尼奥・费尔南德斯和劳里・安德伍德访谈的很多跨国企业就是试图把企业打造得更像家庭，以此构建企业内部的和谐关系，特别是雇主与员工之间的和谐关系。在一般意义上讲，雇主与员工之间的“关系”有时也可称为劳动关系、雇佣关系、劳资关系，等等。但是，这些关系不是我们研究的企业“关系”现象中的“关系”，它们没有特殊性，只有一般性。而且，这些关系主要是在单位层面而言的。也就是说，劳动关系、雇佣关系、劳资关系主要是指单位与员工之间的关系。我们所研究的企业“关系”现象中的雇主与员工之间的“关系”则主要是指雇主个人与员工个人之间的私人“关系”。譬如中国“关系”现象形成的基础家庭，其内部的父母子女之间的关系就是一种特殊“关系”，也是独一无二的“关系”。换句话讲，父母子女之间的关系是先天确定并无法后天选择的既成事实。这种“关系”有血缘上的关系，更有情感上的关系，也有义务上的关系。而企业的“家文化”建设打造的员工之间的“关系”要类似家人之间的关系，其中的雇主与员工之间的关系要类似家长与子女之间的关系。这就要求员工之间以及雇主与员工之间要像家人一样彼此关心、关爱和相互鼓励，尤其是作为家长的雇主，不能仅仅把员工看作打工仔，更要把员工看作自己的子女一样，关照、关心他们个人的身心健康以及日常的成长发展。这就是“家文化”的新特征。很多企业建设所谓的“家文化”只是从形式上泛泛地强调普通员工之间的关系而忽略了雇主与员工之间的关系。我们认为，企业

① [美]胡安・安东尼奥・费尔南德斯、劳里・安德伍德：《关系：跨国CEO的中国经验》，译林出版社2010年版，第3页。

的内部关系中最重要的关系是雇主与员工之间的关系。这对“关系”如果没有实质性的改变，那么企业内部的关系质量就会大打折扣。俗话讲，上梁不正下梁歪。雇主只有带头示范用真心、爱心、热心去对待员工，那么所谓有“爱”的“家文化”才有可能建立起来。我们研究中国企业的“关系”现象也要重视“家文化”的这一新特征。

（三）政商“关系”的新变化

政商“关系”是企业外部关系中最重要的“关系”之一，也是国内外学术界研究中国企业“关系”现象最关注的“关系”之一。在一定意义上讲，中国企业的“关系”现象之所以成为学术界尤其西方学术界研究中国问题的研究热点之一，就是因为“关系”特别是政商“关系”能给企业带来特殊的好处和利益。胡安·安东尼奥·费尔南德斯和劳里·安德伍德在谈到中国的政商“关系”时说：“很多国家商务人士都听说过关于跨国公司在和中国政府合作中遇到迷惘、挫折以及腐败的糟糕故事。很多人尤其担心在与政府官员谈判过程中的‘关系’，或说是特殊‘关系’与纽带所具有的重要性。我们的二十八位受访者解释说，这种印象会导致外来者对中国政商关系过度负面的看法。……今天，我们所采访的‘中国通’们说，这种特殊‘关系’的必要性正在消减。许多受访者说，和官员间的‘关系’现在不再看作一种必需的关键条件，而更多的是一种额外优惠或是在竞争中的优势。他们表示，会花很多工作时间用来建立和保持良好的政府‘关系’。”[①] 我们从胡安·安东尼奥·费尔南德斯和劳里·安德伍德的这段阐述中看到，政商“关系”的新变化，就是政商“关系”的特殊性中负面性正在消减。我们认为，这种负面性主要就是指政商“关系”中的腐败现象，也就是企业人员与政府官员之间利用彼此的特殊“关系”获取好处、利益是不合规、不合理甚至是不合法的。这实际上就是杨美惠所说的“关系学”现象。这种负面的政商“关系”不仅违反我国的法律法规，而且也不符合跨国企业的管理制度和规则。“我们的受访者将分享他

---

① [美]胡安·安东尼奥·费尔南德斯、劳里·安德伍德：《关系：跨国CEO的中国经验》，译林出版社2010年版，第171页。

们对于政商关系的看法，讨论积极的‘关系’维持与腐败行为的比较，并给出如何在严守公司道德准则的情况下建立有效的商业关系的建议。”①我们研究中国企业的“关系”现象也要看到政商“关系”的这种新变化，引导中国企业的“关系”管理朝着合情、合理、合规、合法的方向发展。习近平总书记以及党和国家倡导的“亲”“清”政商关系，就为我们研究中国企业的“关系”现象提供了很好的指导。自古以来，政商“关系”都是我国历史发展中的一个非常有特色的社会现象。譬如胡雪岩的经商史及其生意上的起起落落，就是一部活灵活现的“政商关系史”。由于本书篇幅所限，关于中国历代的政商“关系”现象，我们希望完成这一课题之后，在以后的研究中再做全面深入的研究。

三、中国企业“关系”现象的社会走势

作为产生于中国社会基础之上并具有中国社会特色的“关系”现象，不是一成不变的。它会随着中国社会走势而不断变化。从社会基础方面分析，“关系”现象主要是以中国的家庭血缘“关系”为基础形成的。只要中国人的家庭观念不改变，“关系”现象也很难改变。从社会特色看，“关系”现象主要发生在中国社会的个人日常交往乃至交易中。只要中国社会重视私人特殊“关系”的习惯不改变，“关系”现象也很难消失。从这个意义上讲，“关系”现象是中国社会区别于西方社会的一个本质特点之一。但是，中国社会本身一直是在发展变化着，而且现在和未来也肯定处在发展变化中。翟学伟曾经把中国社会的特点归纳为“变与不变”，即“有的方面很传统，有的方面变迁速度惊人，有的方面过于现代，但也不曾有西方学者所谓的后工业或后现代”②。在这个“变与不变”的中国社会，“‘关系’特征不会轻易地随工业化、城市化、市场化、信息化而消亡。虽然说中国建立的某种体制和相关制度或技术进步，会给中国社会文化带来重大变化，但‘关系’依

① [美]胡安·安东尼奥·费尔南德斯、劳里·安德伍德：《关系：跨国CEO的中国经验》，译林出版社2010年版，第172页。

② 翟学伟：《关系与中国社会》，中国社会科学出版社2012年版，第238-239页。

然会渗透到这些新的制度或新的技术中去"[①]。我们认为，作为中国社会的一种特色现象，"关系"现象尽管不会消失，但是它也会在巨大的社会变革中发生些许变化。譬如我国改革开放40多年的最大变化之一就是实现了人口在工作和生活上的大迁移，即大批的农业人口纷纷涌向中国的城市，使得现在的产业工人队伍中的主体力量已经变成了农民工。这就大大改变了"关系"现象产生的一个重要社会基础，那就是农村人口的相对稳定性。这也是我国传统社会的一个重要基础，更是我国传统农业社会的一个重要特征。由于这个基础和特征的存在，才会有"关系"产生的土壤和条件。但是，如今的农业人口大批迁移到城市，使得家庭血缘关系对家庭及家人尤其父母的依赖程度在下降，特别是很多农民离开家庭和家乡到大城市打工、谋生，他们的父母包括自己的子女留在家庭和家乡，有的甚至多年不能相见，所以才出现了所谓的"空巢老人""留守儿童"现象。这时候的家庭血缘关系做不到日常的相互陪伴和相互关爱，而是留给双方尤其空巢老人、留守儿童亲情空缺以及思念上的"孤独"。而用来弥补家庭血缘关系更多靠的是金钱和物质。我们有时在媒体上看到，父母子女之间以及各子女之间为了所谓的拆迁款或者父母遗产而发生"六亲不认"的现象。也就是说，家庭血缘关系由过去主要靠情感维系变为今天的利益维系。事实上，再多的金钱和物质也很难代替对家人和亲人的日常陪伴和关爱。有首歌《常回家看看》就唱出了这种心声。不仅家庭血缘关系发生了变化，而且类家庭血缘关系的其他"关系"也发生了变化。譬如以地缘关系为基础的老乡关系的情感成分的比重也在下降。所谓的现代人变得越来越重实惠和实际了，说的就是这个意思。有时候人与人之间的交往把利益和金钱看得比较重。一切向钱看，有时使得人们之间的"关系"染上了铜臭味，变得越来越世俗。可喜的是，"全国最美家庭""全国道德模范"等评选活动的开展，正在"修复"中国人的"紧张"而势利的"关系"。我们研究中国企业的"关系"现象也需要重点分析"关系"在社会走势中的新走向和新变化。

① 翟学伟：《关系与中国社会》，中国社会科学出版社2012年版，第240页。

（一）利益导向

从杨美惠描述的我国社会“关系”现象所经历的传统社会、中华人民共和国成立初期以及改革开放初期三个社会发展阶段来看，传统社会和中华人民共和国成立初期的“关系”现象相对比较“单纯”，人们更看重彼此之间的友谊和感情，而在“文化大革命”时期产生并在改革开放初期有所发展的“关系学”现象，则相对把利益看得更重一些。我国的传统社会是以儒家思想为主导的，而儒家思想主张的是重义轻利以及以情感为纽带的家庭血缘关系和类家庭血缘关系。“作为官方的儒家思想，其核心就在于它制定了家庭伦理体系，让中国人知道在家庭生活中如何彼此相处，其中最为重要的概念就是‘孝’。可见，儒家思想是一套以家为核心的关系规范的思想，这个思想对于家庭的长幼、男女以及朝廷的君臣秩序起到了很强的规范作用。”[①]因此，我国传统社会更加重视“关系”现象的情感和伦理属性。人们对于只讲利益的世俗“关系”现象一般会采取鄙视的态度。因为我国传统社会信奉的是“君子喻于义，小人喻于利”的思想和准则。我们平时所说的“势利小人”指的就是这个意思。中华人民共和国成立后的初期阶段，“关系”现象一方面延续了传统社会的情感和伦理要求，另一方面提出了社会主义伦理和法制的新要求。“那时人际关系比较单纯、简单，很少有人拉‘关系’……每个人都对建设社会主义新社会满怀理想……精神高尚，人们信奉社会主义伦理，工作努力，互相帮助。”[②] Ezra F.Vogel 是最早研究中国社会“关系”现象的西方学者之一，他在1965年发表的一篇文章中指出，中华人民共和国成立之初的前15年里，个人关系经历了一个很重要的转变，那就是个人之间的特殊友谊关系逐步被一种同志关系所取代。同志关系提倡所有人之间的无差别的友谊和相互帮助。这种“关系”不是建立在个人间的喜好基础上，所有人之间都是平等的，人们之间不会因为地位、身份而形成所谓

---

① 翟学伟：《中国人的关系原理：时空秩序、生活欲念及其流变》，北京大学出版社2011年版，第296页。

② 杨美惠：《礼物、关系学与国家：中国人际关系与主体性建构》，江苏人民出版社2009年版，第131页。

的亲疏远近。[①]但是，“文化大革命”时期产生的“关系学”现象则把“关系”庸俗化和势利化。“‘关系学’以及人情原则的出现，是对‘文化大革命’时期全面缺乏人情的反动。……‘文化大革命’的极端做法使人们更加玩世不恭、互不信任，以至于失去道德判断的能力，放弃了兄弟般的社会主义伦理，放弃了对国家和集体的尊重，只看重个人的小圈子。人们变得自私，失去了法律和道德意识，开始利用自己的职位提供的机会帮助对他有用的人。”[②]由此可见，关系学的实质在一定意义上讲，是在失去法律和道德意识的前提下谋取个人的好处。但是，杨美惠认为“文化大革命”时期产生的“关系学”在我国改革开放初期有了一定的变化。“在‘文化大革命’期间，人们对物质利益并不感兴趣……今天关系学主要是经济用途……这种区分可能解释了为什么我访问过的人都把关系学的起源追溯到经济改革时期。官方话语谴责20世纪80年代初关系的风气是西方资产阶级影响的渗透，公众话语与此不同地提出经济需要和稀缺的主题。”[③]胡安·安东尼奥·费尔南德斯和劳里·安德伍德描述的我国21世纪前后时期的“关系”现象也体现了比较浓厚的利益色彩。李林艳更是把21世纪中国房地产业的“关系”现象中的利益导向分析得淋漓尽致。“虽然房地产经营者早期普遍乐于发动感情攻势，近几年却越来越多地利用金钱攻势来调动‘关系’，使房地产市场中的‘关系’日益偏离情感领域而走向赤裸裸的商品化。”[④]我们研究中国企业的“关系”现象就要看到这种利益导向的新变化。

（二）本土化定位

我们这一章的内容主要通过杨美惠、胡安·安东尼奥·费尔南德斯和劳里·安德伍德以及李林艳对于我国各个历史发展阶段“关系”现象的实证调研，了解了“关系”现象的社会属性。他们对“关系”现象研究的一个共同

---

① 参见Ezra F.Vogel：From Friends to Comradeship: The Change in Personal Relations in Communist China, *The China Quarterly*, No.21, 1965,p.46.

② 杨美惠：《礼物、关系学与国家：中国人际关系与主体性建构》，江苏人民出版社2009年版，第131页。

③ 同上，第135页。

④ 李林艳：《关系、权力与市场：中国房地产业的社会学研究》，社会科学文献出版社2008年版，第161页。

点就是基于中国本土化的社会。“把关系作为一种研究范畴，应该说是具有很强的中国本土性（genius）特征的。”[①] 杨美惠于20世纪80年代来到中国留学，发现了当时社会流行的“关系学”现象，从而引发了她的学术兴趣。她不仅通过实地访谈调研，了解了“关系学”现象对于当时中国人的重要性，而且还梳理了我国传统社会、中华人民共和国成立初期、“文化大革命”时期以及改革开放初期的“关系”现象。她得出的基本结论就是，“关系学”现象是当时我国社会由于物资相对匮乏以及“文化大革命”对一些社会秩序的破坏等造成的结果。胡安·安东尼奥·费尔南德斯和劳里·安德伍德则作为旁观者的角色，对于我国改革开放之后特别是进入21世纪的“关系”现象进行了全面系统的研究和探讨。他们通过研究发现，“关系”现象是与世界其他国家相比表现出的中国社会的一个重要特色。他们没有过多地探讨杨美惠所说的“关系学”现象。他们认为，“关系”现象尽管是中国社会乃至中国人的一个重要特点，但是他们是从正常的健康的角度去理解的。因为，他们明确提出他们所研究的“关系”现象是一种正常的、健康的中国社会现象。他们不赞成搞不正之风的“关系”现象，更不支持腐败意义上的“关系”现象。譬如，他们对于以雇主与员工的“关系”为基础的企业内部“关系”以及以企业员工与政府官员的“关系”为基础的企业外部“关系”，都是作为中国社会或者中国人处事的一种本土化现象进行研究的。这些“关系”现象也确实是他们认为不同于其他国家的地方。“关系”现象在他们眼中就是中国本土化的一种社会现象。跨国企业要在中国发展，实现所谓的本土化，首先应该通过“关系”实现中国本土化。管理的本土化、市场的本土化、人的本土化等几乎都有“关系”现象的发生。这也就是他们以“关系”为主题研究跨国企业在中国社会乃至中国市场的管理经验的重要原因之一。李林艳通过中国房地产企业的“关系”现象的研究发现，“关系”是中国房地产企业获取利益以及不正当利益的重要手段。有的“关系”现象处于灰色地带，有的则是在从事违法的“交易”。我们认为，李林艳的研究在很大程度上反映了“关系”现象的阴暗面。这一点也正是胡安·安东尼奥·费

① 胡必亮：《“关系”与农村人口流动》，《农业经济问题》2004年第11期，第37页。

尔南德斯和劳里·安德伍德在研究“关系”现象时所回避的。作为我国的一种社会现象，“关系”现象有积极的一面，也有消极的一面。这是我们研究中国企业的“关系”现象时要特别注意的。“关系”现象的积极性在于重视人与人之间的情感，体现了我们重情重义的优良传统。消极性则体现在“关系”现象会绕过制度或者法律，为个人获取不正当乃至非法的利益。这就是“关系”现象的两面性或者双重性。这中间应有一个度的把握。我们一方面需要发扬“关系”现象的积极性，另一方面需要规避“关系”现象的消极性。“关系”现象之所以受到国内外学术界尤其是企业管理领域学者的关注，其中的重要原因之一就是看到了“关系”现象的特殊价值。他们认为，在中国做事情尤其做生意，有“关系”就有资源、有门路、有市场，不管遇到什么事情，几乎都可以通过“关系”摆平。我们每一个中国人也确实知道“关系”在生活或者工作中非常重要。但是，我们对它既爱又恨。爱的是“关系”有时能为个人带来意想不到的好处，恨的是“关系”破坏了公平、正义。习近平总书记在党的十八大以来多次强调要树立正确健康的“关系”观，特别是政商关系既要“亲”又要“清”。我们研究中国企业的“关系”现象的立足点就是本土化范畴。在一定意义上讲，“关系”现象就是中国的社会现象或者文化现象。这也是我们通过“关系”的文化基础和社会基础的梳理及研究得出的基本结论。

（三）法制化要求

杨美惠、胡安·安东尼奥·费尔南德斯和劳里·安德伍德以及李林艳对中国社会“关系”现象的研究，实际上都有一个潜在的学术倾向，那就是，作为中国社会现象的重要特色之一，“关系”现象应该合情、也应该合理、合规，尤其要合法。杨美惠尽管以“关系学”现象研究确立了她在国内外学术界的地位，但她对“关系”现象有着明确的学术态度。“‘关系’和腐败或者行贿受贿是有区别的。前者建立在人情和长期的义务和相互连带关系上——而不是物质利益交换。而在后者，社会关系是一种手段而不是目的。随着‘关系’实践对商业领域不断渗入——商业利益促使企业家必须与控制企业发展的官员打交道，明晰的物质金钱算计和货币价值交易量度使‘关系’转变为腐败。”[①]可见，杨美惠将企业家与官员之间的金钱交易称为腐败，这也是她所明确反对的。胡安·安东尼奥·费尔南德斯和劳里·安德伍德对“关系”现象的态度则更加明确。“我们的受访者大体同意前任联合利华中国公司总裁伯亚伦的看法，他强调，‘关系’培养不需要跨入腐败行为的领域。”[②]他们研究的跨国企业对于“关系”现象有着鲜明的立场，那就是可以尊重和维护各种“关系”，特别是与政府官员的关系，但是腐败也是他们所反对的。李林艳则从我国房地产企业的“关系”现象中表达了自己的学术态度。“房地产企业普遍借助与外部环境的‘关系’建构来节约资金成本、提高资金周转的速度和扩大资金的利润回报空间，从而达到‘四两拨千斤’的效果。而外部制度环境的特征，是房地产企业的‘关系’策略屡屡奏效的另一个重要条件。规章制度的不完善，政府不同级别和不同部门的目标不一致，政府管理权威的丧失，造成了非正式‘关系’的盛行。房地产企业运用非正式‘关系’来营造微观的制度环境，为各种合法和不合法的经营开辟空间。”[③]实际上，李林艳所说的房地产企业的“关系”现象，早在2007年，人民网就有专门报道。譬如，一些地方政府官员因与房地产企业领导人之间的特殊关系而发生非法交易，甚至违法交易，最终都被判刑。因此，“关系”现象尤其企业领导人与政府官员之间的关系不能“越界”，更不要跨“红线”。我们研究中国企业的“关系”现象也要遵循这样的准则和底线。否则，这种“关系”现象不仅是党和政府所坚决摒弃的，也是我们老百姓所决不能容忍的。

“关系”现象可以作为一种社会现象在我国存在和发展，也可以作为我国社会的一种特色现象加以研究和拓展，更可以在我国社会作为人际交往的一种习俗来坚持和传承，但是我们必须坚持“关系”现象的合情、合理、合规尤其合法的基本原则。合情是指“关系”现象包含了中国人自古以来坚持

① 杨美惠：《礼物、关系学与国家：中国人际关系与主体性建构》，江苏人民出版社2009年版，第290−291页。

② [美]胡安·安东尼奥·费尔南德斯、劳里·安德伍德：《关系：跨国CEO的中国经验》，译林出版社2010年版，第185页。

③ 李林艳：《关系、权力与市场：中国房地产业的社会学研究》，社会科学文献出版社2008年版，第195页。

的重情重义的优良传统。“有朋自远方来，不亦乐乎”，一直是我们人际交往中所积极倡导的。我国号称礼仪之邦，也是源于我们中国人重视亲朋好友之间的特殊关系，特别是彼此之间的亲情和友情。合理是指“关系”现象要合乎人之常理，要懂得做人的道理。譬如，父母子女之间的关系首先提倡子女要孝顺父母。在我国社会，一个不孝顺父母的人很难得到认可。朋友之间的关系要求彼此之间要诚信，否则很难拥有真正的朋友，等等。这就是说，“关系”现象体现了在中国社会为人处世的基本道理。合规是指“关系”现象要符合基本的规矩和制度。没有规矩不成方圆。两个人之间的“关系”再特殊，也不能以违反规矩或制度去维持和发展。譬如，在一个企业，老板不能根据与自己关系的远近来提拔员工或者决定他们工资或奖金的发放，否则企业很难持续发展下去。因为，这违背了多劳多得这一常见的基本规矩和规则。合法是指“关系”现象要符合我国的基本法律法规。这也是“关系”实践尤其是“关系”理论研究必须坚守的基本原则。也就是说，不管“关系”现象如何受到国内外学术界的热捧，但是违法的“关系”必须毫不犹豫地坚决摒弃！

因此，我们研究中国企业的“关系”现象要坚持法制化的底线。可喜的是，党和国家一直倡导法制化的社会和法制化的国家，倡导依法治国的理念。依法治国思想也成为习近平新时代中国特色社会主义思想的重要组成部分。作为中国社会的一种特色现象，“关系”现象必须以习近平新时代中国特色社会主义思想为指导，不仅做到合情、合理、合规，更要做到合法。习近平总书记曾经强调：“‘官’‘商’交往要有道，相敬如宾，而不要勾肩搭背、不分彼此，要划出公私分明的界限。公务人员和领导干部，要守住底线。要像出家人天天念阿弥陀佛一样，天天念我们是人民的勤务员，你手中的权力来自人民，伸手必被捉。‘心中要有敬畏，知道什么是高压线，想都不要想，一触即跳，才能守得住底线。”[①] 习近平总书记所讲的底线就是法律和法规。习近平总书记为我们研究中国企业的“关系”现象提

① 习近平：《领导干部功罪不能相抵，官商不要勾肩搭背》，中国青年网，http://news.youth.cn/gn/201303/t20130309_2955870.htm，2013-3-9。

供了正确的方向和指引。我们认为，中国企业的“关系”管理也应该坚持合情、合理、合规、合法的基本原则，这不仅符合中国的国情，也符合管理的潮流，更符合党和国家的新时代要求。

第三章

“关系”的含义和主要内容

关于“关系”的探讨和研究早在民国时期就引起梁漱溟、费孝通等一些学者的关注和思考，而西方学术界关注和研究中国社会“关系”现象最早的学者之一是Ezra F.Vogel。他在1965年发表的一篇学术论文中指出，在当时的中国社会中，个人之间的“关系”由传统的私人交情向同志间的友谊转变。传统的私人之间的交情，一般是基于有交情的一方能够为另一方提供帮助，而交情的深浅取决于双方是否有共同的基础，譬如，一方是否是对方的老乡、同学、亲戚，等等。同志间的友谊则没有这么复杂，任何两个同志之间的关系都是一样的，双方之间都是平等的。①在Ezra F.Vogel之后，J. Bruce Jacobs则是最早系统研究中国社会“关系”现象的西方学者之一。他通过在台湾多年的调研，系统研究了中国社会的“关系”现象，并于1979年发表了学术论文，阐释了他对中国社会“关系”现象的学术观点。“J. Bruce Jacobs首次用‘关系’解释中国的政治联盟现象。”②他指出，“关系”是中国人所强调的特殊情感，对于中国人很重要。譬如，在中国传统社会，一个人当了官，人们就会向他送礼表示祝贺，目的是和他搞好“关系”。③在西方学术界，边燕杰是研究“关系”现象最有代表性的华人学者之一。他在1994年出版的博士学位论文中指出，人们在中国社会找工作很多情况下都要靠“关

---

① Ezra F. Vogel，From Friendship to Comradeship: The Change in Personal Relations in Communist China，*The China Quarterly,* No. 21 (Jan.–Mar.., 1965), p. 237.

② 张晓洁、王海珍：《中国文化背景下管理中的“关系”研究综述》，《管理学报》2014年第7期，第1087页。

③ J. Bruce Jacobs，A Preliminary Model of Particularistic Ties in Chinese Political Alliances: Kan–ch'ing and Kuan–hsi in a Rural Taiwanese Township，*The China Quarterly*, No. 78 (Jun., 1979), p. 237.

系”。“有调查表明，20世纪90年代的天津，49.7%的人是通过‘关系’改变或找到工作的；1994年的上海有22.9%的人是通过‘关系’实现就业的；1995年的广东，‘好朋友讲互惠互利’在实际上占了66.8%。‘关系’深刻地影响着中国的社会、经济生活。”[①]边燕杰认为，“关系”主要有三种含义，即两个人来源于同一个群体或者双方都认识同一个人，两个人相互之间联系的强度和程度，和一个人有着密切联系的某个人。[②]金耀基、乔健、黄光国等是我国港澳地区研究“关系”现象最有代表性的学者。“金耀基于1960年代就读于美国匹兹堡大学，师从于杨庆堃先生，既受杨先生的学术影响，又在中国‘关系’研究方面做出了原创性的理论贡献。”[③]乔健指出，“在中国社会里，不管是台湾或大陆，‘关系’作为一种社会现象（如我与某人的‘关系’不错）是人人熟知的”[④]。黄光国对“关系”的研究更深入，并出版了学术著作《儒家关系主义》。他在著作中指出，“整合以往学者对华人社会之‘关系’所做的相关研究，发展出一套华人关系主义的理论，作为未来在华人社会中从事本土心理学研究之指引”[⑤]。黄光国的“关系”研究是为了探索出一条不同于西方社会的本土化心理学发展之路。在我国大陆地区，研究“关系”现象最有代表性而且相关研究成果最多的学者之一是翟学伟。“与众不同的是，翟学伟长期聚焦于‘关系’研究领域，提出了系统的理论分析。”[⑥]翟学伟在《中国人的关系原理：时空秩序、生活欲念及其流变》一书中说，“‘关系’无论在中国传统还是现代社会，都是一种极为重要的社会现象。但学界对这一现象的关注直到20世纪80年代后才开始”[⑦]。下面我们主要通过在“关系”研究领域最有代表性的两位学者J. Bruce Jacobs和翟学伟的学术思想，深入探讨一下“关系”的本质及主要内容。

---

① 董志强：《关系、法律与经济效率》，《经济评论》2001年第5期，第125页。

② Yanjie bian. *Work and Inequality in Urban China,* Albany: State University of New York Press, 1994.

③ 边燕杰、杨洋：《作为中国主体话语的关系社会学》，《人文杂志》2019年第9期，第27页。

④ 乔健：《关系刍议》，原载杨国枢《中国人的心理》，中国人民大学出版社2012年版，第82页。

⑤ 黄光国：《儒家关系主义：文化反思与典范重建》，北京大学出版社2006年版，第82页。

⑥ 边燕杰、杨洋：《作为中国主体话语的关系社会学》，《人文杂志》2019年第9期，第29页。

⑦ 翟学伟：《中国人的关系原理：时空秩序、生活欲念及其流变》，北京大学出版社2011年版，第94页。

第一节 J. Bruce Jacobs的“关系”思想及其意义

J. Bruce Jacobs早在1979年就发表学术论文，系统探讨中国社会的“关系”现象。这在我们所掌握的材料中，应该是研究中国社会“关系”现象较早最系统的西方学术成果之一。J. Bruce Jacobs自己也认为：“据我所知，除了两项作品曾经谈及此一问题之外，没有其他著作曾对中国人的特殊情感‘关系’做过实质的分析。”[①] J. Bruce Jacobs主要是基于台湾妈祖乡的调研，对“关系”现象进行了全面探讨和研究。他认为，“关系” 的本质是两个人之间产生的特殊情感，也就是大家所熟知的人情。所以，特殊性是J. Bruce Jacobs反复强调的“关系”现象的一个本质特征，也是形成他的“关系”思想的基础。他强调，对于“关系”现象的研究有助于深入了解中国社会乃至中国人。他对“关系”现象的研究途径，一是通过台湾一个小乡镇的“关系”现象思考整个中国社会的“关系”现象，二是在此基础上进一步扩大对中国其他地区“关系”现象的研究，三是探讨“关系”现象是否只是中国社会独有的现象。J. Bruce Jacobs围绕这个研究途径对“关系”现象进行了全面分析，提出了自己的一系列“关系”思想。尽管他没有明确对“关系”下一个定义，但是他对“关系”现象的基本观点是明确的。那就是，“关系”是两个人之间的特殊情感联系，这种联系一般是“亲密”的。这种“亲密”的“关系”，一般存在于相互认识甚至彼此非常熟悉的两个人之间。如果两个人不认识或者不熟悉，也会通过两个人都认识或者熟悉的第三者牵线，让两个人之间形成所谓“亲密”的“关系”。这个第三者也就是这两个人“关系”的中间人。两个人之间是否会形成亲密的特殊“关系”，最重要的是取决于两个人之间是否有“关系”基础。而“关系”的“亲密”或“疏远”又取决于两个人之间的感情如何。[②] 因此，J. Bruce Jacobs主要从“关系”基础和“关系”动力或者感情

---

① J. Bruce Jacobs，A Preliminary Model of Particularistic Ties in Chinese Political Alliances: Kan-ch'ing and Kuan-hsi in a Rural Taiwanese Township, *The China Quarterly*, No. 78 (Jun., 1979), p. 237.

② 同上, pp. 241-243.

方面提出了自己的“关系”思想。

一、J. Bruce Jacobs 对“关系”基础的探讨

J. Bruce Jacobs认为，两个人之间的亲密“关系”能否存在，取决于二者之间是否有“关系”基础。“关系”基础是形成两个人之间“关系”的前提和条件。“亲密‘关系’是否存在，依赖于两者之间是否存在关系基础，构成特殊感情关系的基础随文化的不同而有所差异。在中国文化（其他文化也可能如此）中，‘关系’的基础要看两个或两个以上的人是否拥有共同的认同对象而定。换句话说，具有‘关系’基础的人通常都拥有某些对他们个人很重要的认同对象，例如家庭、家乡、学校或工作场所。这种认同可能是由承袭而来的，例如故乡、血缘；它也可能是共有的经验，例如在师生关系中，老师和学生都拥有对他们而言十分重要的经验认同，对拥有同学关系的学生而言，共同的认同则是同一个学校毕业或拥有一起受教育的经验。中文里对各种‘关系’的名称也明白地指出这种共通性：‘同’字代表‘一样’或‘共有’，后面跟着的字是对共同事物的描述，如同乡、同学或同事。”[①] J. Bruce Jacobs的“关系”思想与以梁漱溟、费孝通等为代表的我国民国时期的一些学者关于“关系”思想有着内在的一致性。但是，J. Bruce Jacobs对“关系”现象的分析更加全面。俗话讲，旁观者清。他对“关系”形成的各种基础类型，一一做了详细分析和探讨。J. Bruce Jacobs提出的各种“关系”基础，也就形成了各种不同类型的“关系”。也就是说，有多少“关系”基础，就有多少“关系”类型。

1. 地缘

地缘字面上理解就是，因来自共同的地方或区域而产生的缘分。特殊的亲密“关系”也因此而产生。“由地缘关系而产生关联的人，拥有共同的家乡认同。”[②] 从这个意义上讲，地缘基础就是家乡基础。家乡就是每个人出生乃至成长的地方，对于每一个人尤其中国人都有着特殊的意义。J. Bruce

---

① J. Bruce Jacobs, A Preliminary Model of Particularistic Ties in Chinese Political Alliances: Kan-ch'ing and Kuan-hsi in a Rural Taiwanese Township, *The China Quarterly*, No. 78 (Jun., 1979), p. 243.

② 同上, p. 244.

Jacobs称作“中国人对家乡的强烈认同”。[①] 我们平时所说的老乡“关系”就是在地缘基础上形成的。这种“关系”的特殊性或亲密性就在于，大家都有着共同的熟悉的地方、语言、习惯、爱好，等等。也正是因为这些，大家也更容易相互认识、熟悉乃至更加“亲近”。J. Bruce Jacobs认为，“‘地缘’或‘家乡’的概念是具有弹性的”[②]。也就是说，地缘或家乡的范围可以伸缩，即家乡可以指一个村、一个乡镇、一个县、一个市乃至一个省。换句话说，老乡“关系”可以是一个村的、一个乡镇的、一个县的、一个市的乃至一个省的。但是，老乡“关系”应该是在更大的区域范围内才有意义。即在一个市的范围内，可以称是一个县的老乡‘关系’；在一个省的范围内，可以称是一个市的老乡“关系”；等等。实际上，因地缘而形成的老乡“关系”在中国社会很普遍，有时也非常重要。这种“关系”的形成基础，在一定意义上讲，就是中国传统农业社会的产物。

2. 血缘

如果说地缘是来自共同的地方，那么血缘则是有着共同的祖先或者身上流淌着共同的血脉。譬如，亲兄弟姐妹有着共同的父母，亲堂兄弟姐妹有着共同的祖父祖母，等等。这实际上就是我们所说的宗亲关系。因血缘而产生的血缘关系，也就是我们所说的家人关系、家族关系或亲戚关系。在中国传统社会，家族关系或家庭关系是社会治理的基础。儒家思想中的君君臣臣、父父子子提倡的忠、孝思想就是通过维护家庭的稳固从而维护国家的稳定。在中国传统社会，一个人能否在社会上立足或者能否在社会上有一番作为，在很大程度上取决于他的家庭关系或家族关系的质量及其支持。J. Bruce Jacobs认为，“围绕着中国血缘关系系统的是差序等级与复杂性。但是我们只要了解中国血缘关系中的宗亲和姻亲两大类即已足够”[③]。宗亲关系是建立在同祖同宗基础上的，在一定意义上讲这种关系都是同姓氏的，即都是沿用

①② J. Bruce Jacobs，A Preliminary Model of Particularistic Ties in Chinese Political Alliances: Kan-ch'ing and Kuan-hsi in a Rural Taiwanese Township，*The China Quarterly*, No. 78 (Jun., 1979), p. 244.

③ 差序等级，我们在前面提到，最早是费孝通提出的差序格局概念。J. Bruce Jacobs，A Preliminary Model of Particularistic Ties in Chinese Political Alliances: Kan-ch'ing and Kuan-hsi in a Rural Taiwanese Township，*The China Quarterly*, No. 78 (Jun., 1979), p. 245.

父亲的姓氏。[①] 而姻亲关系则是因为婚姻而产生的亲戚关系。因此，宗亲关系一般指的是家族关系，姻亲关系指的则是亲戚关系。J. Bruce Jacobs特别指出，“同宗的人包括父亲、儿子和他们的妻子。已嫁出去的姐妹虽然在名义上也是同宗，但却已经成为夫家的成员。相反地，姻亲关系则包含了：①父亲的姐妹的丈夫的家庭（同宗和姻亲）；②母亲的娘家；③儿子的妻子的家庭；④女儿的丈夫的家庭”[②]。这四种姻亲关系是因为父亲、母亲、妻子、女儿等宗亲关系而形成的。从这个意义上讲，姻亲关系是宗亲关系的延续和延伸。而宗亲关系和姻亲关系形成的基础都是血缘。

3. 同事

同事是指因为一同做事而形成的特殊“关系”。一同做事就是一起在一个共同的单位工作。这种关系就是同事关系。“工作占用了个人清醒时的大部分时间，由于同事们曾经一同工作并且追求相同的目标，他们常会发现彼此之间对工作场所有共同的认同。”[③] 这种“关系”是因为工作而结缘，是因为工作而彼此了解和相互认识、相互熟悉。同事“关系”是每一个人步入社会必然面临的最基本、最常见的人际关系。同事关系的重要性不仅体现在一同工作时，更体现在工作之外的场合。譬如，在社会上遇到什么问题需要解决时，如果彼此是同事关系，有时比彼此是陌生人显得更加重要。这是因为相互之间认识而且有着共同的利益关系。也就是我们所说的是“自己人”。

4. 同学

同学是指在同一个学校乃至同一个班级上过学的人。这些人之间的关系就是同学关系。“同学关系的重要性具有深厚的历史渊源。在拥有学位即握有政治权力的帝制中国，一同读书并通过科举考试的同学所发展出的关系，具有广泛的含义。……1905年科举制度废除之后，由于大学教育在中国的发展以及出国留学风气的盛行，产生重要‘关系’的来源，也由帝制时期单一

---

① 宗亲关系和后面要探讨的姓氏关系有共性，也有差异性，具体在后面姓氏关系中阐述。

② J. Bruce Jacobs，A Preliminary Model of Particularistic Ties in Chinese Political Alliances: Kan-ch'ing and Kuan-hsi in a Rural Taiwanese Township，*The China Quarterly*, No. 78 (Jun., 1979), p. 246.

③ 同上, p. 247.

的考试制度转变为多元的学位授予制度。结果同学关系更为扩散，它对中国政治的影响也随之发生变化。”[①] 现在很多人毕业若干年后，都会组织毕业多少周年聚会，体现了大家都非常珍惜和看重同学关系。一个人在社会上遇到了麻烦，一般通过同学关系就会得到比较圆满的解决。很多学校成立的校友会也为同学关系乃至校友关系的维持乃至扩散，提供了便利的条件和平台。

5. 结拜兄弟

结拜兄弟是指通过结拜仪式而形成的兄弟，也就是没有血缘关系但感情胜似同胞兄弟的“关系”。中国历史上的“桃园三结义”，讲的就是结拜兄弟关系。我们平时听说过的“不求同年同月同日生，但求同年同月同日死”，就是传统社会结拜兄弟彼此给对方立下的誓言。《水浒传》记录的水泊梁山好汉之间的“关系”就是结拜兄弟的关系。这种特殊“关系”的形成，一般是基于结拜兄弟之间彼此非常欣赏乃至敬重对方，特别是他们之间有着共同的志趣和爱好以及共同的追求，为了在人生道路上彼此帮助和相互成就而结成的相对稳定和长久的类似同胞兄弟的“关系”。J. Bruce Jacobs指出，“它本身不是一种重要关系，但它却象征结拜双方希望加强他们之间原有的‘关系’”。[②]

6. 姓氏

姓氏关系就是同姓关系，就是都有一个共同的姓氏。尽管这种“关系”姓氏相同，但一般没有血缘关系。这就与前面提到的血缘关系区分开来。姓氏关系的特殊性在于他们都有一个共同的姓氏，但与血缘关系相比，他们的“关系”又是一般的，而不是特殊的或者叫亲近的。J. Bruce Jacobs指出，“没有其他的特别关系能够凝聚村庄中这些没有血缘关系的苏姓宗族。同时，也没有什么特殊关系能够凝聚不同村庄的各个苏姓人家”[③]。尽管姓氏关系没有血缘关系更加密切的联系，但是在没有血缘关系或者其他更加亲密的关系可以使用时，姓氏关系有时也会起到一定的作用。“在缺乏其他更有用

---

① J. Bruce Jacobs，A Preliminary Model of Particularistic Ties in Chinese Political Alliances: Kan-ch'ing and Kuan-hsi in a Rural Taiwanese Township，*The China Quarterly*, No. 78 (Jun., 1979), pp. 247-248.

②③ 同上, p. 249.

的关系基础时，在高阶层间或在较高与较低阶层的交往上，同姓关系也可能扮演某种角色。”[①] 因此，姓氏关系或同姓关系在一定意义上讲也属于一种比较特殊的“关系”。

7. 师生

师生关系字面上理解就是老师与学生之间的关系。“坚强的师生关系当然必须在学生和老师有长期而且亲近的接触后才能发展出来。”[②] 也就是说，师生关系的亲密与否，需要有足够的充分的时间上的交往，而且这种交往必须是亲近的接触，否则，这种“关系”的特殊性就体现不出来。师生关系与前面提到的同学关系属于一个层面的“关系”，一个是横向关系，即同学关系；一个是纵向关系，即师生关系。同学关系就是彼此都是同门、同学、师兄弟乃至校友，他们相互之间的学校或者学习的地方都是相同的。师生关系也是这样的情况，即他们之间是教和学的关系，这种关系可以是直接的，也可以是间接的。直接的师生关系就是老师与直接教过的学生的关系，间接的师生关系则是老师与教过的学校的其他学生的关系。尽管老师没有直接教过，但是老师的教学地方和学生的学习地方都是一个学校或者一个地方。我们所说的师生关系，多数情况下是指直接的师生关系。

J. Bruce Jacobs在讨论了以上七种基本“关系”之后，还探讨了经济关系和公共关系以及友谊。对于经济关系和公共关系，J. Bruce Jacobs认为，“这两类是否为真正的关系基础，尚有待进一步研究，……人们常常运用‘关系’来达成经济上的目的。……以经济为基础的关系其实不是一种特殊‘关系’，而是人们为了经济上的理由而加以运用，使得这种‘关系’更加亲近而已。……发展公共关系的需要显示出‘关系’在中国政治中的重要性。至于公共关系是不是一项新型的关系基础，则有待进一步研究”[③]。对于友谊，J. Bruce Jacobs认为，友谊主要是指朋友之间的情谊，“友谊通常是持续社会交往的结果。然而，这种交往却有其特殊性，因为：①‘朋友’一词并

---

① J. Bruce Jacobs，A Preliminary Model of Particularistic Ties in Chinese Political Alliances: Kan-ch'ing and Kuan-hsi in a Rural Taiwanese Township，*The China Quarterly*, No. 78 (Jun., 1979), p. 250.

② 同上, p. 251.

③ 同上, pp. 251-253.

不适用于父系亲属及姻亲；②朋友几乎清一色是同一社会阶层的人士；③朋友通常性别相同，年龄相近；④朋友通常具有类似的倾向与价值观……大部分友谊是平常的交情，如果朋友之一离开，这种友谊也会随之中断。好朋友比较持久，而且有感情的维系。非常亲密的朋友则可能变成结拜兄弟或姊妹”[①]。但是，J. Bruce Jacobs进一步指出，“朋友并不是真正的关系基础，反倒像同学、同事或同村之类的关系基础才是建立友谊的先决条件。朋友是年纪、社会、地位及兴趣相似的人，借由一种非血缘性的关系联系在一起，并共度闲暇时光的一群人。……我们应该注意的是：友谊可以因为增进亲密关系所需要的感情以及发展及维持亲近关系所需要的社会交往，而使某一种‘关系’更为亲近”[②]。

以上就是J. Bruce Jacobs对“关系”基础的主要探讨，体现了J. Bruce Jacobs对“关系”现象的深入思考。“关系”基础实际上就是“关系”形成的前提或者条件，也是“关系”类型形成的基础。也就是说，有多少种“关系”基础，就会有多少种“关系”类型。从J. Bruce Jacobs的分析中我们也可以看出，“关系”基础或者“关系”类型尽管各有各的条件和背景，但是他们都有一个共同的特征，那就是“共同性”，即有共同的家乡，就形成了老乡关系；有共同的血缘，就形成了家人关系；有共同的工作单位，就形成了同事关系；等等。即使结拜兄弟也是为了形成亲如兄弟的“关系”，并寻求一个“同”字：不求同年同月同日生，但求同年同月同日死。总之，J. Bruce Jacobs对于“关系”基础的思考，为我们进一步研究中国企业的“关系”现象提供了重要参考。

二、J. Bruce Jacobs 对“关系”动力的研究

J. Bruce Jacobs对“关系”现象的研究，提出了三个“关系”变量，即自变量、因变量、中间变量。他的“关系”基础称为自变量，“关系”的价值，即“关系”的疏远或亲密程度称为因变量，“关系”动力则称为中间变

① J. Bruce Jacobs，A Preliminary Model of Particularistic Ties in Chinese Political Alliances: Kan-ch'ing and Kuan-hsi in a Rural Taiwanese Township，*The China Quarterly*, No. 78 (Jun., 1979), pp. 255-256.

② 同上, p.256.

量。也就是说，“关系”的价值，即“关系”的疏远或亲密程度，首先取决于“关系”的基础。没有“关系”基础，就不会有“关系”存在。例如：有了地缘基础，才会称之为老乡关系；有了血缘基础，才会称之为家人关系；等等。“关系”的质量除了受到“关系”基础的决定，还会受到“关系”动力的影响。“如果‘关系’存在的话，‘关系’的价值，即其‘疏远’或‘亲密’程度，仍然取决于一个中间变量，即感情因素。……在各种关系中，感情的质量以及关系的价值都是可比较、可排列，而且可衡量的。……任何一个局外人只要观察那些有感情或有‘关系’者之间的社会互动，都可以看出其间感情的相对好坏或是关系的相对亲疏。”[①] 也就是说，“关系”质量，即“关系”的亲疏或亲密程度，在一定程度上取决于感情质量，即感情的好坏程度。J. Bruce Jacobs确实发现了形成“关系”质量的一个关键要素。每一位中国人都很清楚，彼此之间的“关系”好坏就是看相互的感情深还是浅。“‘感情’是一种中国的概念，在英语中没有同义词，也无法适当地翻译出来。”[②] J. Bruce Jacobs进一步指出，“感情与友情的差别在于它包含了更多特殊的共同利益、更少的温情、更正式的接触，一种经过认可的相互利用”。[③] 从J. Bruce Jacobs的表述中我们可以看出，感情和“关系”一样，都有着特殊性，其特殊性就在于它们都有着特殊的内涵。J. Bruce Jacobs用“共同的利益、更少的温情”以及“相互利用”表达他对感情内涵的认识。作为影响“关系”质量的关键要素，感情的这种特殊内涵就形成了所谓的“关系”动力。J. Bruce Jacobs主要从社会互动以及利用与帮助两个方面分析了“关系”动力形成的过程。

1. 社会互动

对于社会互动，J. Bruce Jacobs指出，“感情只能发生在‘社会互动’（中文称为‘社会往来’）之后，尤其最可能发生在人们一起工作、合作，而且彼此友好的时候。因此欲使‘关系’变得更亲近，必须增加社会互

① J. Bruce Jacobs，A Preliminary Model of Particularistic Ties in Chinese Political Alliances: Kan-ch'ing and Kuan-hsi in a Rural Taiwanese Township，*The China Quarterly*, No. 78 (Jun., 1979), p.258.

②③ 同上, p.259.

动”。[1] J. Bruce Jacobs以台湾妈祖乡的一位乡领导为例，说明社会互动对于增进彼此的感情乃至搞好相互的“关系”的重要性。他说，如果一位乡领导想加强和一位村领导的“关系”，一般会使用邀请村领导参加自己的一些宴会等方法增加彼此之间的社会互动或者去参加村领导的一些宴会乃至送上“红包”。“如果乡领导受邀参加村领导的家宴，会增加村领导的声望或‘面子’。只要社会互动持续不断，乡领导和村领导之间便会发生感情，而且越来越好。……一般的规则是，一个人的地位愈高，别人愈可能企图和他发展亲密‘关系’。”[2] J. Bruce Jacobs所说的社会互动，就是我们所熟知的人们之间的“人情世故”。也就是我们常说的，感情是处出来的。没有足够数量乃至分量的相互交往，很难产生所谓彼此深厚的感情或者“关系”。J. Bruce Jacobs举的上面的乡领导的例子中提到的“红包”“面子”是增进感情或者“关系”的重要手段。可见，感情不是单纯的“情”，有着鲜明的利益导向。地位高的人之所以更容易得到更多人的“社会交往”，就是因为人们可以从他“身上”得到更多的所谓“利益”。

社会互动，字面上理解就是人们之间的来往或者交往，这种交往或来往加深了彼此之间的感情和“关系”。“社会互动不仅对亲密关系的发展有重要性，对亲密关系的维持也十分重要。一旦缺乏社会互动，‘关系’便会随之减弱并且变得疏远。换言之，时间和财力会造成实际上的阻碍，限制个人可能发展并维持的亲密‘关系’之数目。时间是最重要的限制。一个人只能参加有限的婚礼或宴会或只能拜访有限的人。……在亲密‘关系’的发展和维持上，金钱并不如时间重要。没有金钱的开销，亲密‘关系’还可能发展。但不在社会互动上花费时间，便不可能发展出亲密‘关系’。所以，一个人必须选择发展亲密‘关系’的对象。他要考虑谁能够帮助他达到目标，当然他也要考虑，对方是否会视彼此之间的共通性为一项十分重要的‘关系’基础，并以此为基础建立亲密‘关系’。”[3] J. Bruce Jacobs提出了社会

① J. Bruce Jacobs，A Preliminary Model of Particularistic Ties in Chinese Political Alliances: Kan-ch'ing and Kuan-his in a Rural Taiwanese Township，The China Quarterly, No. 78 (Jun., 1979), p.261.

② 同上, pp.261-262.

③ 同上, p.262.

互动影响“关系”的几个要素，一是次数，二是时间，三是财力，四是对象，五是目标。次数是指社会交往的次数，次数越多，“关系”越亲密。时间是指社会交往时间的长短，越持久的社会交往，“关系”越亲密。财力是指支持社会交往的金钱和物质投入，金钱和物质投入得越多，“关系”一般会越亲密。对象是指社会交往的人是谁，“关系”的亲密与否在根本上取决于交往的人是谁。目标是指社会交往要达到的目的，越能够帮助达到目的，“关系”一般越亲密。

除此之外，J. Bruce Jacobs还提出了社会互动的其他途径。“维持社会互动的另一个手段是在‘关系’中加入其他的基础。”①他举了两个例子说明这个问题。一个例子是，两个人之间本来是同事关系，而且比较亲密，为了进一步加强这种亲密的“关系”，他们的子女之间联姻，成立姻亲“关系”。同事关系加姻亲关系让他们的“关系”更加牢靠。另一个例子是，两个人之间是同村又是同学双重“关系”，而且他们每天都一起锻炼身体，坚持了6年之久，培养了他们亲密的友情。这两个例子实际上说的是一种复合“关系”的形成。“复合的关系基础增加了社会互动的机会，它们也增加了双方的共同感，使感情更容易发生。复合‘关系’较单一性‘关系’更为亲密稳固，而且更能抗拒‘关系’的恶化。”②在一定意义上讲，复合关系也是社会互动的必然产物。人们之间为了加深彼此的感情和维护持久的“关系”，通过社会互动形成的复合“关系”，反过来又进一步加强了彼此的社会互动。因此，社会互动、感情、“关系”之间是相互作用和相互影响的。

2. 利用与帮忙

作为“关系”动力，感情既可以被人“利用”，又可以给人提供“帮忙”。在J. Bruce Jacobs的受访者中，每个人都承认感情可以被“利用”。“感情绝不仅是和平相处，它是做事成功的基本要素。没有感情便做不了事。没有感情会产生许多问题甚至可能发生争论。换句话说，‘利用’的概念便意味着感情的存在。正如一位年轻的领袖所言：‘人当然可以利用感

①② J. Bruce Jacobs，A Preliminary Model of Particularistic Ties in Chinese Political Alliances: Kan-ch'ing and Kuan-hsi in a Rural Taiwanese Township，*The China Quarterly*, No. 78 (Jun., 1979), p.262.

情，如果感情不能利用那就不是感情了！’”[①] J. Bruce Jacobs的调研发现，人们之间的“关系”能够维持源于彼此的感情，而这种感情是人们相互利用，彼此达到各自的目的而已。相互利用本身也是一种目的。这一目的内嵌于“关系”现象和感情之中。这也体现了“关系”和感情的自利性。但是，J. Bruce Jacobs发现，感情也有所谓他利的特征，即为人们提供帮忙。“感情的另一个要素是相互‘帮忙’”。[②] J. Bruce Jacobs根据调研进一步发现，“除非有感情存在，否则人们不会互相帮忙。……他们只能依赖和他们有感情‘关系’的人，在发生困难的时候保护他们，在时机好的时候帮他们达成目标”[③]。这就是说，彼此有感情的人之间，才会期望相互得到帮忙。从这里看出，感情是人们相互之间能够提供帮忙的前提条件。

但是，对于感情来讲，利用体现了感情的自利性，帮忙则反映了感情的他利性，二者是相反的两个方面。“‘利用’关系的反面是‘帮忙’。”[④] 对于帮忙，表面看是他利，实际上给他人帮忙也是为了将来能得到对方的帮忙，本质上也是自利的。“如果要维持一种亲密关系，帮忙必须是互惠的，即使对方的利益不一定完全相同。关系的‘利用’或‘帮忙’也可以是单向的。提供帮助的人只要知道：在他需要的时候，他可以依赖对方，他便不会感到有所损失，这种‘关系’也可以维持下去。……在交往双方生命中的重要时刻，关系的‘帮忙’和‘利用’是一种社会互动的有利形势，它远远超过了亲密关系的发展和维持。因此，在发展并维持亲密关系之际，个人必须特别注意两点：第一，他必须小心翼翼不要过度使用‘关系’，以免造成对方太大的负担；第二，当对方需要他的帮忙时，他必须是可靠的。”[⑤] J. Bruce Jacobs认为，“关系”中是否能够得到或给予帮忙和是否可以相互利用，取决于一个重要的因素，即人是否可靠。“可靠性或信用是维持亲密关系的基本要素。不信任比任何事情都容易使亲密关系变得疏离。只有在个人意愿蒙受大损失或者有类似亲密关系的其他人提出同样的要求时，才能显现出他的可靠性。可靠性和‘关系’的亲密度成正比。‘关系’越亲

---

①②③④ J. Bruce Jacobs, A Preliminary Model of Particularistic Ties in Chinese Political Alliances: Kan-ch'ing and Kuan-hsi in a Rural Taiwanese Township, *The China Quarterly*, No. 78 (Jun., 1979), p.263.

⑤ 同上, p.264.

密，便越可靠；‘关系’越疏远，便越不可靠。”[①]“关系”的远近取决于可靠性或信任性。反之，可靠性与否或信任程度也取决于“关系”的远近。

J. Bruce Jacobs在探讨完“关系”动力的两个问题即社会互动以及利用与帮助之后，又进一步研究了“关系”的其他现象，即关系的退化与恢复，以及“拉”关系。在研究“关系”的退化与恢复现象时，他认为，“由于‘关系’可以变得更亲密而且必须用心加以维持，它也可能退化而变得更加疏远”[②]。对于退化的“关系”，他认为可以进行恢复，“它通常需要一位与双方都有十分亲密‘关系’的第三者居中协调，一旦误会冰释而且恢复‘关系’之后，‘关系’可能变得比误解产生之前更为亲密”[③]。对于“拉关系”现象，他认为，对于缺乏“关系”基础而又想建立“关系”的人来讲，一般会通过“拉”关系来解决。“‘拉’关系之所以有效，其先决条件是关系必须可靠。”[④]譬如，一个人想与另一个与他没有“关系”基础的人“拉”关系，会通过寻找自己“关系”中与对方有“关系”的第三者“撮合”双方之间的“关系”；有时甚至还会通过自己“关系”中的人寻找更多的间接“关系”，最终才能与对方“拉”上关系。

三、J. Bruce Jacobs“关系”思想的意义

J. Bruce Jacobs作为一个外国人，以旁观者的身份全面分析和探讨了中国社会的“关系”现象。对于他的一些学术发现和观点，我们每一位中国人都会从直觉上做一定程度上的认可。他的“关系”思想主要包括了“关系”的本质、“关系”的基础或者类型、“关系”维持和发展等问题。他对这些问题的观察和思考都是基于他的实证调研，大多数都是从现实生活中得到的信息和资料，有的还做了现场访谈。应该说，这些信息和资料都比较真实，基本上反映出中国社会乃至中国人为人处世的一些规律和特点。我们认为，J. Bruce Jacobs的“关系”思想对于我们研究中国企业“关系”现象特别是“关系”的基本内涵及其主要内容提供了比较丰富的素材和比较有价值的参考。

---

①②④ J. Bruce Jacobs，A Preliminary Model of Particularistic Ties in Chinese Political Alliances: Kan-ch'ing and Kuan-hsi in a Rural Taiwanese Township，*The China Quarterly*, No. 78 (Jun., 1979), p.264.

③ 同上, p.265.

（一）确定了“关系”的特殊本质

J. Bruce Jacobs 对“关系”研究一开始就确定了“关系”的特殊本质，那就是人们之间的一种特殊感情。其中有三个要点值得我们重视，一是“关系”主要是指两个人之间的“联系”，二是“关系”是一种特殊的“联系”，三是“关系”的特殊性特指两个人之间的感情特殊。J. Bruce Jacobs指出，任何一个英语单词都无法表达“关系”的准确含义，所以才会用中国的汉语拼音“guanxi”来表达“关系”。这种表达方式，已经成为西方学术界的一种共识。我们在阅读西方研究“关系”现象的文献时发现，“关系”基本上用的都是汉语拼音“guanxi”。这种形式上的特殊性，实际上也代表了西方学术界不得已的做法。因为他们认为，这就是中国的特殊社会现象。J. Bruce Jacobs对于“关系”的特殊本质归结为是感情的特殊。人与人之间都是有感情的，但是“关系”现象中的这种感情是特殊的。“关系”这种特殊感情在人们之间是有差异的。有“关系”的人之间的感情相对比较深厚，没有“关系”的人之间的感情相对比较淡薄，甚至有时是相互防备的。我们常教育孩子，“不要和陌生人说话”，说的就是这个意思。

（二）明确了“关系”形成的根源

J. Bruce Jacobs对“关系”特殊感情的本质界定，是建立在“关系”基础上的。他明确了“关系”形成的根源，是“关系”双方都有共同的基础和来源，特别是一个“同”字道出了“关系”的特殊感情。譬如，同乡、同学、同事是指来自同一个故乡、同一个学校、同一个单位。两个人在共同的环境中形成了彼此特殊的感情，从而就有了特殊的“关系”。这种特殊性也就把这些有共同背景的人与其他没有这种共同背景的人区分开来。我们平时常说的，都是“自己人”，说的就是有共同背景的人。相反，没有共同背景的人就是“外人”。亲兄弟姐妹之间实际上是最近的“关系”，更是感情最特殊的“关系”。因为他们也有一个共同的背景，那就是有共同的父母、共同的家庭、共同的血缘。在中国传统社会中，这种基于血缘的特殊感情“关系”即家庭关系是相对最稳定的，也是儒家思想倡导的传统治国理政的基石。所谓的“修身、齐家、治国、平天下”，指的就是家庭关系连接着个人修养以及国家和天下，有着特殊的政治地位和社会治理意义。几千年的中华文明，也形成了中国重视家庭特别是家庭“关系”的优良传统。我们平时说，叶落归根，指的就是不管一个人走多远，都要回家。这个“家”更多指的是血缘意义上的家，是“生我养我”的家。当然，其中也包含了故乡的意思。因为，家必然在自己的故乡。中国人重视寻根认祖的习惯，也是这样形成的。一个“同”字就拉近了人与人之间的距离，特别是心理距离和感情距离。常年在外的异乡人，总能与同乡人显得比较“近乎”，就是源于这个“同”字。

（三）指明了“关系”的发展规律

J. Bruce Jacobs发现，“关系”的亲密程度一方面取决于“关系”的基础，另一方面取决于双方的感情。而感情对于“关系”的亲密程度影响非常大。J. Bruce Jacobs特别指出，感情与“关系”一样，也没有哪一个英语单词能表达出其全部含义。所以，他也是用汉语拼音“ganqing”表示感情。在一定意义上讲，感情与“关系”是相互影响的，感情深的两个人，“关系”也会很亲密。反过来讲，“关系”很亲密的两个人，彼此的感情也会很深。J. Bruce Jacobs认为，作为影响“关系”的一个变量，感情的深浅主要受两个因素影响，其一是社会互动，其二是利用与帮助。俗话讲，感情是培养出来的。社会互动也就是彼此之间的走动以及来往的数量和质量，影响着彼此之间的感情。这种走动和来往尤其是在遇到一方有重大意义的活动时，彼此相互“捧场”显得非常有必要。J. Bruce Jacobs用“面子”这个词来表达参加这种活动的重要价值。俗话说，“死要面子活受罪”，就可以看出“面子”是何等的重要。参加活动就是给对方“面子”，就是尊重对方和支持对方。这样，双方的感情才会加深。除了彼此的来往和走动，还有彼此之间的相互利用和帮助。这也是加深双方感情的必然手段。J. Bruce Jacobs的这一说法，实际上也进一步强调了“关系”是一种特殊感情。这种感情不是一般的感情，也不是单纯的感情，里面有非感情的因素，那就是彼此相互利用和帮助以达到彼此的目的。这种目的一般指的是利益。从这个意义上讲，“关系”的特殊性在于利益性。

第二节 翟学伟的“关系”思想及其意义

我们之所以重点探讨和研究翟学伟的“关系”思想，是因为翟学伟在对海外华人和我国港澳地区乃至西方学者“关系”思想研究的基础上，提出了很多对“关系”的独特而深刻的思考和理解，是我国内地研究“关系”现象最早、最系统而且研究成果最多、最有代表性的学者之一。“改革开放使中断了27年的社会学迎来了恢复重建的春天，……境外学者关于中国‘关系’的研究陆续进入国内学者视野，并对国内的‘关系’研究起到很大的推动作用。……理论提出者除了翟学伟之外，其他都是以英文形式发表论著的学者。”[①] 翟学伟认为：“目前我国台湾、香港地区乃至关注中国问题的西方社会学、心理学及人类学乃至经济学界的学者也在讨论‘关系’问题，前者已经提炼出了‘关系主义’和‘儒家关系主义’等概念，后者有现代化研究和社会资本理论等。但我个人倾向于，就前者而论，‘关系’是中国人与中国社会的特征，不是儒家的表述，也不是儒家影响下的中国人与中国社会的表述。‘关系’可以同儒家思想对接，但也可以同中国人所谓的‘关系学’（指一套‘搞关系’的技巧）对接。显然，关系实践之套路是很势利，也很实利的，同儒家思想之间没有直接地被影响的关系，反倒是正统的儒家捍卫者在官场上也是吃不开的。在中国内地，‘关系’的重要性无人不知、无人不晓，实证研究报告也不算少，可有见解的理论鲜见，正好同台港社会学界构成反差。而就后者而论，目前受‘社会资本’概念的引导和冲击，似乎西方的社会资本理论变成了中国内地研究‘关系’的理论来源。虽说这两者有部分相关，但根本上不是一码子事。照搬西方理论概念到如此地步，是中国社会学没有形成自己理论的主要原因。我的研究处于三面夹击之态势。而守住我自己的立场，发出另一种声音，也未必是什么坏事，恰好可以反衬出它的价值所在。因为这样可以在一个广大的学术圈（包括西方社会学界）内构成对话的可能，

① 边燕杰、杨洋：《作为中国主体话语的关系社会学》，《人文杂志》2019年第9期，第26页。

有助于找到彼此的共同点、差异和研究重点及探讨方向的不同。同时，撇清了‘关系’同儒家或社会资本特有的异同，还有助于我们清醒地意识到，‘关系’不是中国人与中国社会特有的现象。”[①] 可见，翟学伟的“关系”思想既有深厚的理论基础，又有深入的独特思考和见解，对于我们研究中国企业“关系”现象提供了丰富的素材和启发。

一、“关系”与儒家思想

“关系”作为一种文化现象，在很大程度上受到儒家思想的影响，已成为国内外学术界很多学者的共识。“特定含义的‘关系’研究早期是在中国哲学、伦理、文化、社会等方面的研究中展开的。当时中国学者在思考中国社会的路径时，并没有参照西方社会学的概念和理论框架。虽然后来的研究开始借鉴了一些西方社会科学的思维和视角，但其特点基本上是坚持以中国思想文化，特别是儒家思想为主导，并时有同西方文化作比较或作对立的倾向。”[②] 针对这个情况，翟学伟指出，“从目前获得的资料来看，用‘关系’来代表儒家文化之伦的观点可能是中国新文化运动的产物，因为在中国社会，用来表示人与人的交往的‘关系’一词虽然极为常见，但它并不见于《辞海》和《辞源》，也不见于中国传统典籍。从这一现象来看，这个词很有可能是白话文”[③]。胡适、梁漱溟、潘光旦、费孝通等是近代研究“关系”现象特别是从儒家思想角度研究“关系”现象最早的几位学者。

胡适认为，“儒家的人生哲学，认定个人不能单独存在，一切行为都是人与人交互关系的行为，都是伦理的行为”。梁漱溟认为，“伦理本位者，关系本位也”。[④] 为此，翟学伟指出，“他们对于儒家之伦的讨论成为我们研究中国人‘关系’的重要源头之一”[⑤]。他进一步指出，潘光旦是提出这种研究取向最早的学者之一。潘光旦通过对儒家经典的反复考证，将儒家提出的“伦”归纳为两个层面：“一层是静的，一层是动的。静的所应付的是上

① 翟学伟：《中国人的关系原理：时空秩序、生活欲念及其流变》，北京大学出版社2011年版，第4页。

② 同上，第169、170页。

③⑤ 同上，第170页。

④ 同上，第170、171页。

文所说人与人之间的分别，动的所应付的是人与人之间的关系。”[①]受到潘光旦的影响，费孝通将动和静用“差序格局”加以概括，“其中的‘差’有类别的意思，‘序’有关系的意思，而格局则是潘光旦所说的‘人我之分的最主要的因素，我之所以为我，与人之所以为人，是由于彼此格局的互异，而尤其要紧的是此种互异的鉴别与体会’。在这种互异的鉴别中，费孝通得出了同上述学者们相同的结论，认为中国人的关系互异与鉴别用的是不同的道德标准”[②]。这些早期研究“关系”现象学者的“关系”思想一般都是基于儒家思想之上的。他们“以上种种论述之所以重要，是因为它们构成了后来中国‘关系’研究的一个重要的传统，即在论述中国人‘关系’含义的时候，其理论来源需要到儒家思想中去寻找”[③]。

翟学伟认为，金耀基、何友晖、黄光国等是受到这种传统影响并坚持这种传统的最有代表性的几位学者。金耀基认为，“儒家的个体是家庭结构之外的社会交往的促动者，是‘关系’建构的设计师”。何友晖认为，“‘关系’已成为亚洲社会心理学中的一个独特概念”并倡导“关系主义”，“黄光国对西方社会学理论与方法论有所偏好，但他对中国人‘关系’的研究始终是套在儒家思想当中展开的，或者说黄光国关于中国人‘关系’中的大多数观点都是从儒家思想中得到印证的，乃至于何友晖所倡导的‘关系主义’最终变成了他的‘儒家关系主义’”。[④]尽管以上学者都认为“关系”现象的源头是儒家思想，但是，翟学伟认为，这个问题还需要做进一步的深入分析。

（一）功利性诉求

“关系”与儒家思想的诉求有着显著的差异。翟学伟认为，“华人学者在思考‘关系’的特征时，倾向于把‘关系’运作作为儒家思想在中国社会的实践和延伸。因为学者倾向认为，儒家思想中的仁、义、礼和人伦等概念都是对‘关系’及其规范的阐述，并对中国几千年来的社会关系构成产生了

①②③ 翟学伟：《中国人的关系原理：时空秩序、生活欲念及其流变》，北京大学出版社2011年版，第171页。

④ 同上，第172页。

深远的影响”[①]。但是，翟学伟从“关系”和儒家思想的诉求方面指出了二者的区别。“儒家教导人们的是重义轻利，家庭也是一个被要求遵循儒家教义的生活单位，否则很容易解体。因此单从这一方面来探究‘关系’，我们很难回答为什么‘关系’却有工具化和利益化的倾向。所谓‘拉关系’‘搞关系’‘走后门’‘关系学’等，意思都是指一种便利地实现个人利益的捷径。难道这些现代用语都在表示‘关系’的现代用法，而不来自中国的传统社会？我想，表达是一回事，事实是另一回事。所谓朝中有人好做官；一人得道，鸡犬升天；打通关节等，都隐含了‘关系’在传统社会也具有工具性的特征。因此，坚持用儒家思想来解释中国人的‘关系’活动与模式就会显得很牵强。”[②]倡导“君子喻于义、小人喻于利”的儒家思想，确实与“关系”的过分逐利性有着鲜明差异。我们研究中国企业的“关系”现象时必须关注到这一点。既然这样，那么为什么中西方那么多学者还仍然从儒家思想寻求“关系”现象的源头呢？这也是我们应该深入探讨的。不管怎样，翟学伟的这一发现也的确给我们很大的启发，为我们后面系统研究“关系”的内涵及特征提供了重要参考。

（二）“关系”现象产生的根源

翟学伟认为，从儒家思想寻找“关系”的源头缺乏足够的说服力，甚至是荒谬的。“我不明白的地方是，‘关系’（包括人情和面子）的研究作为一个社会科学的内容，为什么要从儒家思想开始，又为什么要回头来表明它同儒家思想间的紧密关系。我也没有见过哪个西方社会学理论研究要从圣经教义开始。儒家在中国文化中的地位或许相当于圣经（或基督教或天主教的思想）在西方文化中的地位（所以中国人把儒学也当儒教），它们不过都是一种思想体系（包括社会思想）而已。前述中的胡适、梁漱溟等讨论儒家思想中的‘关系’问题，那是他们的学术本分，但如果社会科学家们在其研究中大谈儒家中的‘关系’思想，比如仁、义、礼等，就偏离了社会科学的基本任务……我们研究的是‘关系’，但一切证明都是

---

① 翟学伟：《中国人的关系原理：时空秩序、生活欲念及其流变》，北京大学出版社2011年版，第98页。

② 同上，第98-99页。

因为儒家是如何说的，因为儒家作了如是说，所以中国人讲究起了‘关系’。我想，如果我们坚持要从儒家思想和言论中研究中国人，那我们就先要证明，儒家所说的就是大多数中国人所做的。这显然是荒谬的。”① 根据翟学伟的观点，“关系”现象不能简单说成是儒家思想的产物。“一直以来，儒家经典里都不存在‘关系’一词。”② 他认为，“我自己的观点是，中国人的‘关系’是由社会类型决定的，社会类型的核心是交往类型，一个不受任何思想文化影响的个人也会在社会中交往，当然要在一个社会中交往，也会直接或间接受到社会文化的影响”③。从翟学伟的描述中，我们可以看到，“关系”现象产生的根源受到社会类型和社会文化即包括儒家思想的同时影响。

（三）特殊性

“关系”现象是一种特殊的社会现象或文化现象，也是学术界很多学者的一个共同观点。“将中国儒家伦理和中国人的‘关系’特征最终归结到特殊性方面，开启了一种划分中西社会特征两极化的思维模式，这一模式的最大特征，就是把东西方放在两端作平行性比较。而特殊主义随之也成为我们研究中国人的代名词，只要一讨论到中国人的特征，学者都会从这一概念出发。”④ 从这个意义上讲，“关系”的特殊性就在于它是中国社会的现象。其中的重要理由之一就是把“关系”和儒家思想联系在一起。儒家思想是毋庸置疑的中国社会的传统文化之一。而儒家提出的“伦”主要是指人伦，也就是人与人之间的关系。“许多学者从哲学和伦理层面出发，通过对儒家思想中的‘伦’的研究，比较同意中国社会是一个重视‘人伦关系’的社会。但其‘关系’上的原则特征如何，则有一定的争论。”⑤ 因此，“关系”的特殊性一方面体现在其目的特殊，也就是功利性目标比较强；另一方面则体现在它与儒家提出的“伦”有着一定的

①③ 翟学伟：《中国人的关系原理：时空秩序、生活欲念及其流变》，北京大学出版社2011年版，第180−181页。

② 宝贡敏、赵卓嘉：《中国文化背景下的“关系”与组织管理》，《重庆大学学报（社会科学版）》2008年第2期，第46页。

④ 同上，第57页。

⑤ 同上，第58页。

内在联系。翟学伟通过对学术界关于“关系”研究情况的梳理提出，“我们可以看出中国人‘关系’的特殊性是如何成为研究中国社会与中国人之基础的，虽然这一基础更多的是通过对儒家思想进行阐发的”[①]。可见，“关系”的特殊性还在于它是中国社会或中国人的一种现象。“关系”现象之所以受到国内外很多学者的高度关注，在很大程度上也是因为它的特殊性在于，通过“关系”可以更深入地了解中国社会或中国人与西方社会或西方人的区别。

翟学伟对“关系”与儒家思想的思考，既有各自目的上的探讨，又有源头本质上的思考，还有特征上的阐释，为我们研究中国企业“关系”现象提供了有价值的素材和思路。实际上，中国企业的“关系”现象作为“关系”现象在中国企业管理中的具体表现，也需要对“关系”的目的、“关系”的根源、“关系”的特征做深入的探讨，从而发现并提出中国企业的“关系”管理思想的一些发展脉络，为引导中国企业“关系”管理实践健康有序乃至合法发展，提供参考和指导。

二、“关系”与社会资本的异同

如果说从儒家思想角度探讨“关系”问题是用中国本土化的理论思考中国本土化的问题，那么从社会资本角度讨论“关系”问题则是用西方的理论研究中国的问题。“‘关系’无论在中国传统还是现代社会，都是一种极为重要的社会现象。但学界对这一现象的关注直到20世纪80年代才开始。颇为凑巧的是，社会资本也是20世纪80年代逐渐引起社会学界、经济学界、政治学界及管理学界广泛关注的一个概念……由于该概念涉及社会网络中的社会成员在其中摄取或分享有价值的社会资源的内容，引发了中国社会学者的关注，进而导致一些国内学者纷纷开始用这类概念来研究中国原有的‘关系’问题。两者研究在时间上的巧合使我们看到的情况是，一开始海内外学者尚能寻求自己的研究架构来研究‘关系’，但随着社会资本研究的兴起，‘关系’研究逐渐被其覆盖，形成了用社会资本与社会网络研究‘关系’的局

① 翟学伟：《中国人的关系原理：时空秩序、生活欲念及其流变》，北京大学出版社2011年版，第58页。

面。显然，这里面隐含着这样一个假定：由于两者所讨论的对象及其问题大致相等或者社会资本的含义包含了‘关系’研究，因此‘关系’也就不只是一种中国现象，完全可以用带有普遍性的社会资本理论来解释。”[①]从翟学伟的分析中我们看到，“关系”在一些学者的研究中，成为西方社会资本理论的一部分。换句话讲，“关系”属于西方社会资本的范畴。

但是，翟学伟认为二者不能简单画等号。“‘关系’很容易同社会资本混为一谈，是因为单从定义上看，‘关系’也是一种社会网络，而处于其中的个人也有机会从中获取和使用嵌入于社会网络中的资源。但这种过于简单的定义忽略了一种社会网络构成的特点及其运行的社会基础和条件，即它的团体特征和社会环境。”[②]因此，翟学伟进一步指出，“比较社会资本与‘关系’的运行差异，我认为最大的差别在于社会资本要求的信息共享、协调行动和集体决策等都不在‘关系’中得到体现。在‘关系’的运行中，信息不是共享的，而是受控制的，它在某种程度上是用来区分有‘关系’的和无‘关系’的标准；另外信任往往也是自己人之间的信任，所谓的公事公办在中国的含义就意味着陌生人之间在打交道，服务都远不如熟人‘关系’”[③]。可见，“关系”与社会资本的区别还是非常显著的。“如果将‘关系’与社会资本做一比较，‘关系’与社会资本的特点可以分别表述为：自然性的生活网络，还是构建性的目标性网络；长久性的互动，还是制度性的互动；个人层面的连接，还是个人与组织或团体以及组织团体之间的关联；模糊的自我边界，还是明确的自我边界；人情式的交往，还是角色式的交往；权力式的资源控制与交换，还是结构性与制度性的资源控制与交换。……无论我试图在‘关系’与社会资本之间做多少辨析，我们还应该承认，由于两者都体现在社会网络方面，因此它们之间是可以相互转化的。由‘关系’向社会资本的转化也一样可能，比如以行会与同乡会的方式来投资社会经济建设，便是一种‘关系’向社会资本的转化，而通过国家社会经济发展项目来优待自己的亲朋好友，是一

① 翟学伟：《中国人的关系原理：时空秩序、生活欲念及其流变》，北京大学出版社2011年版，第94页。

②③ 同上，第98页。

种社会资本向‘关系’的转化。”①

（一）社会现象

“关系”是中国的一种社会现象，已成为国内外学术界的共识。社会资本则是基于西方社会并由西方学者提出的解释西方社会的理论。“社会资本作为一个概念，其抽象度并不确定，但在解释西方社群、民主、市场、非政府等方面具有中层性，‘关系’也是在解释中国社会的特征上含义更为明确。”②从这个意义上看，“关系”与社会资本的差异在于二者解释的社会对象不同，而不同的社会对象的社会文化及其社会结构也会不同，这种不同反过来也会形成不同的社会现象以及表述这种社会现象的方法。所以，“关系”与社会资本主要是用来分别介绍中国社会和西方社会的不同的方法。二者各有各的侧重，各有各的聚焦问题。

（二）社会问题

“关系”与社会资本面对的社会不同，思考的社会问题也各有侧重。“社会资本是对应着西方的公民社会展开的，它是对结社、合作、信任、互惠、信息渠道等整合性思考的产物，而‘关系’对应的是中国家庭本位社会的展开，它是对血缘、地缘及扩张而来的同门、同学、同事等‘关系’的概括性思考。其差异是前者多以社团方式存在，后者多以个人‘关系’方式存在。”③从这个表述中我们可以看到，“关系”是个人的现象，社会资本是社团或组织的现象，二者思考的具体对象有着本质差别。

（三）组织性质

社会资本是基于社团组织产生的，“关系”现象是基于家庭组织而形成的。“社团是自愿性组织，因此个人的追求关系着个人的抱负、志向、兴趣等，个人可加入、参与及退出，这些特点同个人主义价值观相联系；而家庭是非自愿性组织，它同生存依赖、光耀门庭、切身利益的有效性等相联系。它无法加入，也无法退出，但可以逃离。”④这就是说，“关系”是具有前提性的、不可选择的。譬如，父母子女关系是天然的，是预先就有的。而社会

---

① 翟学伟：《中国人的关系原理：时空秩序、生活欲念及其流变》，北京大学出版社2011年版，第106页。

②③④ 同上，第89页。

资本则可以根据个人的爱好和目的做出抉择。社团的自愿性指的就是社团是基于个人的意愿而形成的，家庭的非自愿性是指自己的家庭不是个人意愿能够决定的。

（四）思维逻辑

“关系”和社会资本与其说是解释社会现象的工具，不如说是两种不同的社会思维逻辑。“社会资本的思维逻辑是具有公益性的，这些带公益的目的性投资将使投资的个人、社群及社会受益，但也会让一些不投资者或无资格者不受益，进而对公平正义有诉求。‘关系’的思维逻辑是自利性的，它不同于公益、公正与规则对立，但总要求把自利性放在首位，从而具有自我捷径主义的特点。而许多惯习、结构和制度一方面维护它的运行，另一方面也促成了相关的体制，比如走后门、特批、设重点等。自我捷径主义的机动灵活是不可能通过严谨而刻板的制度来实现的，更多的问题将通过私交、感情、摆平、协商等来实现。”[①] 因此，“关系”现象是从自身利益出发考虑和解决各种问题，社会资本则是从社会或公共利益角度寻求个人利益的实现。也就是说，社会资本的规则是协调各种不同个人利益并实现不同个人利益的产物。而“关系”现象的所谓“潜规则”则是满足特定个人利益的产物。

（五）社会价值

翟学伟认为：“关系”和社会资本都是用来解释某一种社会现象的，各有各的社会价值。但是，“关系”和社会资本不能互相取代。“用社会资本研究‘关系’，会看不到‘关系’的复杂运作方式，反之，用‘关系’研究社会资本，也会理解不了它在公民社会、组织、管理中的威力。但可以肯定，中国社会有社会资本现象，西方社会也有‘关系’现象，只是目前只有社会资本理论，进而就变成用社会资本来解释‘关系’了。”[②] 翟学伟同时肯定了“关系”和社会资本的社会价值，又特别指出了“关系”不只是在中国社会才有，社会资本也不只是在西方社会才有。翟学伟的这一思想非常有

---

① 翟学伟：《中国人的关系原理：时空秩序、生活欲念及其流变》，北京大学出版社2011年版，第89—90页。

② 同上，第90页。

价值。这就解决了传统的“非此即彼”的简单的“二元”思维方式。但是，相比较而言，中国社会的“关系”现象更重一些，西方社会的社会资本更重一些而已。

（六）归类方法

学术界一般会将社会资本分成个人网和整体网，“关系”常被归为个人网或自我中心网。翟学伟认为，这种归类是有问题的。“‘关系’在个体网上可以视同于正当的互惠，只是在整体网上没有表现它的社会正面价值。但这一认识无论是放在差序格局中来看，还是放在中观与宏观层面上看，都有问题。个体网与整体网作为一种分析视角与技术，也许是一种合理的划分，但无论何种研究，其社会本身的运作在市民社会是一致的，因此个体之间的互惠不导致社会整体运作出现问题。但‘关系’运作一方面导致私人关系越强，社会整体性越差，而另一方面，它又是顾全大局、整体和谐的基础。所以我们不便在这两个层面上给‘关系’寻求归类，并将‘关系’归入社会资本的一个方面。”[①] 可见，“关系”是在个人利益基础上形成的，有时会因为个人利益而损害整体利益，但是我国传统社会也有很多民族英雄为了整体利益譬如民族和国家利益而牺牲个人利益。特别是个人服从集体的观念和传统，也是“关系”现象的又一个重要特征。因此，“关系”现象与社会资本的个人网和整体网或者社会网络还是有着鲜明的区别。

（七）研究方法

社会资本是为了寻找社会发展和经济增长的一种特殊资源，“在绝大多数学者看来，社会资本的含义本身就包含有助于社会与经济发展的积极作用”[②]。所以，社会资本一般都采用定量的研究。“关系”现象则更多反映的是人的社会背景以及人情方面的问题，这就很难做定量分析。“社会资本凸显由个人属性转向‘关系’属性的研究转型，偏重对关系结构的定量研究，而‘关系’研究因受非自愿与无选择的结构性影响，需要讨论做人、

① 翟学伟：《中国人的关系原理：时空秩序、生活欲念及其流变》，北京大学出版社2011年版，第90页。

② 同上，第97页。

面子与个人计策的问题，许多问题无法用定量研究完成。”[1]这再次体现了“关系”的特殊性。这也为我们研究中国企业“关系”现象提供了启发。那就是与社会资本的量化研究相比，“关系”研究要更多从定性或者文化角度去探讨。这也再次印证了国内外学术界总是从儒家思想研究“关系”现象的重要原因之一。

翟学伟对“关系”和社会资本做了以上对比研究之后，进一步指出，“有了这样的区分，我们前面提出的问题大致也就可以有了一些解答，即‘关系’与社会资本探讨的并非相同的问题，也没有正当性划分上之合并的可能，而其负面性也是各自的，无法互相检验的。社会资本是在物质资本、技术资本、人力资本基础上提出的一种新型的研究社会网络的理论，它的出现说明了良好社会运行的机制不但要靠政府及其正式制度，而且还要有公共领域、社会意识与公民参与”[2]。但是，翟学伟认为，社会资本在中国社会的发展空间有限，“目前的大部分社会资源与信息主要还控制在政府部门的人员手中，即使建立一些社团组织，其自身也没有多少有价值的社会资本，而需要通过‘关系’到政府部门去获得。进而在个人层面上，‘关系’遂成为通过个人关系同政府部门的人员打交道的手段。这些都足以说明‘关系’研究对理解中国社会的重大意义”[3]。从翟学伟的这一观点我们再次看出，“关系”与社会资本相比，更有着中国社会的本土化意义。我们研究中国企业的“关系”管理思想也主要是基于中国社会的本土化意义之上的。在一定意义上讲，“关系”现象和企业的“关系”管理现象更有着本土化的色彩。社会资本已经成为一种理论和方法，是分析和研究社会现象乃至社会行为的一种观察和研究视角。与之相比，“关系”现象的研究更多的还是就现象谈现象，没有像社会资本一样形成研究理论和工具。这才导致很多学者用社会资本理论去分析“关系”现象，甚至直接将“关系”纳入社会资本理论。我们研究中国企业“关系”现象将尝试提出自己的“关系”理论，探讨中国企

① 翟学伟：《中国人的关系原理：时空秩序、生活欲念及其流变》，北京大学出版社2011年版，第90页。

② 同上，第89-90页。

③ 同上，第91页。

业“关系”管理思想的主要内容及其特征以及发展趋势，为中国企业“关系”管理实践提供指导和参考。

三、翟学伟对“关系”内涵的探讨

翟学伟通过儒家思想和社会资本角度探讨“关系”问题，提出了自己对“关系”比较独特的理解。他认为，“‘关系’的工具性特征使中国社会学界几乎放弃了‘关系’同儒家思想与中国社会形态的联系，学者们开始一边倒地用社会资本概念来解释‘关系’现象。但是一旦用社会资本来解释‘关系’，且不说学理上是否合理，它带来的另外一个问题是，学者无形中在为工具性的‘关系’正名，即搞关系是正当的，是社会正常运行本应该具有的基本特征。……我认为，用儒家思想来介绍中国人所重视的‘关系’，或用社会资本来介绍中国人如何搞关系等，都是不符合‘关系’本身的含义的”①。而儒家思想和社会资本恰恰正是国内外学术界研究“关系”的主流立场。翟学伟指出，“关系”研究有三大主流学术立场，除了儒家思想和社会资本理论，还有人类学的立场。其中，儒家立场的代表人物是梁漱溟、费孝通、黄光国等学者，社会资本的代表人物是美国华裔学者林南以及清华大学罗家德教授等，人类学立场的代表人物是美国学者J.Bruce Jacobs、美籍华人学者杨美惠等。在这些主流立场的基础上，翟学伟提出了自己的“关系”思想。他指出，“‘关系’研究进展到今天，我们或许很难发展出一种不涉及前人成果的全新理论或框架。我当下所能做的主要是在上述的梳理中进行反思，在反思中再往前推进”②。为此，翟学伟提出三个问题进行反思，第一个问题是，什么样的立场研究“关系”比较适当？做到既不拒绝或抛弃社会资本理论，又对它保持警惕；既保持与儒家思想的距离又充分考虑它的影响。第二个问题是，社会资本和儒家思想遮蔽了“关系”的哪些内容？第三个问题是，“关系”研究在社会科学中处于什么地位？基于这些问题的反思，翟学伟提出了自己的研究思路。“为了便于澄清上面的问题，我先

① 翟学伟：《中国人的关系原理：时空秩序、生活欲念及其流变》，北京大学出版社2011年版，第99页。

② 同上，第183页。

要回到构成‘关系’的社会原点上来讨论，这就是中国人的家庭生活及其模式。虽然这点过于老生常谈，其重要性也不是说以往学者没有看到，但在我看来，以往对于这一原点的讨论一直被家族主义、家族取向、家庭本位、父子轴等概念所牵引，所以也就忽略了一些重要内容。我现在重新回到这个原点，就是想从中将一些要素提取出来，因为我同意潘光旦对中国人‘关系’的认识，即‘关系’含有静态和动态两个方面，而静的研究是讨论‘关系’的分别。从逻辑顺序上讲，那就是通过研究‘关系’分类再来看‘关系’运作的特点。这方面的研究成果有两个方面，一是人类学研究，一是儒家思想的研究。”[①]

（一）研究的新角度

从翟学伟的以上思路我们看到，他的“关系”思想是想在已有“关系”研究立场的基础上，寻找出一个新的思路。他在梳理乔健对“关系”的12种分类和潘光旦对五伦关系[②]的研究之后指出，“以往研究大致认为可以看到血缘（亲缘）、地缘（老乡）及拟血缘化的重要性。这一认识在原先是一个很好的方向，现在看来是一个局限，也是一个瓶颈。若想突破这个瓶颈，我们需要从中再提取出一些要素。我发现，在血缘和地缘的背后是中国人的时空构念。这里的时空含义即表现为：相同地理位置中的持久性交往是中国人结成‘关系’的首要原则。这一特点看起来很常识化（或许因为常识化，它在以往的研究中心均被忽视了），但却非常重要。因为用相同地理位置中的长期交往来对照上述所有‘关系’分类，我们几乎看不到例外，即使有，在中国文献记载和实证研究中也是最不重要的，完全可以忽略”。[③]这就是翟学伟研究“关系”现象的新视角，即时空的视角。在这一视角中，首先是空间的相同性，也就是相同的空间或环境，“相同空间里的生活事实导致的‘关系’重要性，使人们之间的亲密性不一定是通过频繁交往才能达成的，

① 翟学伟：《中国人的关系原理：时空秩序、生活欲念及其流变》，北京大学出版社2011年版，第183–184页。

② 乔健的12种“关系”分类是亲属、同乡、同学、同事、同道、世交、老上司、老部下、业师、门生、同派以及熟人、朋友、知己。潘光旦研究的五伦关系就是儒家思想提出的五伦。参见翟学伟《中国人的关系原理：时空秩序、生活欲念及其流变》，北京大学出版社2011年版，第184–185页。

③ 同上，第185–186页。

而是靠事实上生活于同一空间的定义达成的。所谓亲人、老乡等‘关系’都不表明双方彼此之间交往很多，但都表示相同地域的生活事实或认定”[①]。除了空间维度，还有时间维度。在时间维度上要做到持久性，“交往的持久性同样既可以是事实上的，也可以是认定的，比如除了家人、同族等外，中国人还会将婚姻、朋友、结拜等期待为永久性的缔约。……我们甚至也可以认为，中国人所说的‘关系’一词中本身就包含了持久性。……无论是事实的还是认定的持久，此要素给中国人的‘关系’带来的影响是决定性和关键性的。或者说，我们在研究中国人的‘关系’时如果忽视或放弃了时间要素，我们几乎看不到中国人的‘关系’有什么特别之处，很容易就进入到西方社会学讨论的社会互动或社会心理学讨论的人际关系里面去了”[②]。因此，空间的相同性和时间的持久性是“关系”形成的关键因素。

（二）“关系”的三个命题

翟学伟以时空视角为基础，提出了“关系”的三个命题，即捆绑性纽带、互动的等级和类别化、空间同一化，分别简称情理并重命题、不对称关系命题、关系同域化命题，“由此命题发展出来的理论即是一种摆脱了西方社会学理论体系的本土理论”[③]。翟学伟提出的“关系”三个命题成为他建构本土化社会学理论的重要基础。为此，他对这三个命题以及相关概念做了全面论证。

1. “关系”三个命题的逻辑联系

翟学伟认为，捆绑性纽带是在时空视角上形成的持久并缺乏选择基础上产生的。“捆绑性纽带导致互动中的个体没有办法坚持自己的独立性、个性和理性，而要试图学会忍耐、忍受和忍让。但这一切都不否认个体的利益动机。处于其中的人们要学会的交往能力，就是要把自己的利益假借共有的利益加以表达和获取，因此个人利益的表达总是委婉和迂回的。但这里面多少牵涉到第二个命题，即表达个人利益之可能同时同一个个体的高低有关。相比较而言，等级越高，表达越容易。但在第一个命题的影响下，即使高等

①② 翟学伟：《中国人的关系原理：时空秩序、生活欲念及其流变》，北京大学出版社2011年版，第186页。

③ 同上，第188页。

级的人不便表达个人利益，也会很容易从地位低的人那里得到个人利益。第三个命题一般发生于非同一空间利益的加入会导致利益总是向同一空间化发展，比如派系和‘拉山头’的基础就是通过空间同一化完成的，即使在家族内部也有空间同一化的问题，比如妯娌之间的利益关系。”[①] 从翟学伟的论证中我们看到，在“关系”的三个命题中，捆绑性纽带是基础，互动的等级和类别化是目的，空间同一化是手段。换句话讲，“关系”的产生必须建立在捆绑性纽带基础上才是牢固的，“关系”个人之间通过等级和类别化的互动得到各自的利益，采取的重要手段就是空间的同一化。

2. 感情、信任、缘分、人情、交情、义务

翟学伟为了进一步论证“关系”的三个命题，又分别使用了感情、信任、缘分、人情、义务、交情等词语，特别是感情、缘分、人情、交情更具有中国社会的特殊含义。他分别提到，“捆绑性的关系催生了感情关系的建立和信任的不证自明，……不是感情促使‘关系’得以稳固，而是稳固的‘关系’培养了感情；或者说不是感情决定‘关系’，而是‘关系’决定感情，……西方的人际关系研究重视的是人际的吸引和喜欢，而中国人却更看重缘分，也就是看重一种前定的‘关系’力量。在中国人的‘关系’中，人情多用来指发生于物质间及情感间的交换方面，但它更多地含有义务性，比如养儿防老就基本上囊括了上面的三个命题。由此一来，人情很容易含有感情性与工具性的双重功能，从而导致对感情和工具的区分不明。通常，‘关系’在中国也叫交情。‘关系’所决定的感情靠个人的情商与人格是远远不够的，中国社会在其自身的文化中孕育出了一种维持感情稳定性的系统或规范，这就是儒家思想。……中国人在关系上受到儒家的最大影响不是它自身对‘关系’的一套认识和诠释，而是一种‘关系’的义务性界定。……用各种义务性来界定‘关系’的等级与类别较成功地解决了长期无选择性交往下去是否可能的问题，而一个体对义务界定的放弃就等于其宣告了‘关系’的中断。……在中国人的‘关系’中决绝人情是很危险的事情，这也是许多人

---

① 翟学伟：《中国人的关系原理：时空秩序、生活欲念及其流变》，北京大学出版社2011年版，第188页。

在某些工作中或生意场（利益方面）上逃避‘关系’的原因”[①]。翟学伟使用的这几个词语既是为了论证他提出的三个命题，也是为了阐述“关系”现象的复杂性和特殊性。其中，感情、缘分、人情、交情在中国社会语境中的含义有着特定的内涵，它们是“关系”形成必不可少的条件。两个人之间有了感情、缘分乃至上升到人情和交情的层面，特殊的“关系”才有了基础。虽然翟学伟认为不是感情决定“关系”而是“关系”决定感情，但是，没有感情基础的“关系”是不能长久的。另外，有了彼此的特殊“关系”，双方才有了信任的基础。而这又源于彼此所应担负的义务。其中，翟学伟强调，儒家思想为维持“关系”双方彼此对对方承担的长期义务提供了伦理上的界定。可见，“关系”现象与儒家思想的内在联系还是存在的。

3. “关系”的义务性

“关系”的义务性在一定程度上也体现了它的特殊性。翟学伟认为，“关系”能够长期维持下去，与儒家思想提出的系列伦理规范，特别是义务性要求是分不开的。“义务界定既不是西方所讲的权利和义务那些一般性原则，也不是日本社会所讲的义理，而是对不同种类、不同等级或不同感情间的‘关系’所做的行为方式的定义。‘关系’的义务性是同长期的无选择性交往相配合的，它使得人们相互之间的支持和帮助不一定发自一种个人的意愿、善的动机、真诚或真情实感的流露等，而是一种无选择的服务或服从，比如孝顺、义气等。”[②]翟学伟所讲的无选择性，是义务性的要求，也是“关系”的本质特征之一，更是中国传统社会的一种不可回避的现象。所谓的“忠孝”思想在一定意义上也属于这种义务性的表现。

翟学伟进一步指出：“不同关系构成的不同义务性可以在三个方面得到理解：一是关系中的等级与类别可以在各种对应的义务性中判断出来。二是义务性取代了人们对制度性的设立，从而构成了正式制度在面对‘关系’时显得多余，或者说互动中建立起来的制度或正式规范是当义务性的‘关系’消失之后才有意义。而当‘关系’存在的时候，制度和正式规范往往会大打

① 翟学伟：《中国人的关系原理：时空秩序、生活欲念及其流变》，北京大学出版社2011年版，第188–189页。

② 同上，第189页。

折扣，以表明‘关系’的亲密或紧密程度。三是制度的形同虚设或削弱，使得个人权力的自由度增大，而人们对权威的依附与服从也不来自于制度性的规定或合法性要求，而来自于‘关系’的状态。出于这三点原因，在有‘关系’的状态下，如果你按章办事，而不按义务办事，便等于告诉对方，你同对方‘关系’不好或你在放弃或破坏同对方的‘关系’。为了权衡其间的利弊，这时候，计策行为变得重要起来，比如同制度之间做权宜或同对方之间做计谋。正因为义务界定的作用，把‘关系’说成腐败或贿赂，哪怕在中国人的道德上也是不成立的，否则中国就不会有如此多的人喜欢搞关系，或者说我们不能说因为大多数中国人喜欢搞关系，所以大多数中国人都在贿赂或腐败。但中国人会承认‘关系’很容易违反制度，于是违反制度的‘程度’成了法律的考量标准，在给官员送礼中要细化到是送钱（送多少），或者是工艺品抑或古玩（还需鉴定），或者是烟酒（还需看牌子），还是可划入腐败范围的贵重财物；送的目的是友情还是有徇私、寻租的目的？因为感情和工具相混淆，造成中国人在‘关系’运作时做价值判断的困惑。”[①] 由翟学伟的论述我们看到，“关系”的复杂性和特殊性就在于“关系”的义务性以及感情和工具的交错性。但最根本的还是在于其中的义务性。中国人之间的交往或“关系”有时被各种义务性的界定所束缚，各种活动总会受到各种义务性的界定所考量。一个人不管做什么工作，总会面对各种错综复杂的“关系”，有时会在各种义务性的“牵引”中越过“底线”，甚至违反制度法律去行使他的权势。最终一些人就会陷入腐败甚至违法的结局。但是，我们研究中国企业“关系”管理思想就要在这方面做一些更深入的思考。

（三）“关系”的定位

翟学伟的“关系”思想是在国内外已有研究成果的基础上形成的，其中最重要的是通过厘清“关系”与儒家思想以及社会资本的区别提出了自己的“关系”研究思路。他认为，“关系不是一种个人在接受一种文化观念

① 翟学伟：《中国人的关系原理：时空秩序、生活欲念及其流变》，北京大学出版社2011年版，第190页。

（比如儒家文化）后而形成的个人价值以及行为方面的取向，却是一种先于个体存在的家族链和社会结构所施加给个人的社会力量。在这种外部力量的压迫下，个体不学会如何复杂地处理他一生面对的人是不可能的。这样的观点可以解释我们研究中国人'关系'时经常遇到的一种挑战，就是人性假设是否有文化差异，或者说是否是因为中国文化中有了儒家思想对人性的不同设定，才导致了中国人的心理与行为方式具有自己的特点。其实在我看来，'关系'（guanxi）更有可能是一种人类社会的共性。如果不是因为外部的这种结构性力量一再强化这种'关系'，使中国成为人情大国，即使没有中国传统文化模式，至少在动机上也会使其他社会中的人都有可能通过寻求'关系'获得利益。西方社会的所谓特权、寻租、贿赂等概念其实都证明了这一点。西方社会之所以最终限制了这种行为，只得益于它们设置了许多制度来防范'关系'现象的发生，比如西方学者倾向于'关系'很容易等同于腐败，这就需要用法律来进行定义何种'关系'就等同于腐败。而西方学术中设定的匿名评审制度，也是为了防范'关系'所起的作用。但回到中国的'关系'现象中，'关系'是被义务界定的，因此许多在西方正式规范中被定义为违规的现象，在中国社会非但不表现为抵触，而表现为合情合理"①。从上面阐述中翟学伟再次强调了"关系"与儒家思想不是内在的必然联系，而中国传统社会的家庭结构和社会结构形成的各种义务这种外在的力量，才是"关系"产生的根源。翟学伟的这一观点与传统学术观点认为的儒家思想是"关系"产生的源头有着本质的区别。

翟学伟研究"关系"不仅与儒家思想保持距离，也与社会资本理论保持距离。他认为，以往的"关系"研究发现"关系"与儒家思想有着明显的差异后，往往又将"关系"套在西方社会资本理论框架内加以认识，甚至试图将"关系"研究与社会资本理论合并。但是，他指出，"我们不能断言社会资本不能反映中国的'关系'现象，却也不能否认西方人不搞'关系'。可见，我们在不同的层面上研究，无形中就是在限制或扩展一种概念的解释

① 翟学伟：《中国人的关系原理：时空秩序、生活欲念及其流变》，北京大学出版社2011年版，第191页。

力。社会网络与社会资本是一个抽象度较高的理论，我们完全可以说在这个层面上，不但喜欢搞关系的中国社会可以用这个理论来加以研究，就是不喜欢搞关系的社会也一样存在社会网络和社会资本，反之，‘关系’作为一个抽象概念，它也未必只反映在中国社会或儒家文化圈的社会，同样也反映在其他社会，比如苏联及其他东南亚、欧美等地区”[①]。尽管如此，翟学伟认为，“关系”与社会资本也有着明显的差异。社会资本探讨的个人自由、理性选择、博弈中的制度建设与社会或组织成员从由此建立的社会结构中获得的回报，是过去“关系”研究中几乎没有的内容，只是社会资本成为一种新的研究视角之后，“关系”研究才关注这些内容。“因为在中国人的‘关系’网络中，捆绑性的纽带导致个人少有自由、自主、独立、理性可言，他总是被迫地（也可以乐于）面对难以变动的他人，因此个人利益诉求被感情和义务所掩盖，或者说被融合到了一起。”[②]“关系”与社会资本理论的这些差异再次体现了“关系”的特殊性，“这样的‘关系’网络中，信息在道义上是公开或共享的，保护私密成了衡量‘关系’紧密程度的标准，……信任也无须讨论，因为个体无法逃离此种‘关系’，进而失信使个体无法面对他人。……就‘关系’程度而言，以个体为此放弃制度多少可以作为衡量‘关系’好坏的程度，而‘关系’分类中的等级、地位高低等则决定‘关系’运作的方向。比如中国人日常所谓的攀附、巴结、奉承、拍马、讨好、给面子等都带有向权力中心靠拢的方向性。但这也不意味着制度与‘关系’的对立，因为个人关系可以套在制度中来实现，反过来制度也可以促进个人关系的增进。这就是计策的作用”[③]。翟学伟列举的“关系”的这些特殊性，从内容上与社会资本理论区分开来。但“关系”与社会资本理论在本质上的差异是根本的。“社会资本所说的网络是个体为了摄取其利益做出的一种理性选择，而中国人的‘关系’网络则更为复杂，它体现为一种双重性的‘关系’网络，一种是捆绑型的，一种是松绑型的。前者属于个体天然生

① 翟学伟：《中国人的关系原理：时空秩序、生活欲念及其流变》，北京大学出版社2011年版，第192—193页。

② 同上，第193页。

③ 同上，第194页。

活无法逃避的网络，后者属个体为了特定利益而建立的网络。处于前者型的‘关系’网络，在个人的成长中对‘关系’的认知和运用起到了奠基性的作用，诸如感情、义务、权威、人情、回报、亲疏、计策等，假如中国人一辈子就生活在这样的‘关系’网中，一般不会出现信任危机、制度建设、组织观念、理性选择、寻求信息等问题，但一旦中国人进入到后者中，关系学的问题就会出现。”而翟学伟把“关系”的这些复杂性最终还是归结到义务上，“人与人之间的义务界定仍然比提供信息和遵守制度更重要，因此，人情依然很重要”[①]。义务及其人情，对于“关系”有着特殊的意义，也是区分“关系”与社会资本理论的关键。

翟学伟最终为“关系”的学术定位是，“在总体上试图放弃用文化观念特征来解释社会，而是偏向于一种不同社会结构类型的立场，提出中国人的‘关系’在逻辑起点上没有放在个体的自由意志与理想选择基础上，而放在了‘关系’的无选择性和持久性上。在这两个特点的作用下，中国人的‘关系’具有去个性化与情理兼备的特征，进而导致工具性与情感性相混合，个人的利益也通常借助公益来表达。由于中国人‘关系’分类中始终体现着被儒家强化的等级类别和亲疏远近，因此‘关系’网络中的义务界定、权力扩展、情理间的平衡术与行为计策等显得尤为重要，相对而言，信任、规范和资源等问题则并不怎么突出。……在现代社会，随着时空条件的改变，中国人的‘关系’网络从被动的自生型转化为主动的建构型。此时，原有网络中的家人、亲属、老乡关系转化成为搭建后者网络的基础。表面上看，它们之间还保留了许多相似之处，但由于持久性的无选择性因素的消失，工具性动机便发生了急剧的膨胀，剩下的只是一层薄薄的人情面纱。正是在这一层意义上，中国人的‘关系’既具有所谓的关系学的特点，又有了同社会资本理论上的契合之处。……但我们不要忘记，社会网络与社会资本毕竟是在公民社会中形成与发展的，中国社会至今尚缺乏这一基础。如果我们忽略了这一点，那么社会网络与社会资本理论将会在其实践中为中国人所本土化，从而

---

① 翟学伟：《中国人的关系原理：时空秩序、生活欲念及其流变》，北京大学出版社2011年版，第194—195页。

背离了自身的应用价值，只成就了为关系学再度正名的机会”[①]。翟学伟与儒家思想以及社会资本理论保持距离的“关系”研究思路，有很多独特而崭新的思想。放弃儒家思想的传统文化思路指导，基于社会结构但又不依赖社会资本理论同时还感觉社会资本理论对于“关系”的重要影响。这既反映了“关系”本身的复杂性，也体现了“关系”研究的复杂性。这些也是我们研究中国企业“关系”管理思想所重点思考的内容。

四、翟学伟“关系”思想的意义

翟学伟的“关系”思想对于我们研究中国企业的“关系”管理思想有着重要的参考价值和启发意义。我们查阅和学习了很多“关系”研究的学术文献，不论是西方还是中国重要学者的“关系”思想，基本都得到翟学伟的关注。他在吸收批判已有“关系”研究成果的基础上形成了自己独特而富有鲜明学术立场的学术观点，在学术界可以说是独树一帜。其中最重要的原因在于，他对学术界研究“关系”最有影响的两大理论基础都提出了挑战。他一方面认为“关系”现象与多数人认为是儒家思想的产物的观点提出了质疑，因为逐利性是二者的本质区别；另一方面认为“关系”现象与西方的社会资本理论也有着显著的区别，因为义务性成为“关系”现象形成的基础。翟学伟既指出了“关系”同儒家思想及社会资本理论的区别，还强调了“关系”现象不仅在中国社会有，西方社会也有；同时社会资本理论也不仅可以解释西方社会，还可以解释中国社会。另外，他还认为，社会资本理论是一种比较成熟和相对完善的理论和社会解释工具，“关系”理论也会发展成为一种独特的与社会资本理论相平行的学术理论和社会解释工具。但是，翟学伟研究“关系”现象的最终目的就是想在社会科学包括社会学、社会心理学本土化建设方面有所突破，希望“关系”能够成为建构中国本土化社会科学的一个重要工具或理论。对于“关系”的研究，翟学伟不仅从儒家思想和社会资本理论等宏观层面进行了全面阐释和论证，还就“关系”现象中的人情、面子等这些具有中国特色的微观层面的概念方面进行了全面研究。“中国社会

① 翟学伟：《中国人的关系原理：时空秩序、生活欲念及其流变》，北京大学出版社2011年版，第195—196页。

是一个讲人情与面子的社会。众多的研究成果和文化比较研究已证实了这一点。有越来越多的学者在研究中国社会时开始使用人情与面子这两个概念。”① 同时，他还指出，“关系或人情和面子是一些用来表示中国人之互动构成方式和特点的概念，它们在社会运作上虽夹带着感情成分，但也具有更多的工具性（实际性、互惠性、获益性）成分”②。总之，作为学术界有着重大影响的“关系”研究学者，翟学伟的“关系”思想研究的重要意义体现在以下几个方面。

（一）指出了“关系”研究传统思路的局限性

翟学伟“关系”思想的最大特点之一就是提出了“关系”研究传统思路的局限性。根据翟学伟的研究发现，儒家思想和社会资本理论是研究“关系”的两大最有影响的传统视角。其中儒家思想是最早研究“关系”现象的传统视角。儒家思想是国内外学术界在研究“关系”现象时必然要谈到的。这种研究传统最早可追溯到我国民国时期的一批学者如胡适、冯友兰、梁漱溟、费孝通等。后来包括今天的西方学术界特别是一些美籍华人学者以及港澳地区的一些学者如边燕杰、杨国枢、乔健、黄光国等也一直按照儒家思想的思路研究“关系”现象。翟学伟一直想与儒家思想保持距离研究“关系”现象。他认为，单从“关系”的功利性方面就不应该从儒家思想寻找“关系”的源头。他甚至提出儒家思想的应然社会状况和实然社会状况不是完全等同的。“关系”的特殊性也不能简单地认为，儒家思想是中国社会的文化，就把“关系”说成是儒家思想的产物。翟学伟明确表示，“关系”现象不能说成是哪一种文化的产物。因为除了中国社会，西方社会也有“关系”现象。因此，他提出“关系”的产生应该从社会结构层面去找原因。但是，“关系”与社会资本理论也不能简单等同，也不能把“关系”现象说成是西方社会资本理论的一部分，或者用社会资本理论简单代替“关系”。他认为，“关系”和社会资本理论是不同社会现象、社会问题、组织性质乃至不同思维逻辑、社会价值等的产物。

在一定意义上讲，“关系”是中国社会的产物，社会资本理论是西方

① 翟学伟：《人情、面子与权力的再生产》，北京大学出版社2013年第2版，第197页。

② 同上，第111页。

社会的产物。“1998年在加利福尼亚大学伯克利分校召开的以《制度、文化和变迁中的“关系”》为主题的研讨会，开始将‘关系’研究作为一个独立的研究领域，从社会网络与社会资本研究中分离出来，既是对以中国为代表的发展中国家经济持续高速发展现实的进一步学术思考，亦逐渐引发了‘关系’研究的热潮。”[①] “关系”和社会资本理论应该在一个平行的层面上平行地解释不同社会的现象和规律。翟学伟和港澳地区的一些学者也就是在这个意义上试图提出一套“关系”理论，以作为建构中国本土化社会科学理论的基础。譬如黄光国提出了儒家关系主义学说。实际上，翟学伟认为，“关系”与社会资本的根本区别在于二者产生的基础。“关系”是以个人为基础形成的，社会资本则是以社会或组织为基础形成的。个人基础形成的“关系”很多都是先天的、无法选择的结果，譬如父母子女关系。以社会或组织为基础形成的社会资本则很多都是后天的、可以根据个人的意愿去选择的。尽管如此，翟学伟认为，中国社会也有社会资本现象，西方社会也有“关系”现象。只不过是中国社会的“关系”现象更重一些，西方社会的社会资本成分更多一些。

（二）提出了“关系”研究的新思路

翟学伟在回避研究“关系”现象传统的儒家思想和社会资本理论视角后，提出了自己研究“关系”的新思路、新视角，即时空视角。他认为，“关系”的形成既不能简单从儒家思想寻找根据，也不能简单用社会资本理论来解释，而是换一个新的视角即时空视角。具体讲，时空视角，就是通过时间和空间两个维度来研究“关系”现象。在时间上的持久性和在空间上的同一性是“关系”形成的基础。时间上的持久性是指“关系”的双方必须有足够时间的认识和交往，空间上的同一性是指“关系”双方存在一个共同的空间，譬如一个家庭、一个家乡、一个单位、一个学校等。根据时空视角的分析，翟学伟先后提出了与“关系”密切相关的几个概念如捆绑性、人情、交情、义务性，等等。时间上的持久性和空间上的同一性把“关系”双方捆绑在一起，而人情、交情则是“关系”能够持续维持的重要基础。但是，义

① 问延安、沈毅：《“关系”的国际研究进展——基于计量与知识图谱分析》，《软科学》2016年第4期，第126页。

务性对“关系”的长期维持才是具有决定性意义的因素。翟学伟把这种义务性最终还是归结在儒家思想上面。也就是儒家思想对“五伦”的伦理界定成“关系”义务性的根源。父母子女之间的人伦关系形成的就是一种义务性的关系。父母对子女的养育以及子女对父母的孝顺，按照儒家思想的说法，都是天经地义的。义务性也是“关系”与社会资本的又一个根本区别。翟学伟认为，西方社会的社会资本会受到各种制度的约束和引导，但是中国社会的“关系”则更多受到义务性的影响。这也并不等于说这就违背制度。尽管“关系”在有时会违反制度，但“关系”与制度有时是相互渗透的。

（三）强调了“关系”的复杂性

通过翟学伟“关系”思想的分析我们可以发现，他尽管试图冲破很多研究“关系”的传统视角的局限，提出自己的“关系”思想体系，但是最终还是在儒家思想和社会资本理论两大传统研究视角中徘徊。一方面他提出要与儒家思想保持距离，但他最终又强调“关系”的长期维持需要制度上的安排。那就是，儒家思想对义务性的界定为“关系”的长期维持提供了制度安排。“中国人在‘关系’上受到儒家的最大影响不是它自身对关系的一套认识和诠释，而是一种‘关系’的义务性界定。”① 另一方面他提出“关系”和社会资本理论是两种并行的理论体系，不能互相代替，尤其是不能用社会资本取代“关系”。但是，他又说：“如果在中国现代化的进程中来关注‘关系’与社会资本的研究，一个可以进一步探讨的命题是：‘关系’是否阻碍了市民社会的建立，以及传统型的‘关系’如何可能（或不可能）转换成现代型的社会资本。”② 他还说：“如果我们不顾‘关系’的运作特点而用社会资本来表示‘关系’，那么‘关系’的特点不是被遮蔽了，就是不加转化就被合理性地当成了一种良好的资本运作。”③ 由此可见，“关系”是如此的复杂，既与儒家思想有区别又不能完全离开儒家思想的影响，既不能

---

① 翟学伟：《中国人的关系原理：时空秩序、生活欲念及其流变》，北京大学出版社2011年版，第189页。

② 翟学伟：《人情、面子与权力的再生产》，北京大学出版社2013年第2版，第91页。

③ 同上，第108页。

与社会资本混为一谈，又不得不考虑社会资本的影响。“关系”的这种复杂性在现实生活中则表现为我们中国人对它既爱又恨。爱的是“关系”为个人带来的利益包括感情上的慰藉，恨的是“关系”有时牺牲公众利益、他人利益甚至国家社会利益赢得个人利益。我国社会现在提倡的“亲”“清”政商关系，就要求既要保持互相支持的良性关系，又要保持清正、透明的立场规避暗箱操作的不良关系。

第三节 “关系”的内涵及其主要内容

我们通过对国内外学术界研究“关系”现象学者的成果及其观点的梳理，特别是对J. Bruce Jacobs和翟学伟这两位最有代表性的学者“关系”思想的探讨发现，“关系”之所以受到大家的广泛关注，最重要的原因之一就是“关系”既有特殊的内涵，又有丰富的内容，还有显著的特征。由于“关系”内涵的特殊性，以J. Bruce Jacobs为代表的西方学术界一般用汉语拼音“guanxi”表示“关系”。他们认为，没有哪一个英语单词能够完全表示出“关系”的特殊内涵。由于“关系”内容的丰富性，以翟学伟为代表的很多学者包括西方社会的华人学者和我国港台地区学者形成了大量“关系”研究成果，例如边燕杰、乔健、黄光国等。翟学伟是“关系”研究成果最多的中国本土学者之一。他不仅对研究“关系”的传统儒家思想视角提出质疑，而且对后期把“关系”研究纳入西方社会资本理论或社会网理论的做法提出自己的看法，并以此为基础提出了自己对“关系”的独特理解和观点。由于“关系”的特殊内涵和丰富内容，使得“关系”的特征也表现得丰富多彩，甚至扑朔迷离，有时让人难以准确把握，产生既“爱”又“恨”的两难情结。“爱”的是“关系”确实在生活和工作中能为人们带来好处，“恨”的是“关系”的暗箱操作使得腐败现象、不公平现象时有发生。从这些方面看，我们研究中国企业的“关系”管理思想，首先就要对“关系”这一范畴做全面深入的探讨。

一、“关系”的内涵

“关系”的内涵在学术界还没有形成统一的定义。但是，在“关系”的特殊性方面，大家的意见是比较一致的。J. Bruce Jacobs认为，“关系”是两个人之间的特殊情感。翟学伟认为，“关系”是两个人在时空上的特殊性，“相同地理位置中的持久性交往是中国人结成‘关系’的首要原因”①。因此，“关系”的内涵就需要从特殊性入手加以探讨。一般情况下，“关系”的特殊性在于有“关系”的人比没有“关系”的人获得的机会更多。这种机会包括生活中的特殊关爱和照顾、工作中的特殊关照和提升以及社会各种场合中的特殊支持和帮助。这些特殊性“待遇”面向的一般是有“关系”的人。另外，有“关系”的人比没有“关系”的人有更多的共同性。譬如同姓、同胞、同乡、同学、同事，等等。这些“关系”的特殊性在于他们的姓氏、父母、家乡、学校、单位都是一样的。这些共同性就把他们与其他人区分开来，形成特殊的“关系”。“关系”的特殊性一般指的就是这样的“关系”。国内外多数文献研究的“关系”主要指的就是这些特殊的“关系”。我们基本同意翟学伟对“关系”的看法，“中国所讲的关系是指‘关系’确定后你如何作为，而西方人所讲的‘关系’是如何找到你要的关系”②。

由于“关系”内涵的特殊性，对“关系”下一个定义有很大的挑战性和相当的难度。“‘关系’是理解中国社会结构和中国人心理与行为特征的一个核心概念，但‘关系’的界定却存在很大分歧。”③但是，为了推动我们对中国企业的“关系”管理思想研究的深入开展，又不得不思考“关系”的内涵问题。综合国内外学术界的基本观点，我们认为，“关系”是指在中国社会的两个人之间基于双方的共同背景或相互需要而形成的情感与利益交融的特殊联系或特殊交往。我们对“关系”的定义是中性的。既不是狭义

---

① 翟学伟：《中国人的关系原理：时空秩序、生活欲念及其流变》，北京大学出版社2011年版，第58页。

② 同上，第88页。

③ 李孔岳：《关系格局、关系运作与私营企业组织演变》，《中山大学学报（社会科学版）》2007年第1期，第111页。

的、单纯“搞关系”“走后门”意义上的“关系”，也不是广泛意义上的、普通人际关系意义上的“关系”。中性意义上的“关系”可以向另两个层面的“关系”扩展。我们既吸收了研究“关系”的传统儒家思想的观点，也吸收了后来研究“关系”的西方社会资本和社会网的观点，但是主要吸收了翟学伟的独特学术思想。“关系”现象之所以被国内外很多学者认为是中国社会的现象，主要在于儒家的人伦思想。“关系”现象后来被很多学者纳入西方社会资本理论和社会网理论中来解释，主要在于西方社会资本和社会网现象与“关系”有一定的相似性。而翟学伟提出的“关系”思想观点的独特性在于对“关系”现象的现实解释力比较强。在我们上述提出的“关系”定义中，我们重点强调了以下几点。

1. 两种“关系”状态

我们在“关系”的定义中使用了两个“特殊”词语，一方面强调“关系”的特殊性，另一方面提出了“关系”的两个状态。一个是静态的“特殊联系”，一个是动态的“特殊交往”。特殊联系反映了两个人之间相对不变的“关系”，譬如父母子女关系。特殊交往则体现了两个人之间的“关系”是变化的。换句话讲，两个人之间的“关系”可以拉近，也可以疏远。譬如同学关系，有的同学之间因为常年相互联系乃至相互帮助，“关系”走得很近，而有的同学之间几乎不能相互帮忙甚至还不联系，那么“关系”就会疏远。不管是“特殊联系”还是“特殊交往”，这两种“关系”状态，一种是先天形成的，另一种是后天努力的。先天形成的“特殊联系”是既成的事实，是个人无法改变的。后天形成的“特殊交往”则更多的是后天努力的结果，“关系”的亲近、远疏在于个人的努力。

2. 情感与利益交融

情感与利益交融，是“关系”的一个重要特征。“‘关系’总是包含人类感情和物质义务。”[①] 一般来讲，先天的“特殊联系”相对来讲更多体现了“关系”的情感因素，后天的“特殊交往”则相对来讲更多包括“关系”的利益因素。我们之所以用“相对来讲”，是因为这种表述说的是多数情

---

① [澳] Andrew Kipnis、李善峰：《建构关系的实践和避免感情的实践——拙著〈关系的产生〉的理论探索及其修正》，《东岳论丛》2012年第12期，第78页。

况。在先天的“特殊联系”中也有利益的成分，譬如父母子女关系中，父母对子女的抚养以及子女对父母的赡养。后天的“特殊交往”中也有情感的成分，譬如同事关系的维持需要彼此情感的交流和相互欣赏。因此，没有情感支持的“关系”走不远，没有利益做基础的“关系”缺乏动力。

3. 相互需要

两个人之间“关系”的形成、维持和发展，必须能够做到相互满足对方的需要。这可以说是“关系”形成的必要条件。特别是两种“关系”状态中的“特殊交往”。一个人与另一个人交往一般都是有选择性的，选择的一个重要标准就是对方能否满足自己的需要。这种需要既包括情感需要，但主要是利益需要。譬如，根据胡安·安东尼奥·费尔南德斯和劳里·安德伍德的研究发现，西方企业到中国发展之所以会寻找“关系”，主要原因就是满足他们利益的需要，是为了在中国市场得到更好的发展。在先天的“特殊联系”中，相互需要则更多的是指彼此满足对方情感的需要。譬如夫妻“关系”就是因为彼此之间的恩爱，将两个人的心和情感连接在一起。

4. 共同背景

共同背景是国内外很多研究“关系”的学者最重视的“关系”的又一个重要特征。两个人的“关系”之所以特殊在很大程度上是因为有着共同的背景。譬如共同的家庭形成了家人关系，共同的家乡形成了老乡关系，共同读书的学校形成了同学或校友关系，等等。共同的背景让两个人的“关系”变得特殊，拉近了两个人之间的距离，便于两个人之间的交往。所以，共同的背景更多的是指两个人先天的“特殊联系”形成的基础。我们经常可以看到，两个陌生的人一旦获知是老乡“关系”，就会变得特别亲切和友好，从形同陌路的两个路人变为“无话不拉”的“熟人”。这就是共同背景起到的作用。

5. 两个人

“关系”虽说可以指多个人之间的特殊联系或特殊交往，但我们主要从两个人角度加以界定，一方面是为了简化“关系”的内涵，便于我们研究和说明更多的“关系”现象；另一方面是因为多数学术文献都是从两个人的立场研究“关系”。我们在日常生活中用到的“关系”一般主要也是指两个人之间的特殊联系或特殊交往。另外，从两个人角度提出“关系”的内涵，既包含了对“关系”的传统理解，又体现了对“关系”的新理解。传统理解“关系”的内涵一般是基于个人角度，以个人为中心形成与自己远近不同的“关系”。费孝通提出的“差序格局”概念主要就是这种思路。而两个人角度则是对“关系”的新理解，因为在这种理解中“关系”是两个人之间的互动，彼此为对方的“关系”。

6. 中国社会

我们将中国社会元素置入“关系”的定义，也是考虑到国内外学术界主要是基于中国社会背景下研究“关系”的，所以他们一般用汉语拼音“guanxi”来表示“关系”。也就是说，“关系”是中国社会的一种现象。这也体现了“关系”的特殊性。但是，我们对“关系”的定义是中性的，也是在强调“关系”是中国社会与西方社会相比后的特殊社会现象。所以，现在很多中国学者包括港澳地区以及本土学者试图通过“关系”建立中国本土化的社会科学。这也反映了“关系”的中国社会属性。翟学伟认为，“关系”在其他国家也存在。但是，中国社会的“关系”与西方社会的“关系”还有着本质的区别。区别就在于这是中国社会与西方社会不同以及中国人与西方人不同决定了“关系”的不同。特别是重视家庭是中国社会几千年来保持的一个优良传统。而“关系”形成的一个重要社会基础就是家庭。

二、“关系”的基本特征

“关系”的基本特征是由“关系”的内涵决定的。也就是说，有什么样的“关系”内涵，就会有什么样的“关系”特征。“关系”的内涵是在其特殊性基础上形成的。那么，“关系”的基本特征也必然首先表现为特殊性。综合国内外学术界的观点，我们认为，“关系”的特征有很多，除了我们上面提到的情感与利益交融外，主要的还有特殊性、持久性和互惠性。

1. 特殊性

特殊性是“关系”的本质特征，也是“关系”受到国内外学术界高度关注的重要原因之一。在中国社会，很多人都知道“关系”的特殊性。其特殊性表现在很多方面。“关系”是了解中国社会与西方社会差异的一个关键因素，中国人重视“关系”与重视家庭是一脉相承的，而西方人对“关系”特别是家庭的观念相对比较淡薄。这在全世界都是非常独特的社会现象。“关系”还是拉近人与人之间距离的有效工具。在一个单位，两个人之间除了同事关系外，如果还是同学关系、老乡关系甚至是亲戚关系，相互之间就会走得很近。这两个人中的一方在遇到困难需要帮助的时候，总会想到另一方。这就说明两个人的“关系”不一般。

2. 持久性

“关系”要经得起时间的考验，有足够的持久性。“中国人所说的‘关系’一词中本身就包含了持久性，其他短暂的交往一般不用‘关系’概念，而是用认识、有接触、打过交道、面熟、有点来往、交情不深等词，但这些词均不表示双方之间建立了‘关系’。可见，无论是事实的持久还是认定的持久，此要素给中国人的‘关系’带来的影响是决定性和关键性的。”[①] 持久性的“关系”一般是指先天的“特殊联系”，譬如血缘关系不仅持久而且永久。而后天的“特殊交往”能否持久就要看两个人交往的时间长短。这就需要从时间上加以判断。“关系”的持久性一般取决于两人的情感，而不是利益。一般情况下，两个人的情感越深厚，二者的“关系”越容易持久。反之，“关系”越容易断裂。与此相对应，基于利益的“关系”一般很难有保障。因为，利益的冲突是常态，两个人一旦在利益上发生冲突，“关系”就会受到冲击甚至终止。我们常说的“做生意做不成朋友，做朋友做不成生意”，就是因为，朋友之间看重的是感情，生意之间则看重利益。

3. 互惠性

“关系”中的情感尽管很重要，但是很多“关系”的维持则需要做到两个人之间互惠互利。特别是两个人之间的“特殊交往”之所以特殊，而不是一般的“交往”，根本原因就是彼此的相互需要。这也是维持两个人之间“关系”的一个基本原则。譬如，甲遇到问题，寻求乙帮忙，乙帮忙解决了甲的问题，满足了甲的需要。之后，如果乙遇到问题再寻求甲帮忙，甲拒绝了乙，不给乙提供帮忙，没有满足乙的需要。甲乙的“关系”可能就很难维持下去，最后还有可能中断。相互帮忙是“关系”互惠性的具体表现。在一

① 翟学伟：《中国人的关系原理：时空秩序、生活欲念及其流变》，北京大学出版社2011年版，第186页。

定意义上，帮忙不能简单等同于帮助。帮忙也有着丰富的内涵。帮助是一种普通的社会现象，一般没有对被帮助方有期望，而帮忙则是希望自己的帮忙，在未来一个事情上也能得到对方的帮忙。这就是我们后面要讨论的“回报”问题。

三、“关系”的主要作用

人们重视“关系”主要是因为“关系”有着重要的作用，这种作用不仅对我们研究中国企业的“关系”管理有着重要的作用，而且对于个人发展的作用也是非常显著的。翟学伟认为，中国社会的“关系”一般是无选择性的，就是个人是在一定的“关系”中寻求自己的发展。而西方社会的“关系”一般是选择性的，就是个人通过寻找“关系”寻求自己的发展。中国社会的“关系”是先于个人，西方社会的“关系”是滞后于个人。因此，研究中国企业的“关系”管理思想必须首先研究“关系”特别是“关系”的作用。在一定意义上讲，“关系”实质上就是个人生存和发展的环境。这种环境有的是先天的，譬如自己的家庭和故乡等；有的是后天的，譬如自己的学校、单位等。在每一种环境中，人们必须要面对的就是各种错综复杂的“关系”，特别是其中需要“特别联系”或“特殊交往”的人。我们知道，人的作用在什么时候都是最重要的。俗话讲，读万卷书不如行万里路，行万里路不如阅人无数，阅人无数不如贵人指路。因此，“关系”的主要作用就是如何体现人的重要作用。

1. 找到归属

“关系”的首要作用就是让人找到归属。这种归属与其说是一个地方，不如说是一个人。譬如，什么叫家？我们一般会说，父母特别是妈妈在哪里，家就在哪里。中国人春节时之所以会不远万里回“家”过年，最重要的原因之一就是回家看望年迈的父母，找自己的妈妈。为什么我们在这里特别强调妈妈，是因为妈妈和爸爸相比，更受孩子们的爱戴。我们有时会把祖国比作母亲，也反映了与母亲的深厚感情。当然，父爱对每个人也很重要。同时，出门在外的游子遇到老乡之所以会感到非常亲近，是因为有一种找到归属、找到“家”的感觉。老乡“关系”就是来自一个共同的“家”——故乡。有时，我们就把故乡叫作家乡。这些“关系”一般反映的都是“特殊联系”。对于“特殊交往”在一定意义上讲也是找到归属。我们每个人在生活中都会有一些“特殊交往”的“关系”，有自己生活的“小圈子”，大家一起生活、一起工作甚至一起娱乐等，“小圈子”里的每个人都找到了自己的归属。特别是在某个人遇到困难时，他一般会找“小圈子”里“特殊交往”不错的人而不是陌生人寻求帮忙。这种帮忙可能既包括金钱上的也包括情感心理上的，等等。有时人们会把找到归属的“关系”归结为缘分。缘分也是中国社会很多人所信奉的。这种缘分不是简单的所谓宗教信仰，而更多的是一种心理寄托和情感慰藉。两个陌生的人因为某个人或某件事结识，并经过足够时间的“特殊交往”，两个人建立了“关系”，我们一般会说这两个人有缘分。

2. 交换人情

“人情”是一个具有中国特色的概念，也没有完全能够表达这个概念的英语单词。所以，在一些西方文献中一般就用汉语拼音“renqing”来表达。“人情是指人与人进行社会交易时，可以用来馈赠对方的一种资源。在中国社会里，别人有喜事，我赠送礼物；别人有急难，我给予实质的帮助。这时，我便是‘做人情’给对方。对方接受了我的礼物或帮助，便欠了我的人情。此处所谓人情，指的是一种可以用来交易的‘资源’。”[①] 可见，人情的内涵也非常特殊。人情不是字面上理解的人的情感或感情，而是包含更多的利益成分。欠了人情，是需要还的。我们所说的“人情债”就是这个意思。而“关系”的一个重要作用就是交换人情。很多学者指出，中国社会是一个人情社会、“关系”社会，指的就是“关系”与人情有着内在的一致性。交换人情是为了建立和维持两个人之间的“关系”，而“关系”反过来又让人情延续下去。人情包括的利益不单单是物质利益，也有情感的利益。物质的利益是有价的，可以计量的；而情感的利益在很多情况下是无价的，是无法计量的。因此，有时候人情债是需要一生来偿还的，甚至一生都难以偿还。有时人们一旦陷入关系网、人情债，就非常被动甚至无助。为此，现

① 黄光国、胡先缙等：《人情与面子：中国人的权力游戏》，中国人民大学出版社2010年版，第13页。

在我国一些地方政府对盛行的婚丧嫁娶送礼风进行严格规范，就是为了给老百姓减轻人情债的负担。我们认为，礼尚往来、重情重义，是中国传统社会的优良传统。两个人之间的“关系”维持需要一定的人情交换是必要的。但是，一旦超过了度，加重了人们“特殊交往”的负担，就不合适了。

3. 履行义务

“关系”的作用不仅仅是找到归属和交换人情，最重要的作用之一就是履行义务，而履行义务也保障了“关系”能够持久存在下去。这个义务是“关系”双方扮演的角色所必须承担的。譬如，父母子女“关系”中，父母必须承担抚养子女的义务，子女必须承担赡养父母的义务。两个人是朋友“关系”，一方遇到困难，寻求另一方帮忙解决，另一方有义务必须提供帮忙解决，除非另一方没有条件和能力解决，否则没有尽到朋友的义务，两个人的朋友“关系”就可能难以为继甚至中断。“中国人在关系上受到儒家的最大影响不是它自身对关系的一套认识和诠释，而是一种关系的义务性界定。”[①] 儒家思想倡导的君君臣臣、父父子子的忠、孝思想，就是“关系”的义务性界定的具体表现。因此，两个人一旦有了“关系”，就意味着双方必须承担起对对方的义务。如果拒绝承担这种义务，就是拒绝人情，更是拒绝“关系”继续存在下去。

四、“关系”的主要内容

“关系”的研究吸引了来自很多学科领域专家的关注，遍布在社会学、政治学、经济学、人类学、心理学、法学、管理学等很多领域。这就说明，“关系”的影响是多层面的。其中，社会学是关注“关系”现象最早的学科之一。因为，多数学术文献都将“关系”看作中国的一种社会现象。即使把“关系”看作儒家思想的产物，也是在中国传统社会的结构方面去分析的。后来一些学者把“关系”纳入西方社会资本理论或社会网研究的做法，基本上也是社会学的立场。“一个涵盖力更强的概念一方面正在更新以往的社会学理论，另一方面又成为解释中国人关系的更有效的基础，这就是西方社会

① 翟学伟：《中国人的关系原理：时空秩序、生活欲念及其流变》，北京大学出版社2011年版，第189页。

学中逐渐发展起来的社会网与社会资本理论。较先将关系研究带入社会网研究的社会学家是林南。……进入90年代，边燕杰开始对格兰若维特的强弱关系理论进行了中国检验，由此提出了强关系在中国人求职过程中的重要性。从这里，我们看到中国人的'关系'研究已经非常清楚地进入了西方社会学理论的框架中。"[①] 现在很多中国学者特别是社会学、社会心理学等领域的学者，也试图从"关系"角度建构中国本土化的社会学或社会心理学，甚至还试图提出像西方社会资本理论一样的"关系"理论。我们认为，"关系"现象应该纳入社会背景下去研究，即使研究其他领域的"关系"现象包括我们要研究的中国企业"关系"管理思想，也要在一定的社会背景下去研究。"如果单从西方商业界的视点出发，仅从商业活动中种种纷繁现象的罗列枚举，并不能洞察中国'关系'的意蕴所在，而只有深入观照中国社会学在'关系'上的理论探索，才可以说，比照西方商业世界的通行方式，中国的'关系'具有理论和应用上的新范式意义。"[②] 毕竟人都是社会的产物，都必然受到社会的影响。当然，社会背景下的"关系"受到很多社会因素的影响，譬如文化、经济、政治、法律等因素都会影响到"关系"的发展。反过来，"关系"也会对社会、企业包括个人产生影响。这种影响来自"关系"很多方面的内容。

1. 信任

"关系"最牢靠的基础就是信任。"关系运作是建立和增强信任的重要机制。"[③] 两个人之间一旦没有了信任，他们的"关系"也就没有了。从这个意义上讲，信任是"关系"中最重要的内容。这种以"关系"为基础的信任，在中国有着悠久的历史。中国的传统社会是农业社会，农村是中国传统社会聚集人口最多的地方。农村人口的最大特点就是长年累月在一个固定的村落务农，生生不息，代代相传。这种局面就形成了人与人之间比较熟悉，大家交往起来比较放心。信任在人们之间自然而然就形成了。在这种环

① 翟学伟：《中国人的关系原理：时空秩序、生活欲念及其流变》，北京大学出版社2011年版，第174页。

②③ 韩巍、席酉民：《关系：中国商业活动的基本模式探讨》，《西北大学学报（哲学社会科学版）》2001年第1期，第43页。

境中的“关系”一般都是血缘关系或地缘关系。血缘关系中的家人之间、亲人之间的信任且不用说，地缘关系中的同乡关系、同村关系，相互之间也会比较信任。这样的“关系”比较亲密，一般不会出现相互欺骗或不守信的情况。即使有这样的情况，实施欺骗或不守信的人就会在本村、本乡“抬不起头来”。俗话讲，低头不见抬头见。这样他在当地就很难“混下去了”。特别是在本村、本乡，很多人之间都有可能“沾亲带故”。这种错综复杂的人际关系就会形成一种无形的约束力。所以，中国的“关系”首先就是个体生存和发展的环境。一旦个人的“关系”出现了问题，就说明自己的生存环境出现了问题。在这种情况下，人们一般就会选择换一个环境特别是陌生的环境。这样就会减轻很多的社会压力，尤其是熟人给自己的心理压力。但是，当今中国社会最大的变化之一就是大批的农村人口迁移到城市，中国企业大部分的工人都由农民工组成。而且，农村人口打工的地点也不固定，经常会变换单位，特别是他们的工作、生活地点常会发生变动。人口的流动性成为当今中国社会的最大特点之一。这种变化的结果就是以地缘或血缘为主形成的相对固定的“关系”被打破了。这种“关系”的人们之间联系的频率越来越低。家人和亲戚关系以及老乡关系、同乡关系分布在全国各地、各个不同的单位。每个人身边这种“关系”的熟人越来越少，而形同陌路的陌生人越来越多。尤其是互联网的出现，人们接触的陌生人数量更是井喷式爆发。没有了传统“关系”熟人的约束，使得一些人开始肆无忌惮地诈骗。现在社会上的网络诈骗、电信诈骗流行，在很大程度上是因为这些人没有了心理防线，特别是身边缺少父母亲人的监督。当然，诈骗是一个很复杂的现象，还有其他方面的因素。譬如教育、法律、技术等。另外，诈骗在农村人口和城市人口中都有存在。过去人们生活的圈子小，认识的人和接触的人少，“关系”比较单纯和简单。现在的情况完全不一样了。但是，我们认为，不管在什么情况下，社会如何发展，信任永远是两个人“关系”中最重要的内容。包括在互联网上结识的新“关系”也是这样的。没有信任，任何层面的“关系”都很难发展下去。

2. 回报

“关系”首要的内容是信任，其次的内容就应该是回报，有时也称之为

“报”。在西方的学术文献中，“报”也是用汉语拼音“bao”来表示的。这就说明“报”也是一个具有中国社会元素的概念。这是“关系”特殊性的另一个表现。“关系”在很多情况下是求回报的。我们平时讲，养儿防老，生儿育女就是为了将来自己老的时候有人照顾自己乃至养老送终。这里面其实也有一定的回报成分。但是，中国的家长也经常会讲，不指望儿女能有多孝顺，不求子女有什么回报，只要儿女有出息就可以了。很多中国的父母为儿女付出，任劳任怨，即使儿女不孝顺也无怨无悔。这反映了中国家长的大爱。但是，“关系”赋予了双方必须承担的义务。父母必须抚养子女，子女必须赡养父母。这也是法律所赋予双方的义务。我们还会经常讲，受人滴水之恩，定当涌泉相报。这就是说，一个人得到别人的帮助，要永远记住别人的好，要懂得感恩、报恩。从这个意义上讲，父母含辛茹苦养育子女，子女应该懂得感恩、报恩，孝顺父母，回报父母。除了父母子女关系外，回报在其他各种“关系”中也非常重要。为了相互需要而形成的“特殊交往”层面的“关系”，更多是后天形成的。这种“关系”交往的特殊性就在于双方要相互满足对方的需要。有“关系”的两个人会相互支持对方的活动。譬如，如果甲参加乙的子女婚礼交了礼钱后，当甲的子女举行婚礼时，乙不捧场也不交礼钱，甲乙的“关系”就会出问题甚至中断。“关系”能够维持和发展的一个重要原因就是双方要加强联系和增加交往，特别是能给对方带来丰厚的回报。有时“关系”是需要投资的。任何投资都是为了高额的回报，否则就不会选择投资。但是，“关系”的投资不仅仅是物质上的投资，还有感情上的投资。我们常看到的人们之间的请客送礼、节日问候，在一定意义上讲就是在投资“关系”。当然，这里的“关系”投资不只是和自己有“关系”的有权有势的人，还包括和自己有“关系”的亲戚、朋友、同学等。后者的“关系”投资更多的是感情的投资。俗话讲，日久生情，不仅仅是时间上的持久性要求，还有感情上的投资或投入。远亲不如近邻，也是说的这个道理。由这些感情投资做基础，物质上的投资才有可能。人都是相互的。在一般情况下，一方对另一方的“关系”投资，总会得到更多的回报，包括物质和情感上的回报。因此，“关系”是需要经营的。譬如夫妻关系经营得好，彼此也会从对方那里得到更多的“回报”。没有回报的“关系”缺乏足够的动力和持久性。如果一方只是一味地从另一方求所得，而另一方得不到回报，时间一久，双方的“关系”就会逐渐冷淡下来，直至终止。我们认为，“关系”中的回报不只是利益上的需要，还有个人尊严上的需要。譬如，甲经常请乙吃饭，而乙从来不请甲吃饭，两个人的“关系”可能就会淡下来。原因不只是甲想吃乙的饭，还因为甲感觉乙心中没有甲的位置，看不上甲。

3. 面子

面子既是“关系”不可或缺的重要内容，也是具有中国社会特色的一个概念。在西方的学术文献中，面子也是用汉语拼音“mianzi”来代替的。我们都知道，中国人爱面子、要“脸”。这都表明面子在中国人的生活中的重要性。一个人的特殊“关系”在一定程度上也体现了一个人的面子。譬如，两个人的“关系”质量重要的是看是否给对方面子。在这方面如果没有做到或者做得不好，就会让对方丢面子。那么双方的“关系”质量就会受到影响。丢面子的事，对中国人是很重要的事。死要面子活受罪，说的就是这种情况。有的学者还对“面子”和“脸”的特殊含义进行了区分，“在讨论个人对‘没有脸’和‘没有面子’两种说法的不同反应时，‘脸’和‘面子’是截然不同的概念。前者是最严重的侮辱，它涉及个人道德品格的完整性。后者则只是表示自我无法出人头地并获得声望而已”[①]。从这个分析上看，“脸”主要指个人的品德，“面子”则主要指个人在人们心目中的声誉。换句话讲，“脸”作为个人品德是自己努力的结果，“面子”作为个人的声誉来自他人的评价。“丢脸”是因为个人的素质差，“丢面子”是因为他人对自己的评价低。为了不“丢面子”，人们总会“护面子”“要面子”。因此，两个人“关系”的特殊性就总会表现为相互“给面子”。“‘有关系’或‘关系好’表示有社会影响力，也就是有面子的一种；‘拉或套攀关系’则是一种角色套系作用，个人希望通过某种人际关系的建立或加强，来获得他想要的资源。如恭维、送礼等增加互动对方的面子，是拉关系、让对方欠下人情的策略。中国人重‘关系’，是以家庭关系为出发点，其他的人际关系若向这个轴心靠拢，则可援用特殊关系的社会规范，享有特殊待遇。一

① 黄光国、胡先缙等：《人情与面子：中国人的权力游戏》，中国人民大学出版社2010年版，第66页。

个重视面子的社会，也意味着有相当活络的人情与‘关系’的运用。”①因此，“面子”“关系”“人情”等这些具有中国传统社会特色的概念和现象总是交织在一起的。我们认为，其中的面子现象对于自身素质的提升和社会文明的进步具有一定的积极意义。因为，“要面子”就意味着在乎别人的评价和口碑，一个人就不会做出“出格”或“过格”的事情，让他“丢面子”。这样，他的“面子”以及“脸”就都维护住了。但是，一个人过于“要面子”，也会让他变得谨小慎微，没有足够的胆量去做更有创造性的工作。“好面子”也会让一个人华而不实，过于追求外表，做表面文章，为给他人留下所谓的“好印象”而不诚实做人、不踏实做事。这种面子还是不要的好！

① 杨国枢：《中国人的心理》，中国人民大学出版社2012年版，第206页。

第四章

企业“关系”管理的含义和主要内容

我们在第一章介绍了国内外关于研究中国企业“关系”管理思想的基本情况。[①] 这一章我们重点通过对学术界两个具有代表性的学者陆亚东、罗家德的企业“关系”管理思想的解读，梳理和探讨企业“关系”管理思想的本质和主要内容。他们的两本企业“关系”管理研究著作在学术界产生了很大的影响。美国迈阿密大学华人陆亚东教授的《“关系”与管理》（*Guanxi and Business*）[②] 是国际上研究中国企业“关系”管理思想最早的文献之一。清华大学罗家德教授的《中国人的管理学》是中国本土出版的研究中国企业“关系”管理思想最有影响的学术文献之一。[③] 除了这两个代表性的学术文献外，研究中国企业“关系”管理思想比较有影响的学术文献还有Eike A. Langenberg的《“关系”与企业战略》（*Guanxi and Business Strategy*）、Ying Lun So和Anthony Walker的《解释“关系”》（*Explaining Guanxi*）以及胡安·安东尼奥·费尔南德斯和劳里·安德伍德在中国出版的《关系：跨国CEO的中国经验》等。[④] 对于胡安·安东尼奥·费尔南德斯和劳里·安德

① 这里需要说明的是，我们研究的题目是中国企业的“关系”管理思想，但是不局限于中国本土的企业，而是包括一切在中国社会或中国市场的国内外所有企业。

② *Guanxi and Business* 可以翻译成《“关系”与企业》，但是根据书中的主要内容及其思想，我们认为翻译成《“关系”与管理》更贴切一些。

③ 中国本土出版的相关文献还有美籍华人居延安教授的《关系管理学》和台湾曾仕强的《人际关系课》。但是，《关系管理学》所讲的关系不是我们研究的“关系”现象，而是指一般的关系。《人际关系课》的学术性不是太强。因此，我们在本书中没有特别介绍这两个文献。

④ Y.H. Wong, Thomas K.P. Leung共同写的《“关系”：在一个中国环境中的关系营销》（*Guanxi: Relationship Marketing in a Chinese Context*），在国际学术界也有一定的影响，但是研究的聚焦点是市场营销。因此，我们在本书中也没有特别介绍。但是，我们会在以后的深化研究中对该主题做出专门课题申请。

伍德的《关系：跨国CEO的中国经验》，我们在研究中国企业“关系”现象的社会基础时，已经做过全面的分析和探讨。因此，我们下面先简要介绍一下Eike A. Langenberg的《“关系”与企业战略》以及Ying Lun So和Anthony Walker的《解释“关系”》的主要内容。

Eike A. Langenberg的《“关系”与企业战略》一书的副标题是“跨国企业在中国的战略理论与实践”。实际上研究的是跨国企业在中国的“关系”战略。这有点像胡安·安东尼奥·费尔南德斯和劳里·安德伍德的《关系：跨国CEO的中国经验》一书。但是，《关系：跨国CEO的中国经验》更多的是“关系”现象状况的社会实践研究。《“关系”与企业战略》则更多是企业“关系”管理的理论思考。《“关系”与企业战略》一书共四个部分：导论、“关系”体系、基于“关系”的企业战略、结论。在导论中，他首先分析了在中国普遍存在的“关系”现象以及企业所处的“关系”体系与市场经济交融在一起的复杂环境，然后对国内外研究“关系”现象的学术文献进行了梳理，并提出了描述企业“关系”管理的理论模型。[①] 在“关系”的体系部分，他重点探讨“关系”的中国文化根源、“关系”的含义以及相关思考。其中，“关系”的含义是他研究的重点。他主要用人情、回报、面子、信任等概念解释“关系”的含义。在基于“关系”的企业战略部分，他根据战略管理学家波特的价值链模型，提出了三种“关系”战略，即纵向“关系”战略、横向“关系”战略、侧向“关系”战略。在最后结论部分，他对“关系”的法律和道德问题进行了研究。

Ying Lun So和Anthony Walker的《解释“关系”》一书主要有7章内容，分别是“关系”的现象、“关系”的解释、“关系”的分析、中国文化的影响、中国法律的影响、传统中国的法律和文化制度、“关系”的未来。他们在“关系”的现象部分指出，“绝大多数关于‘关系’现象或者中国商业网络的研究都明确或隐含指出这样的现象在中国商业环境中极为重要。如果两个商人之间有‘关系’，他们双方似乎都愿意在商业事务中给另一方更为有

① Eike A. Langenberg .*Guanxi and Business Strategy*：*Theory and Implications for Multinational Companies in China*，Physica-Verlag Heidelberg ,p.1, 2007.

利的条件，以便更容易达成交易”[①]。在“关系”的解释部分，他们主要从文化、组织制度和经济三个角度对“关系”现象进行了探讨。在“关系”的分析部分，他们指出，“让人对‘关系’现象迷惑的是，商人从事商业交易时，不寻求法律或国家的许可。这是为了降低商业活动中的各种交易成本。而在各种交易成本中，降低成本的重点是合同执行成本。为了实现合同执行成本，‘关系’涉及复杂的技术，这里称之为‘关系’技术，包括‘关系’基础、‘关系’中间人、人情、社会交换、人际关系以及整体的关系、重复交易和面子”[②]。在中国文化的影响部分，他们主要对中国文化尤其儒家文化进行了全面的分析。在中国法律的影响部分，他们认为，“儒家以其对法律和诉讼的厌恶，主导了中国的法律体系”[③]。在传统中国的法律和文化制度部分，他们指出，“在中国法律和文化背景中产生的‘关系’现象表明，在提供可信的第三方裁决和执行私人协议方面，法律体系显得相对薄弱，而中国文化的‘关系’导向则相对强大，这使得‘关系’成为降低合同执行交易成本的有效手段”[④]。在最后“关系”的未来部分，他们指出，“我们可以预见，‘关系’的重要性会逐渐下降，中国允许在商业合作中出现降低交易成本的替代方案的法律结构也将逐渐发展”[⑤]。

Eike A. Langenberg的《“关系”与企业战略》以及Ying Lun So和Anthony Walker的《解释“关系”》通过研究中国企业的“关系”管理思想，都一致性地探讨了三个重要的问题，那就是“关系”的文化背景、“关系”的主要内容、“关系”的法律包括道德要求。这三个问题实际上就是为什么、是什么和怎么做的问题。为什么的问题，是指中国社会为什么会有“关系”现象的问题；是什么的问题，是指“关系”的主要内容有哪些问题；怎么做的问题，是指“关系”的法律属性以及道德属性问题。对于中国社会为什么会有“关系”现象，Eike A. Langenberg的《“关系”与企业战略》以及Ying Lun So和Anthony Walker的《解释“关系”》重点从中国传统文化特别是儒家文化角

① Ying Lun So, Anthony Walker. *Explaining Guanxi*：*The Chinese business network*, Routledge, p.15, 2006.

② 同上，p.62.

③ 同上，p.113.

④ 同上，p.114.

⑤ 同上，p.145.

度做了分析和探讨。关于“关系”的主要内容即“是什么”的问题，是我们这一章要重点研究的内容。[①] 关于“关系”的法律属性以及道德属性即“怎么做”的问题，会贯穿本书的始终。因为这个问题不仅决定着“关系”的性质是否正当，更决定了“关系”的未来发展。实际上，这个问题也是研究中国企业的“关系”管理思想无法回避的现实问题。下面，我们就主要通过对陆亚东、罗家德两位学者的企业“关系”管理思想的梳理和研究，深入探讨一下企业“关系”管理的内涵及其主要内容。

第一节　陆亚东的企业“关系”管理思想及其意义

陆亚东在《“关系”与管理》一书主要写了8章内容，分别是“关系”的界定、“关系”的经济分析、“关系”与企业绩效、“关系”与组织动力、“关系”战略、外国公司与“关系”、“关系”与腐败、“关系”培养指南。在“关系”的界定部分，陆亚东主要从“关系”的定义、原则、思想、社会生活中的“关系”以及行贿与“关系”、“关系”的未来等几个方面进行了阐述。在“关系”的经济分析部分，他指出，“‘关系’对于拥有者来说是一种宝贵资产，有助于得到经济回报。尽管它不一定能为国家的社会福利增加价值，但‘关系’充满活力而有着强大的经济基础”[②]。在“关系”与企业绩效部分，他进一步指出，“‘关系’会影响管理者的战略选择，从而影响他们领导的企业的绩效。‘关系’直接影响到中国企业的市场扩张和销售增长，因为‘关系’涉及企业间的资源共享和社会、经济和政治环境。管理者投入时间和精力发展个人之间的‘关系’，这有助于他们的组织和财务收益的增长和他们个人职务的晋升”[③]。在“关系”与组织动力部分，

① 关于“关系”主要内容的研究文献，大量出现在社会学包括人类学领域，而社会学包括人类学也是研究“关系”现象最早的领域之一。因此，我们在前面的内容中多次引用这个领域的研究成果。但是，这一章限于选题聚焦的需要，我们对于“关系”主要内容的研究，会更多地介绍管理学领域的学术文献。当然，我们也会参考其他学科领域的部分学术文献。《中国人的管理学》一书的作者罗家德教授，也是社会学出身。但是这本书研究的是管理学的问题。

② Yadong Luo.*Guanxi and Business*, World Scientific Publishing Co. Pte. Ltd.p.41, 2007.

③ 同②.p.79.

他指出，“尽管‘关系’植根于中国社会的每一个角落，但企业对‘关系’的培养表现出不同的需求和能力。中国企业通过与竞争对手以及政府机构的合作或者好处交换来发展合法（不是腐败）的‘关系’，作为克服竞争和资源劣势的战略机制”[①]。在“关系”战略部分，他指出，“潜在‘关系’的最终实现，依赖于隐含‘关系’因素的几个业务变量的应用和运营，因为业务活动存在于‘关系’最能发挥作用的地方。在这些变量中，我们主要聚焦人员销售和信贷交易方面进行研究”[②]。在外国公司与“关系”部分，他指出，“外国公司在中国市场通过建立和维护他们自己的合法和健康的‘关系’获得利益，因为‘关系’在中国是一个有效的营销工具。这一章介绍外国直接投资（FDI）在中国的投资和运营特点，然后探讨‘关系’对外国公司的重要性以及外国公司属性如何影响到‘关系’培养”[③]。在“关系”与腐败部分，他主要就“关系”与腐败的区别进行了探讨。在“关系”培养指南部分，他认为，“了解如何建立、维护和加强‘关系’对中国的任何企业都是至关重要的。这些知识对于经营的效率和效果都有着有力的影响。‘关系’也会影响一个企业的长期发展。这一章旨在为在华经营的企业提供切实可行的指导建议，以妥善培养各种‘关系’”[④]。以上就是我们对陆亚东的企业“关系”管理思想研究状况的简单介绍。下面我们将主要围绕陆亚东对“关系”、“关系”管理的主要内容以及“关系”管理的主要做法三个方面，对陆亚东的企业“关系”管理思想进行全面梳理和探讨，从而为我们研究中国企业的“关系”管理思想提供有价值的参考。

一、“关系”的主要内容

“关系”的含义及其主要内容是陆亚东企业“关系”管理思想的基础，也是国内外学术界研究“关系”现象首先要探讨的问题。我们对陆亚东企业“关系”管理思想的梳理和研究，主要涉及他的《“关系”与企业》一书中

① Yadong Luo. *Guanxi and Business*, World Scientific Publishing Co. Pte. Ltd.p.105, 2007.

② 同上，p.135.

③ 同上，p.159.

④ 同上，p.301.

的第1章“‘关系’的界定”、第2章“‘关系’的经济分析”和第7章“‘关系’与腐败”的主要内容。要研究清楚“关系”现象包括中国企业“关系”管理思想，不仅要对“关系”一词本身做出界定和分析，还要对与“关系”密切相关的概念进行全方位的探讨。譬如人情、面子、行贿、腐败等。陆亚东在书中也是这样进行探讨的。不这样做，要说清楚“关系”现象以及“关系”的含义包括其内容是非常困难的。国内外学术界不乏对这些问题探讨的文献，但是从企业管理角度系统研究这些基本问题的学术不多。陆亚东属于最早的“拓荒者”之一。“尽管学术界和实务界对‘关系’有着浓厚的兴趣，但是从企业管理角度深入系统研究‘关系’这个概念和现象的有分量的学术成果几乎没有。”[①]我们认为，陆亚东从企业管理角度对“关系”的含义及其主要内容的探讨非常充分，不仅吸收了已有相关学术成果的思想及其观点，而且还提出了自己的学术思想并做了深入思考和探讨。譬如，“关系”的概念及其定义、“关系”的基础、“关系”的原则乃至“关系”的未来及其理论方向，等等。这些内容对于丰富已有企业“关系”管理理论特别是我们研究中国企业“关系”管理思想都有重要的参考价值。

（一）“关系”的内涵

陆亚东主要从“关系”的概念、“关系”的基础、“关系”的类别三个方面对“关系”的内涵进行了探讨。其中，他在“‘关系’的概念”部分主要讨论了“关系”和“关系学”两个概念；在“‘关系’的基础”部分提出了形成和建立“关系”的6个基础；在“‘关系’的类别”部分又提出了3种“关系”的类别。

1. “关系”的概念

“关系”这个范畴在国内外学术界几乎用的都是汉语拼音“guanxi”，陆亚东也不例外。可见，“关系”就是中国的词语。陆亚东认为，“中国的词语‘关系’这个概念是指在人际关系中为了获得好处而形成的联系。它形成一个错综复杂、无所不在的关系网络，是中国人精雕细琢、小心翼翼和富有想象力培养出来的。它包含着隐含的相互义务、保障和理解，控制着中国人

① Yadong Luo. *Guanxi and Business*, World Scientific Publishing Co. Pte. Ltd.2007.

对于长期社会和商业关系的态度。广义上讲，‘关系’意味着个人之间的联系可以为双方带来持续的好处交换。因此，‘关系’不仅停留在友谊或者个人之间的简单关系；它包含对请求援助做出回应的互惠义务。然而，不像西方企业间的网络，这种互惠是含蓄的，没有时间要求，也不一定是等价的，而且只有社会的约束力”[①]。陆亚东对“关系”的界定用了一个关键词语，那就是“好处”。也就是说，“关系”之所以特殊，隐含着“关系”双方彼此要给对方带来好处。用我们现在所熟悉的说法，“关系”双方能否彼此对对方“有用”。“有用”就是能带来好处。陆亚东特别强调了“关系”不是单纯的友谊，而是附加了好处作为前提。

陆亚东在界定完“关系”概念之后，又对“关系学”做了分析。他认为，“‘关系学’是一个交叉学科，研究‘关系’的形成、流程和结果等综合领域”[②]。他进一步指出，“关系学”有五个主要特点，即多层次、跨学科、高度综合、动态化、实践性。多层次是指“关系学”连接了家庭、企业、社区和个人等多个层次。跨学科是指“关系学”包括社会学、经济学、历史学、心理学、政治学、管理学等。高度综合是指“关系学”是考虑与个人相关的很多环境因素。动态化是指“关系学”反映不断变化的“关系”。实践性是指“关系学”不仅是一个理论，更是一个实践。陆亚东还特别强调，“关系学”不仅是科学，也是艺术。陆亚东所讲的“关系学”，在前面我们提到的杨美惠的研究中也出现过。我们认为，“关系学”能否成为一个“学问”值得商榷。杨美惠曾经指出，“关系学”的产生有一定的社会历史背景，而“关系”现象则有着浓厚的中国传统文化基础。因此，“关系学”和“关系”现象还是区别开比较好。否则，把“关系”现象的研究当作“关系学”，一切以“关系”双方的好处为原则建立和发展“关系”，就会容易忽略他人利益甚至社会利益或者国家利益，避开制度甚至法律的红线。我们研究中国企业的“关系”管理思想，核心是聚焦“关系”现象及其特点，而不会将所谓的“关系学”纳入我们的研究领域。

---

① Yadong Luo. *Guanxi and Business*, World Scientific Publishing Co. Pte. Ltd.p.2, 2007.

② 同上，p.3.

2. “关系”的基础

“关系”的基础就是“关系”形成的条件和前提。两个人之间有互给好处的互惠“关系”，就是因为二人之间有“关系”的基础。“建立‘关系’取决于一个有用的‘关系’基础，即两个人之间有一个身份共享的共同性。‘关系’基础是看双方是否有共同的归属（例如基于亲属血缘关系）或通过共同的经历来实现，促进了没有预先确定的‘关系’的发展。任何一种‘关系’基础的相关性在不同的情况下都是不同的。”①也就是说，“关系”的基础指的就是共同的源头或经历。从共同的源头或经历来看，“关系”的基础主要有6种，即地域或方言、宗族亲属、血缘亲属、工作场所、行业协会或者社会俱乐部、友谊。其中，地域或方言是指一起生活过的地方或者说一样的方言。譬如，老乡关系的形成基础就是地域或方言。宗族亲属是指因共同的姓氏祖先而形成的亲属关系，譬如同姓的宗族关系。血缘亲属是指有共同的血缘或者因婚姻关系而形成的亲属关系，譬如父母子女之间的关系。工作场所是指有共同的工作地点或共同的工作经历，譬如同事关系。行业协会或者社会俱乐部是指这些机构因提供了共同活动的机会而为“关系”形成创造机会和平台，譬如会员关系。友谊是指基于情感之上的不同于亲属的关系，譬如朋友关系。陆亚东进一步指出，“在中国社会，每一个有以上‘关系’基础的人与其他人分享个人身份的各个方面，这些对他们个人也很重要。他们可以断言与亲属、家乡、学校、工作场所、兄弟等的认同。例如，两个有同班同学‘关系’的人认同对他们两个都很重要的共同教育经历。为了简单起见，‘关系’的基础可以分为血缘基础和社会基础。前者只包括家庭成员、亲属和同族成员；后者包括主要由社会交往产生的‘关系’”②。在一定意义上讲，“关系”的基础就是“关系”形成的原因。有基础，就会有“关系”；否则，“关系”将难以形成。陆亚东又强调，有“关系”基础，不意味着就会发展“关系”。譬如一个人有很多亲属，但有的亲属他从来没有见过或者个人没有接近过，那这种“关系”就不会发展下去。另外，如果两个人之间没有共同的“关系”基础，如果想建立“关系”，就会找一个人

---

① Yadong Luo. *Guanxi and Business*, World Scientific Publishing Co. Pte. Ltd.p.4, 2007.

② 同上，p.6.

帮助他们建立“关系”。而这个人与他们两个人都有共同的“关系”基础。陆亚东把这个人叫作“中间人”。我们认为，陆亚东对“关系”基础的研究对我们研究中国企业的“关系”管理思想有重要的参考价值。

3. “关系”的类别

陆亚东对于“关系”类别的探讨首先是从儒家思想的“五伦”思想开始的。“关系”形成的一个重要文化基础就是儒家思想的影响，特别是儒家思想对于包括血缘亲属关系在内的“五伦”关系的倡导。受到儒家思想的影响，费孝通提出了差序格局的概念。中国社会被费孝通视为“关系”本位的社会。陆亚东根据学术界的观点，把“关系”划分为三类，即家人、生人、熟人。家人就是自己的家庭成员，这种“关系”具有相对永久、稳定、表现力强的特点。在这种“关系”中，每个家庭成员都把其他人的幸福作为自己的义务。这种“关系”中的交换规则是，一个人必须尽其所能满足其他人的需要，而很少或根本不期望未来得到什么回报。忠诚是这种“关系”的根本特征。生人是指陌生人或稍微认识一点的人，主要包括家庭之外没有过联系或交往的人。“与这些人的交往是肤浅和暂时的，主要关注功利主义，聚焦的是个人的得失。这种关系是实用主义的，没有感情成分。”[①] 熟人既不是家人，也不是生人，而是有着从浅到极深的不同程度的友谊的人。这种“关系”掺杂着实用主义和感情的成分，主要靠人情维系，也就是彼此有互惠的愿望。对于这三种类型的“关系”，陆亚东引用学术界的观点指出，“在传统社会，‘关系’对于家人和熟人类型更有意义。然而，中国社会从传统农业社会转向工业化社会之后，个人自由上升，集体力量下降，生人的交往潜力变得越来越重要”[②]。我们认为，“关系”现象不是一成不变的。作为一种社会现象，“关系”现象会长期存在。但是，“关系”现象的特点及其性质会随着社会变革而发生调整和变化。实际上，在我们当今社会，以忠诚和情感义务为原则的家人“关系”也变得越来越不单纯，其中掺杂了很多利益和世俗的因素。有时候我们看到媒体上报道，父母子女之间或者兄弟姊妹之间为了利益而“六亲不认”，有的人眼中只

---

① Yadong Luo.*Guanxi and Business*, World Scientific Publishing Co. Pte. Ltd.p.9, 2007.

② 同上，pp.9–10.

有“钱”而没有了亲情。这种现象是必须纠正的，因为这不符合我们社会主义伦理道德的要求。

（二）“关系”原则

陆亚东在探讨完“关系”的内涵之后，又提出了7条“关系”原则，即可转让、互惠、无形、功利主义、情境、长期导向、个人属性。可转让是指一个人可以把自己的“关系”转让或介绍给别人，让别人也拥有自己的这个“关系”。互惠是指“关系”双方对对方给过的好处，要学会报恩，否则就会丢面子或者被认为不可信。无形是指“关系”双方通过一种无限期的、无形的、不成文的互惠和公平相互承诺，否则，就会失去社会声誉或者面子。功利主义是指“关系”本质上是功利主义的，而不是感情的。“关系”双方之间是通过交换利益而不是情感联结在一起的。情境是指“关系”是在一定的情境中形成的，建立和发展“关系”要因时因地因人而不同。长期导向是指“关系”需要长期保持，在需要的时候就要拿出来用。因此，“关系”需要通过持续的、长期的联系和相互作用而发展和加强。个人属性是指“关系”属于个人，而不属于组织。一旦一个人离开了组织，那么他的个人“关系”也会带走。

以上7条“关系”原则实际上也是“关系”的7个特点。这既体现了“关系”的特殊性，又体现了“关系”的复杂性。在这7个原则中，我们认为个人属性在中国企业的“关系”管理思想中有着特殊的意义。因为，企业的“关系”从字面上理解，属于企业这个组织的“关系”。如果这样的话，那么“关系”现象的特殊性就体现得不充分了。国内外学术界研究“关系”现象的文献几乎都是在个人属性层面探讨的。中国企业的“关系”管理思想中的“关系”指的也是个人层面的“关系”。陆亚东在书中描述了20世纪80年代初我国企业管理实践中的“关系”状况：“自20世纪80年代初‘铁饭碗’打破之后，单位中的‘关系’在中国的应用越来越普遍和集中。这是因为员工可以通过利用个人的‘关系’为单位的市场、促销、采购等服务而得到奖金或者得到单位的提升。”[①] 陆亚东还列举了当时“关系”的相关流行语。譬

① Yadong Luo. *Guanxi and Business*, World Scientific Publishing Co. Pte. Ltd.p.12, 2007.

如拉关系、挂关系、关系够呛、理顺关系、关系网、关系户，等等。这都反映了“关系”是当时人们在社会上的一种能力。这种能力就是在市场开辟和单位发展中如何疏通各种“关系”资源，从而为单位包括个人赢得更多的发展机遇。从这个意义上讲，“关系”不仅是个人的一种重要资源，也是企业的一种重要战略资源。这也是国内外学术界从战略管理角度研究“关系”现象的重要原因之一。

（三）“关系”哲学

陆亚东在书中专门探讨了中国人的“关系”哲学，也就是中国人为人处世的哲学。“‘关系’就像精细的纤维嵌入到了每个中国人的社会生活以及中国社会的很多方面。”[①] 陆亚东主要用了5个与“关系”现象密切相关的词语，来描述中国人这种为人处世的哲学，即面子、人情、信任、可信、调和。对于面子，陆亚东说：“中国人把面子看得很重要，这是一个人通过扮演一个或多个特定的公众或社会形象，而得到他人的认可。尽管很抽象，但是面子这个概念被当作可以定量计算的东西来对待。一个人的面子的大小取决于这个人的‘关系’网络。‘关系’网络越大，‘关系’网络中的人的权势越大，‘关系’网络内的人越有面子。一个人需要有一定分量的面子，以培养新的‘关系’。面子还可以提供一个人需要的成功和操作‘关系’网络的杠杆。……因此，面子是一种无形的社会货币和个人地位，通常由社会地位和物质财富决定。”[②] 对于人情，陆亚东说：“人情是‘关系’形成的未付债务。‘人情’是一种社会资本的形式，在人际交换利益的关系中提供杠杆作用。发展人情是建立‘关系’的先决条件，也是利用‘关系’谋取自身利益的结果。当中国人编织‘关系’网络的时候，他们也编织了必须在不久的将来偿还的人情债务网络。从本质上说，人情为隐含在所有‘关系’中的互惠和公平提供了道德基础。如果你交换人情利益的时候无视公平原则，你就会丢面子，伤害你朋友的感情，危害你的‘关系’网络。‘关系’作为源源不断的人际交换和互惠承诺嵌入了人情模式中。”[③] 对于信任，陆亚东

---

① Yadong Luo. *Guanxi and Business*, World Scientific Publishing Co. Pte. Ltd.p.12, 2007.

② 同上，p.14.

③ 同上，pp.14–15.

说，“信任是‘关系’的另一重要因素，与感情密切相关。两个人的感情越深，他们之间越信任。这就是为什么家庭或家族成员之间的‘关系’是最牢固和最持久的原因，也是为什么中国人一般不信任家庭之外的人的原因。自愿建立‘关系’的各方和社会因素必须展示出彼此的积极同理心的情感，以克服这种最初的不信任”[①]。对于可信，陆亚东指出，“可信是指一方当事人值得信任的程度。可信度高可以保证‘关系’的持久性。与一个几乎不可信的人的‘关系’是不可靠、无法预测和不稳定的。要想发展持久、稳定的‘关系’，需要评价一个人是否可信。这就需要从这个人的社会声誉、教育背景、过去做过的值得信任或者机会主义的事例以及与其他人的‘关系’情况等来确定。可信不取决于一个人拥有‘关系’的数量，而是质量”[②]。对于调和，陆亚东指出，“调和或者叫和谐是建立和维护‘关系’的另一个有价值的要素。……中国人一般希望他们的‘关系’各方在任何情况下都保持明显的和谐，并寻找解决分歧的办法，尽可能让所有相关方满意”[③]。

陆亚东探讨的面子、人情、信任、可信、调和这五个中国人为人处世的哲学对于发展和维系各种“关系”都非常重要。我们研究中国企业的“关系”管理思想不能简单地就“关系”谈“关系”，甚至只是看到所谓的走后门、托“关系”等层面的问题。实际上，面子、人情、信任、可信、调和或者和谐，对于中国企业“关系”管理实践才是更加重要的。这不仅融入了每一个中国人的生活和生命，而且弄通、弄懂这些问题，对于中国企业的人力资源管理也非常有帮助。特别是这五个为人处世哲学中的调和或者和谐思想，在我国传统社会包括当下的社会主义和谐社会建设中都有着积极的意义。

（四）中国社会的“关系”与西方社会的“关系”

普通的关系或者人际关系现象，哪个国家都会有。但是，“关系”现象是中国社会的特殊现象，与西方国家也非常重视的“关系”或者人际关系有着很大差别。从用词上看，西方国家所重视的“关系”或者人际关系一

① Yadong Luo.*Guanxi and Business*，World Scientific Publishing Co. Pte. Ltd.p.16, 2007.
② 同上，p.18.
③ 同上，p.19.

般用的是英语单词relationship，而表达中国"关系"现象一般用的是汉语拼音guanxi。陆亚东在书中的第2章"'关系'的经济分析"中，对这个问题进行了探讨。"中国的'关系'现象包括西方所说的"关系"的一些特征，但又具有中国的特质。……在'关系'网络成员之间的利益交换不仅仅是商业性的，还有社会性的，涉及人情的交换和给面子。'关系'是社会资本，与西方国家关注的商业基础、企业间的关系形成鲜明的对比。正是因为这个差异，一些西方商人过分强调'关系'网络中的送礼和请客吃饭的内容，这样就容易陷入庸俗的贿赂或被视为仅仅是酒肉朋友。'关系'是一种在人际关系上的投资，不单单是花钱帮忙。'关系'强化了个人之间的联系，将来也许能派上用场，也许用不上。"[①] 为此，陆亚东进一步指出，"中国的'关系'是基于好处交换之上的网络，在这种网络中没有任何规定，利益也不一定是相互的。相比之下，西方关系网络是建立在利益交换基础上的，在利益交换中，各方的承诺、贡献和义务都是有规定的，相关方的战略目标也是一致的"[②] 。从陆亚东对中国社会的"关系"现象与西方社会的"关系"现象的对比分析中我们可以看到，中国社会的"关系"现象是模糊和含混的，是靠人情或面子维系的。西方社会的"关系"是明确和清晰的，是靠明文甚至合同所界定清楚的。这就是我们中国人在各种人际交往中，需要揣摩人们的心理和彼此的"关系"情况的重要原因。我们研究中国企业的"关系"管理思想也需要将这种特点以及与西方的关系网络区分开来。"关系"现象的特征就是有着浓厚的中国文化气息以及中国社会的一些特质。

（五）"关系"与贿赂、腐败

"关系"现象在很多情况下会给人一种走后门、托"关系"甚至是贿赂或者腐败的印象。如果是这样的话，那么"关系学"不就成为"后门学""贿赂学""腐败学"了吗？因此，"关系"与贿赂、腐败不能画等号。陆亚东在书中的第1章"'关系'的界定"和第7章"'关系'与腐败"部分做了全面分析。对于"关系"与贿赂，陆亚东认为，"给一个人送礼是培养'关系'还是贿赂，取决于送礼人的主要目的是什么。如果一个政府官

---

① Yadong Luo.*Guanxi and Business*，World Scientific Publishing Co. Pte. Ltd.pp.50–51, 2007.

② 同上，p.52.

员以金钱换取帮助，这就是贿赂。如果一个人给另一个人生日礼物，那就是建立关系网络。如果一个人花钱请人出去喝茶，也不是贿赂”①。尽管从送礼这个具有中国传统风俗的习惯和行为基本可以区分出“关系”与贿赂的差别，但有时二者是交叉在一起的。譬如贿赂行为一般都是建立在“关系”基础上的。但是，如果是单纯地建立“关系”，增加感情，不求立即的回报，这就是“关系”现象。如果单纯就是为了从“关系”方尤其政府官员那里得到利益，一般是短期的利益，有时甚至是不合规、不合法的利益，那就是贿赂。因此，我们研究中国企业的“关系”管理思想需要注意二者的差别。

对于“关系”与腐败，陆亚东谈了九点区别。第一，“关系”是社会规范的一部分，而腐败偏离社会规范。第二，“关系”一般是合法的，而腐败则是非法的。第三，“关系”本质上是建立在恩惠交换基础上的，内含有人情、面子等道德因素，而腐败则主要是赤裸裸的金钱交易。第四，“关系”涉及隐形的社会互惠，腐败则涉及显性的交易互惠。第五，“关系”如果失败，不涉及任何法律风险，而腐败则与高法律风险和不确定性有关。第六，“关系”建立在长期导向基础上，腐败则是短期的交易。第七，“关系”没有规定时限，腐败往往需要及时性。第八，“关系”是建立在彼此信任基础上的，而腐败则是建立在金钱和权力基础上的。第九，“关系”是可以转移的，而腐败不能转移。②由此可见，“关系”与腐败完全不是一回事。但是，人们容易把“关系”现象看作腐败，是因为腐败在很多情况下是通过“关系”实施的。贿赂行为实际上就是一种腐败。近年来，党和国家对于贿赂和腐败行为加大了打击力度，“老虎”“苍蝇”一起打。这对于整顿社会风气尤其政治风气起到了非常好的效果。我们不反对正常的“关系”往来，但是如果违法乱纪、行贿和腐败，是绝对不允许的！我们研究中国企业的“关系”管理思想必须紧绷这根弦，把“关系”现象与贿赂、腐败彻底剥离开来。

（六）“关系”的未来

“关系”现象既是中国文化的产物，又是中国社会的一种特色现象，

① Yadong Luo. *Guanxi and Business,* World Scientific Publishing Co. Pte. Ltd.p.52, 2007.

② 同上，pp.215-218.

“关系”的未来发展成为很多学者考虑的问题。陆亚东对于这个问题有四点思考。他认为，第一，血缘“关系”与社会“关系”的未来是不同的，血缘“关系”未来仍然会在中国经济社会生活中发挥重要的作用。而社会“关系”则随着我国法制逐步完善，其重要性会逐渐降低。第二，随着政府权力的下移，与地方政府官员的“关系”的重要性会越来越重要。第三，“关系”与腐败会有更高的交融性或不可分割性。第四，“关系”对于不同个人和组织的重要性将呈现更大的多样性。①我们认为，随着我国改革开放的逐步深入和法制的逐步健全，血缘“关系”之外的社会“关系”的重要性将逐步下降。这是因为血缘“关系”更多的成分是感情，而社会“关系”更多的成分则是利益或者好处的交换。这种利益或者好处对“关系”网中的成员都会带来实惠，但不一定对“关系”网之外的人甚至社会或国家有益处。恰恰相反，这种好处有时是不合规、不合法的。对于这样的社会“关系”现象还是越少越好。我们研究中国企业的“关系”管理思想也要对这两种“关系”进行分析。社会“关系”应该更多吸收血缘“关系”的成分，增加彼此的情感和责任，减少利益的世俗成分。这样的“关系”才是健康、阳光的。

（七）“关系”的理论研究方向

陆亚东不仅分析了“关系”的未来发展方向，也探讨了“关系”的理论研究方向。他提出四点建议。第一，“关系”是一个复杂的、根深蒂固的、模糊的术语，涉及管理学、营销学、经济学、社会学、人类学、心理学、组织行为学、人力资源管理学等多个学科领域，因此需要建立一个跨学科、综合性的“关系”理论。第二，“关系”产生的实际机制的研究相对较少，“关系”的作用与企业的绩效之间有着怎样的联系，也是需要加强研究的。第三，要深入研究组织类型与“关系”的形成及应用之间的联系。第四，“关系”的正确运作被忽略了。陆亚东指出，20世纪七八十年代的多数学术文献主要研究“关系”是什么，之后的多数学术文献主要研究人们和组织为什么需要“关系”。现在的研究应该更多地探讨“关系”怎样产生意想不到

① Yadong Luo. *Guanxi and Business,* World Scientific Publishing Co. Pte. Ltd.p.32, 2007.

的效益，怎样规避“关系”的负面影响，怎样在“关系”发展中考虑伦理问题和制定制度，从而真正把“关系”转换成相关的资本。①陆亚东对于“关系”理论研究方向的思路，对于我们研究中国企业“关系”管理思想提供了重要参考。一方面，他指出了“关系”的复杂性和综合性；另一方面，他特别强调要加强“关系”的实际应用研究，譬如“关系”如何产生经济绩效、如何正确运作“关系”。这也是陆亚东全面研究企业“关系”管理的出发点和要达到的目标。因此，陆亚东提出了企业“关系”管理的主要内容以及主要做法。

二、企业“关系”管理的主要内容

要研究企业“关系”管理怎么做的问题，必须首先探讨企业“关系”管理的主要内容有哪些？然后，才会围绕这些内容推动企业“关系”管理如何做的相关工作。企业“关系”管理的实质是一种管理实践，也有着一般管理实践的共性特点。譬如，管理的绩效、管理的资源、管理的规划等。陆亚东主要围绕这三个方面对企业“关系”管理的主要内容进行了深入的探讨。他认为，对于管理的绩效，有两种形式的“关系”可以提高企业绩效，一个是与其他企业的“关系”，另一个是与政府官员的“关系”。对于管理的资源，企业通过与政府和其他利益相关者相互交换资源将“关系”开发成战略资源。对于管理的规划，“关系”是否可以提高绩效取决于企业如何使用和运作各种战略资源和市场资源。

（一）“关系”与企业绩效

陆亚东认为，“关系”对中国企业的市场扩张和销售增长有着直接的影响。这种影响一般是通过资源共享和社会、经济、政治环境中的内部交易完成的。因此，企业的管理者总会付出时间和精力来发展个人层面的“关系”，来推动他们的企业销售和财务收益的增长以及他们个人职业上的提升。“关系”不只是代表个人和组织的一种象征性的普通联系，而是中国企业的一种功利性机制，并通过这种机制实现资源的交换。当一个企业与其他

① Yadong Luo. *Guanxi and Business*, World Scientific Publishing Co. Pte. Ltd.pp.33–35, 2007.

企业和政府官员通过建立“关系”相互联系时，这个企业就会获得重要的信息，并扩充它的资源和能力。在“关系”网络中的合作企业彼此都会成为对方的资源，并通过人才、市场、资金、设施或政治资源的交换，提高企业生存和发展的能力。陆亚东还提出，中国作为一个新兴的经济体国家，各种经济制度和法律不健全，这就使得企业管理者利用个人的“关系”获得信息和促成生意。在这种情况下，“关系”在经济活动中发挥着重要作用，对于提高企业绩效也有着显著的效果。改革开放之后，中国经济的快速发展引起全世界的关注。这种快速发展的原因之一，陆亚东认为，是“关系”在其中发挥了重要作用。[①]

1. 企业之间的“关系”

陆亚东认为，企业之间的“关系”主要是指两个企业的经理人员之间培养起来的特殊来往，包括企业与供应商、顾客、同行之间的“关系”。企业与供应商之间搞好“关系”，可以获得有质量保障的原材料、好的服务和及时的配送。好的“关系”还可以降低购买的成本以及从供应商那里得到更多更持久的商业信用，从而为企业带来良好的效益。企业与顾客之间的良好“关系”，可以培养顾客对企业的忠诚、保障销售的渠道和可靠的货款，同时可以树立企业在顾客心目中的良好形象、提高市场效率、减少市场促销成本。企业与同行搞好“关系”，可以加强双方的合作和共谋，最大限度地降低市场风险，还可以在同行内部共享信息和保持价格的一致，从而提高共同的利益。因此，一个企业经理人员掌握的与其他企业经理人员之间的“关系”，对于企业绩效产生显著的影响。但是，陆亚东还指出，企业之间的“关系”以及其他方面的“关系”是需要前提条件的，那就是主要“关系”的准则和传统做法还在坚持遵循。一旦这些潜规则不再适用或者社会不再接受这种做法、“关系”和腐败交织在一起，那么“关系”就会带来意想不到的负面影响。我们认为，陆亚东对于企业之间“关系”的看法，既看到了有利的一面，也注意到了存在的隐患。企业之间的生意靠传统的个人之间的“关系”对双方确实都有好处，但是如果进入了“灰色地带”甚至违背了基

---

① Yadong Luo. *Guanxi and Business*, World Scientific Publishing Co. Pte. Ltd.pp.79–87, 2007.

本“底线”就会出现问题。

2. 企业与政府之间的“关系”

陆亚东认为，因为中国法制不是很健全，所以个人的“关系”可以带来很多实际的好处。特别是一些规则和制度有时比较模糊、不太明确，而具体的实施又是通过一些政府官员的个人解释。在这种情况下，稀有资源的获得主要是通过“关系”而不是官僚制度去分配的。在一定意义上讲，“关系”有利于促成各种交易，而正式的行政制度常会阻止它们。因此，中国企业会通过个人“关系”规避官僚障碍。这就使得“关系”对于中国企业的生存发展和经营绩效极其重要。这就需要中国企业的管理者必须与一些政府官员建立个人的“关系”。陆亚东特别提到，中国改革开放尽管有将近20年的时间，但是在不同层面的一些政府官员仍然掌握很大的权力来批复一些项目、分配一些资源、安排一些资金和货物。其结果就是一些政府官员在复杂的“关系”网络中具有中心位置，企业在经济转型过程中不得不处理好与一些政府官员的“关系”。因此，在一个稳定的法制和规章制度不太健全的环境中，来自一些政府官员的随意干预成为一些企业遇到的发展阻力。尽管中国政府也出台了很多法律和规章制度，但是有的在实践中没有得到很好的执行。所以，中国企业一般不会求助于公正的法律制度，而是倾向于依赖他们与一些手中握有权力的政府官员的个人“关系”。个人的“关系”常常比法制程序和制度重要得多。对于稀有资源的分配，一般是通过与一些政府官员的“关系”，而不是行政规定去获得。“关系”为中国复杂的官僚体系提供了一种平衡。通过培养个人“关系”，会给企业提供规避一些规章制度的途径。所以，企业与一些政府官员之间的个人“关系”，对于企业经营绩效有着重要的作用。我们认为，如果我们的法律和规章制度发挥作用，“关系”现象就会减少。他提到的是我国改革开放不到20年的时候发生的现象。现在改革开放已经40多年了，特别是习近平总书记以及党和国家对于政商关系有了更加严格的要求，还专门出台了很多相关政策规范政商关系。一些“关系”现象的不合法不合规的做法就行不通了。

3. “关系”的成本

尽管“关系”能给企业带来很多好处，但是，陆亚东认为，“关系”

还需要付出成本，譬如人情。“关系”是相互的和功利性的。一个企业通过“关系”得到的好处，迟早是需要还的。“关系”是需要管理的，如果不还人情，就会严重危害到一个人的社会地位或“面子”。尽管“关系”对企业的销售增长有帮助，但是为了满足“关系”双方的相互需要，培养和维系“关系”的成本也很高。维系“关系”的成本有时还会影响到企业发展的效益。“关系”网络并不意味着一定带来利润增长，因为成本、责任、依赖等都是需要面对的问题。这些问题在经济改革和结构调整过程中还会增加，因为“关系”的维护需要大量的资金投入。从陆亚东的这个阐述中我们可以看到，“关系”的成本有时也是比较大的。任何事情都有两面性，有好的方面，也有不好的方面，甚至风险。

陆亚东在研究“关系”与企业绩效的同时还指出，影响企业绩效的因素不只是“关系”，还有其他更多的因素。特别是随着中国的竞争环境和市场体制逐渐规范和健全，企业更需要通过其他的市场手段提高企业绩效。譬如，产品质量、广告促销、技术研发、运营技巧、供应链、顾客服务、管理技能等。陆亚东的这一观点非常全面。一方面看到了我国经济社会的发展，另一方面也指出了企业管理的全面性。

（二）“关系”与组织动力

陆亚东认为，“关系”尽管遍布在中国社会的方方面面，但是企业对丁“关系”的需要也是多方面的。中国企业通过与市场机构和政府机构合作和交换好处来发展“关系”，但不是搞腐败，当作企业的一种战略手段。“关系”在中国社会是个人之间和组织之间的一种文化现象。“关系”对于中国企业绩效有着重要影响。它影响了一个企业的资源流动及其与外部环境的相互作用。在中国进行经济改革和知识产品保护还不健全的情况下，利用“关系”管理不确定性和外部依赖变得非常重要。“关系”的范围对于企业发展有特殊的作用。它取决于各种组织的特征，譬如战略能力、方向、规模、历史等。这些组织特征也会为企业之间的交易形成一种环境，影响组织网络的经济和经营效益。中国企业运用“关系”相互依存，规避企业的劣势、组织结构的不足和其他外部的威胁。一个企业的机构、战略和组织的环境常常在“关系”中存在。“关系”的有效运用取决于是否与企业的结构、战略、特性相匹配。“关系”作为个人的联系，却成为企业层面的资产，被企业运用并有力发展。企业之间的“关系”，被称作“关系户”，是通过个人的联系建立和发展起来的。企业层面的“关系”需要强有力的管理者。随着中国的经济改革，一些企业的“关系”使用逐渐普遍和渗透。对于使用个人的“关系”为企业获取资源和推销产品的人员，会有一定的回报，譬如回扣、奖金和提拔等。陆亚东认为，企业的“关系”一般特指企业的管理者与一些政府官员之间的个人联系。

1. 制度因素

陆亚东指出，在中国经济转型期，制度影响主要体现在所有权和企业所在区域两个方面。所有权可以把企业分为非国有企业和国有企业。企业所在区域是指企业处在经济开发区域还是非经济开发区域。在所有权问题上，改革开放之后，非国有企业也就是私人企业发展快速，但是资金控制和稀有资源多数都在国有企业手中。早在20世纪80年代初期，私人企业发展受到一定的限制。当时一些国有企业或地方政府完全控制着资本的重新分配和重要的原材料。私有企业不得不与国有企业竞争稀有资源。私有企业还面临着政治上的不确定性。他们的生存依赖于政府制定的不稳定的市场规则。在这种制度不完善的情况下，私有企业不得不通过正式和非正式渠道与当地政府官员培养长期的相互有利的“关系”，以降低他们的交易成本。中国企业常常会通过个人层面的相互有利的“关系”确定交易合同，这样也可以得到当地政府的支持。随着大量私有企业的出现，国有企业也开始在管理和激励制度上进行改革，以适应市场的挑战。面对市场的低效和产权不清晰的状况，“关系”网络取代了政府调节、资源配置的正式渠道。因此，非国有企业比国有企业更倾向于依靠“关系”。[①] 陆亚东描述的这些情况主要是在我国改革开放初期，包括后来的国有企业改革时期。因为，当时各种管理制度还不健全，国有企业产权不清晰是当时的实际问题。国有企业和非国有企业当初的竞争也确实不太平等，很多资源和机会都给了国有企业。这主要是因为当时我们的改革还没有完全铺开，特别是国有企业改革还没有深入进行。非国有

① Yadong Luo.*Guanxi and Business,* World Scientific Publishing Co. Pte. Ltd.pp.105–112, 2007.

企业也就是私有企业在当时还没有完全放开发展。但是，现在这些问题很多都已经得到了解决。因此，我们研究中国企业的“关系”管理思想就要注意到现在的新情况和新问题，做出新的判断和思考。

2. 战略因素

陆亚东根据战略管理学家波特的战略理论，将“关系”分为两类，即差异化导向的“关系”和成本领先导向的“关系”。在差异化导向的“关系”中，企业需要借助“关系”网络，降低市场的不确定性和因创新及挑战带来的风险。他们强调与当地市场沟通以及扩展市场边界，以容纳动态的变化和市场扩张的需要，从而确认和寻找投资新兴市场的机会。转型经济带来的不确定性越高，使得差异化导向的企业越要进一步寻求与工作环境中的各种竞争力量和一些政府官员建立“关系”。差异化导向的企业通过“关系”网络会减少不确定性和保护必要的资源。与差异化导向相反，在成本领先导向的“关系”中，一般追求稳定，看重眼前利益，而不追求变化，做到回避冒险。差异化导向则是不断寻求新的变化。对于成本领先导向的企业来说，他们不太需要与外部市场力量或政府官员建立“关系”。在经济转型期，“关系”培养要付出非常大的成本。企业通过付出很多管理费用维持与一些政府官员的“关系”，以得到政治上的保护和可靠的稀缺资源。这就阻止了成本领先导向的企业去寻求“关系”。只有差异化导向的企业才会更愿意利用“关系”网络。[①] 陆亚东从战略管理的两个导向探讨“关系”现象，对我们研究企业的“关系”管理思想有一定的参考价值。那就是，“关系”管理要纳入管理的语境和实践中去思考才更有价值。

3. 组织因素

陆亚东主要从组织的规模、资源、历史三个方面探讨了企业“关系”管理问题。组织的规模主要谈的是企业的大小问题，资源主要包括技术技能和管理能力，历史主要是指组织发展的历史长短。[②]

（1）组织规模

陆亚东认为，在中国，绝大多数的大型企业是过去老的计划体制的产

① Yadong Luo.*Guanxi and Business*，World Scientific Publishing Co. Pte. Ltd.pp.113–115, 2007.

② 同上，pp.115–120.

物。在改革开放之前，企业的规模大小是由政府决定的。一些小企业一般得不到政府的支持。他们也没有与政府进行商业谈判的机会，他们的发展还会受到政府的干预和阻止。由于政府对大企业的保护，当时的中国大企业就比较缺乏竞争意识和企业家精神，也没有积极性去和工作环境中的其他竞争力量或一些政府官员培养“关系”。相反，中国当时的小企业与一些政府官员之间的“关系”，对于他们的生存和发展是非常重要的。这可以克服他们的不利因素。这些小企业没有足够的组织能力与大企业竞争，但是，他们在战略和运营方面灵活。他们坚持企业家精神，积极开发各种“关系”以弥补他们在制度和竞争上的不足。他们因为小，在开发“关系”方面表现得更灵活。结果就是，在中国，小企业比大企业更倾向于利用“关系”网络。

（2）组织资源

陆亚东认为，科技水平和管理水平在中国企业中与“关系”的相关性特别强。科技水平高的企业一般不需要靠“关系”网络。在经济转型期，拥有高科技水平的企业，就会有较强的与政府谈判的能力，因为政府也希望借助他们，快速发展当地经济。拥有高科技水平的企业几乎不需要和政府及管理机构搞“关系”。搞“关系”对于这样的企业来说，属于过度投资。相反，科技水平低的企业则需要利用“关系”提升企业竞争力，规避竞争劣势，争取得到供应商、顾客和政府的支持。特别是在市场机制不健全和产权不清晰的情况下，“关系”网络对于克服技术上的不足，是一种在经济上和文化上的可行路径。因此，科技水平相对较弱的企业比高科技水平的企业更需要“关系”网络的支持。

管理水平对于建立企业的核心竞争力更加重要，因为它们很难被别人模仿，属于稀缺的、专有的并基于企业内部的。在中国市场经济转型期，高效的管理技能仍然是稀缺的资源。但是，对于拥有高水平管理技能的企业来说，它们相对较少需要搞“关系”。相反，管理技能水平低的企业更需要通过搞“关系”开拓市场等。在中国，直接的个人营销主要利用的就是个人的“关系”。相反，高管理技能水平的企业会通过广告、研发、价格、服务质量而不是搞“关系”谋求发展。因此，管理水平弱的企业比管理水平高的企业更倾向于搞“关系”。

（3）组织历史

发展历史的长短，也是决定“关系”培养的重要因素。发展历史短的新企业一般不太完善和稳定，要花时间进一步制度化和规范化。老企业则有着相对齐全的组织机构和管理制度。在中国经济改革转型期，新企业一般比老企业更有活力，主要关注市场动向和经济绩效。这些新企业在选择适应市场需求的运作模式时反应比较敏捷，追求的是利润最大化。而老企业特别是国有企业更多承担的是社会责任。但是，由于新企业缺少规范性和竞争资源，他们一般比老企业更倾向于依赖于“关系”寻求发展。

陆亚东最后总结道，在中国社会，“关系”是一种重要的文化和社会现象，对于企业运营、生存和发展有着重要的影响。尽管“关系”的应用很广泛，但是中国企业在运用“关系”时有很多的差异。制度、战略、组织因素使得“关系”的运用有各自的特点。它们决定着“关系”需求的程度。其中，与一些政府官员之间的“关系”网络更多取决于企业的制度和战略因素。与各种市场力量之间的“关系”则取决于制度、战略和组织因素。陆亚东通过制度、战略、组织三个要素分析了“关系”产生的组织动力。总体上看，“关系”在不同组织背景和发展阶段以及组织的不同特点，就会有不同的“关系”现象发生。一般情况下，随着社会的不断进步，组织特别是企业的竞争力和管理水平的不断提高，各种规章制度和法制的不断完善，“关系”的重要性会逐渐降低。

（三）基于“关系”的企业战略

陆亚东认为，“关系”最终目标的实现依赖于内含“关系”的几个商业变量的应用和运作。在这些变量中，营销人员和交易中的信用是他研究的重点，还有基于“关系”的企业战略对企业运营的影响以及如何管理和运用基于“关系”的企业战略。①

1. 基于“关系”的企业战略

首先，陆亚东认为，一个企业可以通过他建立的“关系”网络提高企业

① Yadong Luo.*Guanxi and Business*, World Scientific Publishing Co. Pte. Ltd.pp.135–143, 2007.

绩效。“关系”网络构成了企业的核心竞争力和显著的竞争优势，可以带来高市场绩效。在战略管理中，有很多企业战略变量影响企业绩效。譬如，企业规模、价格、广告、研发等。但是，在中国社会，销售队伍和商业信用是两个重要的战略因素。他们对于企业绩效都有重要的影响。其中，销售队伍依赖于“关系”和合作伙伴，也就是“关系户”。销售队伍的营销有三种形式：销售队伍的直接营销、目标市场的区域销售机构、从企业外部寻找销售代表。其中，“关系”在销售队伍直销中的作用比较明显。尽管一个销售人员最初缺乏直接的“关系”网络，但是他可以利用他的间接“关系”网络，例如同学、朋友、同事等帮助推销产品。基于“关系”的个人销售可以产生很好的营销效果，甚至当产品不太具有竞争力的时候也会有好的结果。

基于“关系”的企业战略，还有一个变量是商业交易中的信用。对于买方来讲，需要在购买活动中扩大“关系”网络以得到更高额度的应付款，从而得到更多的商业信用。对于卖方来讲，他们希望能够在营销活动中有广泛的“关系”网络，以完成更高的销售业绩。在“关系”网络比较好的地方，可以降低交易成本，保障“关系”和市场交换机制的运行。陆亚东还指出，即使经济转型阶段发展到了市场化程度高的阶段，“关系”的重要性也不会降低。但是，资产专有性较高的企业活动一般会依赖“关系”网络，而资产专有性低的企业活动一般会通过市场交易。

企业战略的这两个变量都是发生在市场营销活动层面，一个是人员销售，一个是买卖双方的信用保障。“关系”营销也是当前学术界研究的一个热点问题。按照陆亚东的理解，营销产品和服务的实质是营销“关系”。因此，在经济转型期到市场程度比较高的阶段，“关系”的重要性还是存在的。

2. 基于“关系”的企业战略的影响

陆亚东指出，人员销售在很大程度上取决于“关系”网络，他们可以通过自己的“关系户”享受优先的待遇，从而可以获得较高的经济业绩。即使有时候产品缺乏一定的市场竞争力，企业可以依靠好的“关系”网络规避这个缺陷。买方如果不购买“关系户”的商品，就会破坏双方的“关系”和丢“面子”。另外，发展和培育“关系”的边际成本与人员销售活动的边际成本相比要低得多。除了人员销售，商业信用对于“关系”的影响也很大。中国的销售公司为了提高市场份额，避免买方支付上的尴尬，双方一般建立“关系”保持彼此的信任，并为对方提供必要的服务。特别是在金融政策收紧的社会背景下，买方如果有广泛的“关系”网络，就会获得卖方更多的商业信用和货物。为了长期依靠“关系”发展，买方必须履行义务，保持对“关系户”的忠诚，有可靠的名声。这就意味着买方要及时向卖方付清货款，也不能期望不断地从“关系户”那里获取商业信用。对于卖方，得到买方的商业信用也与“关系”有着密切的联系。“关系”是相互的，要彼此给对方“面子”。相互给予好处和“面子”才使得“关系”网能够长期维持下去。

陆亚东还指出，由于中国的改革开放政策，“关系”会受到市场因素的影响。中国企业从西方和日本吸收和学习到很多管理经验和智慧。很多私有企业出现，国有企业的比例降低。企业的自主权越来越大。在这种情况下，企业会更多依靠市场进行决策和交易。陆亚东通过在江苏一些企业调研发现，销售人员营销对于企业发展非常重要，而“关系”对于销售人员开拓市场有着特殊的作用，从而对于企业的经营业绩和利润增长有着非常重要的意义。特别是买卖双方之间的特殊“关系”对彼此发展都很重要。买方通过卖方的“关系”得到支付上的便利，卖方通过买方“关系”实现销售的增长。因此，陆亚东认为，即使在中国经济转型期，“关系”仍然在企业发展中起到重要的作用。陆亚东对于“关系”的作用研究主要是基于我国改革开放初期即20世纪八九十年代的状况。当前我国经济社会的发展已经发生了巨大的变化。尽管买卖双方的“关系”有时还会起到一定的作用，但只靠“关系”而不考虑产品和服务的质量，盲目地彼此给予“照顾”，对于企业的健康持续发展是不利的。

3. 企业“关系”管理的意义

陆亚东指出，“关系”是中国社会影响商业活动效率最重要的要素之一。中国企业的商业活动更多依靠“关系”，西方企业的商业活动主要依靠法律合同。基于“关系”的企业管理对于中国企业的经营绩效有着很大的影响。中国人一般认为，只要成功搞好“关系”，生意和利润就会随之而来。

西方人则认为，只要有了成功的商业交易，“关系”就会产生。陆亚东进一步指出，在迅速发展的中国市场环境中，“关系”仍然有着重要的地位和作用。没有良好“关系”的建立和维持，很难有效地开展各种市场活动。与中国个人和组织进行商业交易，需要以“关系”为前提。陆亚东建议，西方的投资者和企业需要建立他们自己的“关系”网络，特别是通过个人层面的“关系”推动商业活动。有了个人“关系”就可以由“外人”变成“自己人”，彼此给予好处和“面子”。有时会通过小礼物、聚餐以及给予对方关注等维持和发展“关系”。西方企业需要了解和融入“关系”网络，提高他们的市场竞争力。陆亚东对西方企业提出的建议，一方面反映了“关系”的重要性，另一方面则体现了我国改革开放取得的成就对西方企业的吸引力在增强。但是，陆亚东所说中国企业靠“关系”、西方企业靠“法律合同”的情况，在当前我国经济社会环境中，已经发生了根本性的变化。随着我国市场体制和法律制度的逐步完善，中国企业的市场意识和法律观念也在增强。我们研究中国企业的“关系”管理思想，也必须建立在市场规则和法律制度之上。

（四）“关系”的培养

陆亚东认为，了解“关系”的建立、维持和强化，对于在中国的任何企业都很重要。因为这对于企业经营的效率和业绩都很重要，还会影响到企业的长期发展。他提出了8种培养“关系”的思路，即建立自己的“关系”网络、利用中间人、寻找正确的人、将个人的“关系”转换成企业的“关系”、雇用和安排中国人、管理组织内部的“关系”、“关系”的维持、提高可靠性。①

1. 建立自己的“关系”网络

陆亚东认为，人们之间的背景、特征或归属的共同性越多，彼此越在乎“面子”，“关系”也越容易建立起来。譬如同族、同乡、同事、同学等。在中国市场，企业如果没有搞好“关系”就很难发展。与中国人和组织开展商业交易应该认识到“关系”网络的重要性。他建议，西方投资者和企业也

① Yadong Luo. *Guanxi and Business*, World Scientific Publishing Co. Pte. Ltd.pp.301–312, 2007.

需要建立自己的“关系”网络。特别是对于刚进入中国市场的新投资者和企业，更需要有自己的“关系”网络。只有与中国当地的合作方建立了“关系”，西方企业的技术和组织竞争力才有可能发挥作用。西方企业需要了解“关系”的重要意义以及建立自己的“关系”网络途径，这会影响企业的经营绩效。中国的企业家、管理者和官僚机构都倾向于与自己走得近的人交往。因此，对于西方企业以适当的方式，花时间建立自己的“关系”网络很重要。

陆亚东还指出，中国的一些企业白天做生意，晚上才会真正地“工作”。也就是通过参加娱乐活动建立“关系”，彼此了解和建立信任，最终促成“生意”。晚上的聚会对于西方企业来讲，是与中国当地企业和一些政府官员建立“关系”的最好机会。譬如一起吃饭、帮助子女上学、购买家庭用品乃至化妆品、一起度假等。通过这些活动，西方企业就会给一些中国企业和政府官员留下深刻的印象，最重要的是与中国的一些企业和政府官员建立了自己的“关系”网络。这些“关系”的建立，就会形成企业的竞争力，并在未来较长的时间为企业带来持续的经济利益。另外，还可以利用现有的“关系”作为资源，发展更多的“关系”网络。

2. 利用中间人

陆亚东认为，中间人的合理使用，可以扩大“关系”网络的范围。中间人一般是指认识另一个人的朋友。他可以让两个陌生人的共同朋友牵线搭桥，建立“关系”。这样就形成了“关系”链条。在这个链条中，一个人可以帮助到另一个人，甚至是陌生人。他建议，西方企业在中国市场，可以利用中间人建立“关系”网络。特别是对于没有直接的共同背景的两个人建立“关系”，就需要他们共同认识的朋友帮助建立。能够担任西方企业中间人的，一般都是在西方留过学而且对中西文化都比较了解的人。在“关系”链条中，一般都会存在相互之间有过恩惠或提供过帮助。这样中间人才会发挥作用，不断将“关系”链条扩展。

3. 寻找正确的人

陆亚东认为，与合作伙伴的组织和政府机构的每一个人都建立“关系”，既不现实，也没有必要。因此，在建立“关系”的过程中，选择正确的人对于“关系”的有效性很重要。西方企业在中国企业高层寻找正确的人，应该找握有实权并能控制企业的人，最好还要与当地政府有好的“关系”资源。他强调，权力越大越好。与分管生产、营销、财务的企业副总经理建立“关系”也非常重要。西方企业刚到中国时，可以先与一些部门经理接触。在中国一些大型企业，中层经理一般负责小额的投资项目以及日常的进出口业务。在各层面的管理者中，与高层管理者的“关系”是第一位的。除了与中国企业搞好“关系”，还要与中国政府的一些官员搞好“关系”。他指出，西方企业最好找到能够最后做决策的一些政府官员，至少在决策中起到关键作用的一些政府“官员”。西方企业最起码要与身居高位的关键人物搞好“关系”。

4. 将个人的“关系”转换成企业的“关系”

陆亚东指出，个人的“关系”与企业的“关系”尽管相似，但是企业的“关系”一般是建立在个人的“关系”基础上的。因为所有商业活动一般都是个人来完成的。如果一个人离开企业，并带走了有价值的“关系”，企业就会有损失。因此，企业应该设计一个制度，将个人的“关系”转换成企业的“关系”。这就需要企业通过经济手段开展社会活动，将个人的“关系”转化成企业的“关系”。但是，企业的“关系”最终还需要个人“关系”来强化。不管是中国企业还是外国企业，都应该重视“关系”的社会资本和社会资源的价值。

5. 聘用和安排中国人

陆亚东认为，尽管一些西方企业成功建立了自己的“关系”，但是由于文化和语言的障碍，外国人与当地的中国人相比，在建立和发展“关系”方面就显得不利。因此，聘用和安排掌握必要技能和有价值的“关系”资源的当地中国人，有助于满足企业“关系”的需要。西方企业在招聘各个岗位的人员中，对于企业现有“关系”的维持和未来新“关系”的发展有不同的作用。譬如营销经理就需要比工程师拥有更多的“关系”资源。企业安排的员工就要考虑他的“关系”是否是企业需要的。譬如，财务经理有银行的“关系”，对于企业贷款和融资就很有帮助。西方企业有时还会聘用一些掌握重要资源的人物的子女，也是为了利用这些重要“关系”资源。除此之外，西方企业聘用中国MBA毕业生，也是建立有效“关系”的理想选择。利用他们，西方企业就可以在现有“关系”的基础上开发新的“关系”。

6. 管理企业的“关系”

陆亚东所说的管理企业内部的“关系”，是指将“关系”利益最大化，由一个业务部门转移到另一个业务部门。如果一个企业有很多分支机构和下属业务部门，就应该稳固和协调这些不同业务单元的“关系”需求。也就是说，一个业务单元的“关系”也会有益于其他业务单元。企业应该采取措施扩展“关系”的效用。这些“关系”主要是指企业与利益相关者的“关系”，譬如顾客、供应商以及政府机构的“关系”。对这些“关系”要进行分析和评估，这就需要了解哪些个人的“关系”会转化为稳定和持续的企业“关系”。但是，“关系”的建立是昂贵的社会投资。这也就需要定期对现有的“关系”进行评估，然后考虑是否还需要发展新的“关系”。“关系”一方得到另一方的好处后，就要在未来进行回报。没有后期的回报，“关系”很难持续下去。互惠是“关系”的特征，它既和道德捆在一起，又含有信任和可靠的意思。我们研究中国企业的“关系”管理思想就要全面考虑这些问题。

7. “关系”的维持

陆亚东认为，亲近“关系”的维持需要不断的社会互动，包括社会交往、请客吃饭、送礼等。没有这些，“关系”就会疏远，甚至失去“关系”。保持持续的社会互动的一个方法就是，增加更多的“关系”基础。多重的“关系”会增加社会互动的机会，也会增进双方的感情，让“关系”更亲密。相互的帮忙是维持“关系”的重要因素，尽管相互帮忙不是对等的。一般来讲，“关系”越亲近，双方的信任度越高。但如果没有了可靠性和信任做基础，亲近的“关系”就会很快疏远。陆亚东还指出，只是建立在物质基础上的“关系”是脆弱的，维持和强化“关系”的重要因素还在于难以模仿性。两个人之间如果感情比较深，家庭之间常走动，彼此都很真诚和坦率，那么他们的“关系”就比较稳定和可靠。

8. 提高可靠性

陆亚东指出，像“关系”一样，可靠性不是静态的，它会丧失。一旦可靠性确立了，它的维持依赖于好的工作绩效和人们的口碑。如果一个人不遵守诺言或骗人，他就会失去可靠性。基于社会约束和个人信任基础上的可靠性，根植于个人之间的“关系”。如果两个人之间的“关系”可靠并能相互理解，双方就容易形成共识。如果“关系”中的一方，因为某种原因，失去了另一方的暂时信任，他的可靠性还取决于“关系”的质量。两个人的“关系”越亲近，他越容易得到对方的原谅和理解。如果没有强有力和支撑性的“关系”，即使一个小的犯错，也会毁掉一个人的可靠性。个人的信任比经济价值更重要。

三、陆亚东的企业“关系”管理思想的意义

作为一位美籍华人，陆亚东是西方学术界系统研究企业“关系”管理思想最早、最有代表性的学者之一。他首先从“关系”在中国企业管理实践中的重要意义角度，系统探讨了“关系”范畴以及与“关系”范畴相关的其他范畴和理论。“关系”的主要内容是形成陆亚东企业“关系”管理思想的基础。尽管很多社会学家都在探讨“关系”的主要内容，但是从企业管理角度系统探讨“关系”的主要内容，陆亚东是做得最系统、最全面的学者之一。他不仅对“关系”的基础、“关系”的类别、“关系”的原则、“关系”的哲学、中国的“关系”与西方的“关系”差异、“关系”与贿赂和腐败等基本问题进行了全面探讨，而且还对“关系”的发展趋势和研究重点做了明确的论证，特别是“关系”管理的主要内容是他研究的重点。陆亚东的企业“关系”管理思想对我们研究中国企业的“关系”管理思想提供了丰富的素材和有价值的参考。

（一）强调了“关系”对于企业管理的重要性

陆亚东认为，不管是中国本土企业还是来中国社会发展的西方企业，都必须重视“关系”的重要性。因为，“关系”对一个企业的成功与否起着至关重要的作用。为此，他主要从“关系”的主要内容方面，阐述了“关系”重要性的原因及其丰富的内涵。陆亚东认为，“关系”之所以重要，关键在于它能给人们带来“好处”。“关系学”就是寻找“关系”、获得“好处”的“学问”。我们认为，“好处”是人们重视“关系”的一个方面。但是，中国社会的“关系”在很多情况下不是寻来的，而是既成的事实。父母子女

的“关系”、老乡的“关系”甚至同学、同事的“关系”等，是因为彼此有着共同的背景，这样“关系”就得以产生。因此，“关系”在多数情况下是需要经营和管理的。另外，“关系学”不等同于“关系”管理。“关系学”的重点在于有意识地“搞关系”“走后门”，更多的是不正之风的内容。“关系学”研究的是庸俗的“关系”。尽管“关系”是一种特殊的社会现象，但是，特殊不等于庸俗。特殊在于两个人的“关系”和其他人不一样，这种“关系”应该是一种健康的“关系”。庸俗则主要指两个人的“关系”更多是相互利用，甚至越过基本的道德底线或者法律底线，做一些见不得人的“勾当”。而企业“关系”管理研究的不是一种庸俗的“关系”，而是一种特殊的“关系”。这种特殊的“关系”在企业管理中发挥着特殊的作用。

陆亚东系统研究“关系”的重要性及本质后，特别指出了“关系”与贿赂、腐败不能画等号。这一点非常重要。如果“关系”就是世俗的“关系学”或者等同于贿赂、腐败的话，那么企业“关系”管理就没有研究的必要了。所谓“关系”的重要性就不值一提。因此，对于“关系”的重要性及其本质，既需要学术界在理论上做明确的解释和深入的研究，更需要在社会实践中做出正确的引导和合理的教育。现实生活中，确实有很多贿赂和腐败现象与特殊的“关系”牵连在一起。有些贿赂和腐败就是通过特殊的“关系”来完成的。但是，任何事情都有两面性。譬如一把刀，你可以用它来砍柴，也可以用它来杀人。两种情况下体现了刀的两种性质和功能。“关系”也是这样。“关系”可以增强两个人的友谊，也可以毁掉两个人的前程。这里面就有一个“度”的问题。同样是送礼，如果两个人为了友谊，经常会过年过节期间相互“走动”，这样的特殊“关系”就增强了双方的友谊。但是，如果两个人中的一方，寻找掌握着特殊权力和特殊资源的另一方帮忙，最终超越了规章制度或者法律界限，就是贿赂和腐败。这其中的“度”就是规章制度和法律。

（二）指出了“关系”的发展方向

陆亚东认为，“关系”的发展方向呈现两个特点，一个是血缘关系的重要性不会有多大的变化，而社会关系的重要性因为法制的逐步健全，将逐渐降低。另一个是过去的“关系”研究，关注的是为什么“关系”重要，未来的研究应该重点关注“关系”如何才能更好地发挥作用。这两个发展方向也确实是我们研究中国企业的“关系”管理思想要重点关注的。陆亚东提出的两个“关系”有着内在的联系。我们认为，社会关系是扩大的血缘关系。因为，血缘关系形成了基本的家庭关系。很多企业经常会建设“家文化”，让员工之间形成类似血缘关系的兄弟姐妹“关系”，增强员工之间的感情，提高企业凝聚力。在社会上很多人会“称兄道弟”，目的就是拉近彼此的“关系”。“国家”的这个叫法，也是把“国”当作扩大的“家”。陆亚东之所以强调社会“关系”的重要性会降低，原因在于很多的社会关系不是严格意义上的特殊关系。“关系”的特殊性主要是一种先天的、无选择性的“关系”，而重点不是在后天的、个人选择的“关系”。前者的“关系”是原因，后者的“关系”是结果。也就是说，前者是因为两个人的“关系”才形成了特殊交往，后者是因为两个人的特殊交往才有了“关系”。前者主要是血缘关系，后者主要是社会关系。社会关系的重要性之所以会随着法制的逐渐健全而降低，原因就在于社会关系是两个人经过特殊的交往后才形成的。他们的特殊交往的特殊，就在于有着特殊的目的。这个目的一般就是通过两个人的特殊关系去做一些常规的路径做不成的事情。而常规的路径就是按照“规定”和法律程序走的路径。社会关系一般就会绕过或违反“规定”甚至法律去做不合规、不合法的事情，这样肯定就会在法制逐渐健全的社会中受到阻止！这种做法更多地反映在所谓“关系学”的内容中。陆亚东指出的“关系”如何更好地发挥作用是未来研究的重点。这一点也是陆亚东企业“关系”管理思想的主要内容。

（三）提出了“关系”管理的主要内容

陆亚东认为，“关系”对企业及其经营业绩的重要性主要就是因为“关系”管理的主要内容在其中发挥了重要作用。首先，陆亚东认为，企业“关系”管理中的“关系”，最重要的有两种，一个是企业之间的“关系”，一个是企业与政府之间的“关系”。这两个“关系”表面看，是不同组织机构之间的“关系”，其背后的实质，反映的是两个人之间的特殊“关系”。企业与企业之间的“关系”是两个代表企业的人，一般是指两个企业的经理或业务人员之间的特殊“关系”。企业与政府之间的“关系”一般是指代表企业的领导人与代表政府的官员或企业的业务人员与政府的办事人员之间的特殊“关系”。而人情在这些“关系”中会起到重要的作用。其次，陆亚东还提到了影响“关系”发挥作用的三个因素，即制度因素、战略因素、组织因素。其中，制度因素的影响主要是指不同所有制形式的企业，“关系”需求不同；战略因素是指战略导向不同的企业，“关系”需求不同；组织因素是指组织的规模、资源、历史等因素的不同，会有不同的“关系”需求。最后，陆亚东提出了培养“关系”的8个方法。这实际上是陆亚东为西方企业进入中国市场后提出的企业“关系”管理的具体建议。

除此之外，陆亚东还提出了“关系”的组织动力、“关系”战略等问题。我们认为，陆亚东提出的这些“关系”管理的主要内容，对于丰富企业“关系”管理研究的学术体系以及指导企业“关系”管理实践都有着重要意义。特别是他提出的企业“关系”管理不只是管理好企业与政府之间的关系，还要管理好企业与企业之间的关系。这一观点大大丰富了企业“关系”管理的内容。这也就避免了很多人一提到企业“关系”管理，就只想到如何贿赂政府“官员”的狭隘甚至不健康的思路。企业与企业、企业与政府之间的“关系”都是企业外部的“关系”，企业内部的“关系”管理也非常重要。企业管理者与员工之间、员工与员工之间的“关系”对于企业凝聚力和竞争力的提升也有着很重要的作用。

第二节　罗家德的企业“关系”管理思想及其意义

罗家德也是研究企业“关系”管理最有代表性的学者之一。“我认为要了解中国人的管理学，三个概念最重要，一是自组织，二是修炼，三是关系。”[①] 其中，对于“关系”，罗家德进一步强调，“中国人的管理学不在于好的规划、成功的战略、有效的政策、有力的监管，而在于成功的‘关系’管理”[②]。罗家德对企业“关系”管理研究的理论基础，主要是费孝通

① 罗家德、曾明彬：《中国人的管理学》，吉林出版集团有限责任公司2010年版，第2页。
② 同上，第37页。

的差序格局理论以及西方的社会资本理论及其社会网理论。以费孝通的差序格局理论为基础，他提出了圈子理论。“圈子理论最重要的概念取材于费孝通的差序格局的思想。”[①] 对于社会资本理论及其社会网理论，他不仅认为，“社会网的视角是研究中国管理的良好理论基础，其研究方法是从事中国管理研究的良好工具”；而且进一步强调，“社会资本研究中无论是对关系网的潜在资源研究，动员过程研究，还是社会网结构分析方法，都是这类研究的良好工具。动员社会资本也罢，自组织也罢，其前提都是和谐关系与良好信任的环境，这正是‘关系’研究中值得我们深思的问题”[②]。罗家德的企业“关系”管理思想主要是基于中国“关系”社会的现实展开的。他认为，中国是一个“关系”社会，这种社会的最大特点就是容易和善于自组织，实现无为而治。中国最重要的治理模式是“关系”管理，但“很可惜我们今天的社会有一个误解，总把‘关系’变成短线的利益，甚至是不合法的、不合理的一种操作，真正的‘关系’管理的要义却是要经营一个信任的环境”[③]。而信任环境的经营需要中庸之道，礼法并治。“法是公平的基础，礼是带来人情、‘关系’、信任的基础。”[④] 通过以上罗家德的阐述我们看到，他对企业“关系”管理基本持肯定的态度。其理由既有中国社会“关系”现象的社会基础，又有费孝通基于中国传统儒家思想提出的差序格局理论以及西方社会资本理论和社会网理论。以此为基础，罗家德提出了5种领导艺术，即无为而治、礼法并治、恩威德并施、差序格局、中庸之道。

谈到无为而治，他认为，中国人管理的不只是企业，更重要的是管理一个网络。中国式管理的最高境界是无为而治，就是让员工自组织，实现自我规范和自我管理。自组织是为了激发中国人的生命力。礼法并治是指礼治和法治一起使用：既有法律制度的公平保障，又有礼治教化的约束；既有硬性的制度，又有人性的成分。在西方企业中更多提到的是规章、制度、流程等

---

① 罗家德、曾明彬：《中国人的管理学》，吉林出版集团有限责任公司2010年版，第123页。

② 罗家德：《中国管理本质——一个社会网的观点》，《南京理工大学学报（社会科学版）》2011年第1期，第37、40页。

③④ 同上，第35页。

内容，中国企业会有人情、面子、“关系”、圈子等内容。恩威德并施中的恩，就是鼓励和奖励员工；威，就是管理和约束员工；德，就是领导要身先士卒做表率。差序格局是指领导与员工之间亲疏有别，罗家德认为，和领导“关系”最亲密、最受领导信任的就是“亲信”。中庸之道就是动态平衡之道，礼治与法治的动态平衡就是中庸之道。除了这5种领导艺术，罗家德的企业“关系”管理思想还有4个方面值得我们重点关注，即圈子理论、“关系”的建立、营造信任的环境、“关系”管理的层次。

一、圈子理论

罗家德的圈子理论是在费孝通的差序格局理论和许烺光的情境中心理论基础上提出的。费孝通的差序格局理论提出，中国人的“关系”就像水纹圈似的差序格局，是一圈一圈由内向外依亲疏远近形成的。许烺光的情境中心理论指出，在家族群体中，个人相互制约、相互依赖，个人的网络以父母子女“关系”为起点，向外延伸形成。在这个“关系”网络中，不同的情境下会对不同的人，有不同的态度，即对家族内和家族外采取不同的态度、原则和方法。中国人对关系圈内和外的人态度不同，对“自家人”和“外人”也会有区别。“在中国企业的领导行为中，领导者也常会依据不同的情景将部属关系予以区隔，采取不同的对待方式。”[①] 区隔开的部属就形成不同的圈子。有的圈子比较亲密，有的圈子比较疏远。圈子理论就是描述和解释不同人际关系圈子的理论。按照这个理论的观点，每个人都会以自我为中心形成不同的社会人际圈子，这种圈子的一个特点就是“私”。但是，私不等于自私，与西方个人主义中的个人不同。西方的个人主义追求个人的利益，而圈子理论中的个人利益的实现，要以集体或者至少以所在的圈子的利益为前提。“在中国社会，领导者越想要追求个人的成就，就越是需要懂得形成集体，把集体成员当作‘自己人’，动员人脉网，营造集体目标，依靠一群人的力量，享有并分享集体成果。此时若强调个体主义式的个人利益，不愿与人分享私密信息，明显地追求自我实现，往往会被认为自私、短视甚至是无

① 罗家德、曾明彬：《中国人的管理学》，吉林出版集团有限责任公司2010年版，第122–123页。

礼。这样就得不到别人的合作，最终会走向失败的结局。”①罗家德的这个思想体现了圈子理论的两个特征，一个是圈子的形成要以个人为中心，另一个是个人的利益应该以圈子的利益实现为前提。

圈子理论与其说是受到费孝通的差序格局理论和许烺光的情境中心理论的影响，不如说是受到儒家思想的影响。罗家德认为，“两千多年儒家的人伦教化使得中国人十分重视家族关系，家族之内个人应该完全遵守三纲五常的行为法则，严守家族的规范，置家族利益于个人利益之上。所以在中国，家族是重要的行动单位，个人在其中只是一个分子，展现出集体主义的行为。家扩而大之，可以成为宗族，宗族可以是一个地方乡土社会的主体，宗族又可以扩而大之，成为乡亲，继之，则再扩大为讲义气的‘哥儿们’。所以家族之外，宗族关系、地缘关系、密友关系也让中国人表现出集体主义倾向”②。因此，圈子理论与儒家的人伦思想以及中国传统社会重视以家庭为中心的社会圈子，就反映了圈子理论的基本思想。但是，罗家德又指出，圈子理论的这些思想在组织管理中就是营造“家”的氛围，让组织成员有归属感，能够体会到家的氛围，培养员工的集体主义情感，这样就会减少内部冲突和矛盾。所以，领导对员工有时会像家人一样关怀。“对员工施恩德、讲人情，使员工把组织视为自己的家，把集体成员视为‘拟似家人’，增强员工的归宿感。……实际上，我们可以看到，在中国传统中，员工常是一群群由某一乡、某一村的乡亲组成的，这种以乡亲为基础组建工作团队的现象，即使到了今天仍普遍流行在一些产业里，如建筑业。在这种情势下，如果领导者不深谙中国人的‘关系’本质，不懂得中国人的行事伦理，不利用中国人的处世原则，不依‘关系’情境进行领导管理，不在企业当中形成家的感觉，公司的成功何日可待！”③可见，不管是领导有意营造“家”的氛围，还是自然形成的“家”的氛围，圈子对中国人的影响都是很大的。

一个圈子的人有认同感，彼此容易接受。不是一个圈子里的人可能就会有隔阂。就像上面罗家德讲的，一个地方来的老乡彼此走得很近，不是老乡的就没有这么亲近。为此，罗家德认为，“差序格局关系网是中国人的行

①② 罗家德、曾明彬：《中国人的管理学》，吉林出版集团有限责任公司2010年版，第124页。
③ 同上，第125页。

为本质，但是如果把圈内人和圈外人分得太清楚了，则会失去公平，中国人总是在人情困境中需要平衡人情与公平”[①]。所以，圈子理论虽然重视圈子在企业“关系”管理中的作用，但是圈子内外的群体要平衡好。实际上，在有些企业形成的小圈子现象，也不利于企业的发展。他们只关注小圈子的利益，而忽视了企业的整体利益。最终，小圈子现象就会成为企业发展的障碍。我们研究中国企业的“关系”管理思想也要辩证地看待圈子理论及其圈子现象，掌握一个合适的度，在应然和实然间找到一个平衡点。

二、“关系”的建立

罗家德在企业“关系”管理中提出了圈子理论，主要就是基于中国社会的“关系”现象。“中国人是人情社会、‘关系’社会，所以到最后不可避免会形成一个个圈子。从内圈的家人或拟似家人的关系，再到外圈的一些熟人朋友，我们都需要用智慧来经营这些‘关系’。不论是内圈的亲近之人，还是外圈的路人甲乙，若想要这些圈子健康发展，良好的‘关系’管理是必不可少的。”[②]为此，“关系”的建立步骤是罗家德企业“关系”管理中的又一个重要内容。他主要提出了建立“关系”的五个步骤，即慧眼识人、诚以待人、建立认同、广结人脉、正奇相间。

1. 慧眼识人

罗家德认为，慧眼识人就是如何认识陌生人，将陌生人引入圈子，由圈外人变成圈内人。要做到这一点，必须要看对人、选对人。企业招聘的时候就要特别关注哪些人与企业文化相匹配，特别是哪些人是领导欣赏的。同时，应聘者也会重点关注哪些企业是他最欣赏的，符合他的价值取向。俗话讲，物以类聚，人以群分；不是一家人，不进一家门。说的就是这个道理。“中国人总在寻求进入一个圈子，寻求一种家的感觉，这种归属感和家的感觉帮助我们建立了‘关系’。”[③]但是，罗家德还指出，慧眼识人还必须重视一个人的人品，特别是一些小人，一般是不被大家看好的。有时候我们会

① 罗家德、曾明彬：《中国人的管理学》，吉林出版集团有限责任公司2010年版，第125页。

② 同上，第153−154页。

③ 同上，第151页。

说，看人看“走眼”了，就是暂时被一些人的假象蒙蔽了。因此，慧眼识人是企业“关系”管理的第一步，也是进入一个社会圈子的第一步。在中国社会确实能看到各种人际圈子，同学的圈子、同事的圈子、老乡的圈子甚至业余爱好的圈子，等等。能否在这些圈子“混下去”，也要看一个人的人品。如果一个人的人品出了问题，即使在很亲近的同学圈子，也会被大家“孤立”、疏远，最后就会脱离这个圈子。

2. 诚以待人

通过慧眼识人，进入圈子后，“关系”能否持久发展下去，就需要以诚待人，要赢得别人的信任。罗家德认为，赢得别人的信任需要四个条件，一是言必信、行必果，二是诚实公开，三是公平一致，四是互惠关怀。“当这四种可信赖行为都满足的时候，我们才可能真正获得人家的信任，这四种可信赖行为缺一不可。一个人就算很有能力，事情总做得很好，但这个人老说谎或是做事不一致，今天做事做得很好，明天闹情绪，事情就做得不好了，这样的人别人不会信任他；一个人能够把事情做好，也能够言必信、行必果，但是这个人很自私，做任何事情的成果都是自己独享，别人什么好处都没得到，也从来不考虑别人的感受，这样的人也得不到别人的信任。建立这样可信赖的‘关系’合约是一个很漫长的人情交换的过程，在这个人情交换的过程中每一步都要体现可信赖行为，你是不是把事情做完了，是不是懂得了对方的心意，是不是做到了互惠互利，是不是言必信、行必果了，是不是能够言行一致。我们需要在非常长的时间里慢慢地把这种信任感建立起来。”①看来，建立可信赖的“关系”提出的要求很高，也很重要。一旦获得了别人的信任，就会得到更多人的支持和拥护，资源也会更容易获得。但是，一旦失去了别人的信任，也将是灾难性的。建立信任需要很长的时间，失去信任也许就在瞬间。

3. 建立认同

“关系”的建立必须有彼此的认同，才可能走在一起。认同是“关系”建立的第三步，也是关键的一步。因为它体现了“关系”的一个本质特征，

① 罗家德、曾明彬：《中国人的管理学》，吉林出版集团有限责任公司2010年版，第156页。

那就是“同”，即彼此有形成“关系”的共同背景和基础。罗家德认为，有九“同”是“关系”形成的最重要背景和基础，即同学、同事、同乡、同姓、同好、同行、同年、同胞、同宗。这九“同”中，有的是与生俱来的，譬如同宗、同姓、同胞等血缘关系，有的是后天形成的，譬如同学、同事、同好、同行等。这九“同”的“关系”就容易建立认同。除了九“同”，罗家德还提出了第十“同”，就是两个陌生人之间的共同的朋友。这个朋友相当于前面陆亚东提到的中间人。因为彼此都有共同的朋友作为中间人，两个陌生的人之间就可能建立“关系”。

罗家德还指出，中国人和西方人的认同不太一样，“西方人多半都是基于像宗教、地域、阶级、社会地位、性别这些比较抽象的社会团体，中国人则强调的是人的因缘，同学、同事、同好、同行、同年都是因为人与人之间因缘际会地认识了才有了‘关系’，进而发展出认同。所以除了血缘与地缘外，人缘是中国人另一个认同的基础”[①]。中国人一般都讲求 个缘分，也认同一个缘分。就是因为认同缘分，圈子里的人才会相互认同。“既然中国人大量的‘关系’来自于‘人缘’，也就是大家凭着‘关系’而结成圈子，这个圈子不会有必然的边界，也不像血缘或地缘来自于先天的赋予，所以这群人会有着共同的想象，去寻找一个圈子中所有人的共同认同，并把其变成高举起来的人旗，标志出圈子里的人与圈子外的人有所不同”[②]。在这个意义上讲，人缘对于“关系”和圈子的形成至关重要，甚至是决定性的一个因素。《水浒传》记录的水泊梁山好汉，也是基于人缘产生了共同的认同和追求，形成了一个标新立异的相对稳定的圈子。

4. 广结人脉

罗家德认为，中国人的“关系”不是封闭的，是能够改变的，可以由陌生人发展成熟人乃至圈子里的人。中国人的结亲、结拜、认养等方式使得没有血缘关系的人成为“家人”一样的人。“中国人‘关系’的一个特质是这个圈子可大可小，可收缩也可放大，圈外的人可以进入圈内，这个圈子是动

① 罗家德、曾明彬：《中国人的管理学》，吉林出版集团有限责任公司2010年版，第159页。

② 同上，第160页。

态的。”[①] 陌生人变成熟人，熟人变为类似家人的人。但是，如果“关系”处理不好，人情交换出现了问题，熟人就会变成“陌生人”，家人甚至变成“路人”，圈子里的人就变成了圈子外的人。这也体现了“关系”的复杂性，即具有情感性和工具性的双重特征。“关系”有情感的成分，也有功利性和互相交换好处或者相互提供帮忙的成分。中国人一般会以血缘关系和地缘关系为基础，不断扩充自己的“关系”网络，广结人脉。

5. 正奇相间

罗家德指出，正奇相间是指“关系”双方既有信任，又有权力的博弈。实际上，人际交往的“关系”中总会有矛盾和利益冲突以及权力博弈，这些多少都会影响彼此的感情和信任。“中国人的思维总是阴阳相合的，可以把信任与权力两种相异的逻辑在一个‘关系’中演绎。但如何拿捏准确，使之平衡，不会过犹不及，则是我们管理中最大的艺术。”[②] 但是，二者的平衡有一定的难度，总会有主有次。罗家德认为，“正奇相间的现象在我们的‘关系’处理中是不可避免的，但中国管理的智慧还是强调以正为主、以奇为辅，也就是以建立信任为主，不到不得已不要以权谋解决问题，这才是基业长青的‘关系’管理”[③]。因此，维持“关系”需要有技巧，更要有价值导向。技巧需要平衡信任和权力博弈，价值导向就是信任和权力博弈哪个为主，哪个为辅。罗家德指出，应该以正为主，以奇为辅的观点，我们很赞成。他还指出，一个人不能以权压人和以权谋算计人，要多用人情少用权谋，要维护自己在圈子里的名声，做人要留有余地，做事不能太绝，学会换位思考。“中国人的‘关系’合约可以长达一生，人情交换范围可以广及一切，保持了良好的熟人关系，将来还有无穷的可能性，所以留得人情在，不怕没柴烧，又何必要在一时一地争到‘关系’破裂呢？”[④] 罗家德所讲的这些观点，实际上也是中国传统社会做人和做事的基本信条和原则。做事先做人，在“关系”交往中没有做人的格局和境界，很难维持长久持续的良好“关系”。我们研究中国企业的“关系”管理思想也要把握好正奇相间这个

① 罗家德、曾明彬：《中国人的管理学》，吉林出版集团有限责任公司2010年版，第160页。
② 同上，第168页。
③④ 同上，第170页。

度，即以正为主，奇为辅；以建立信任为主，权谋使用为辅。

三、营造信任的环境

1. 价值文化引导“关系”

“关系”的形成必须要彼此信任，才容易建立并持续保持。罗家德从价值文化引导“关系”、人情与公平的平衡、流动的价值三个方面，阐述了营造信任的环境的重要性。其中，以文化和价值引导“关系”是指企业领导要以身作则，并创造出自我管理、自我协调的企业文化氛围，就可以营造相互信任的环境。罗家德所说的价值文化主要是指企业文化。在一定意义上讲，企业文化就是以企业领导者的经营思想为基础形成的价值文化体系，反映了企业领导者的价值取向，包括用人导向。一个企业内部的文化氛围，实际上就是“关系”氛围，反映了领导与员工之间、员工与员工之间、员工与利益相关者之间的“关系”处理的基本思路和准则。特别是在企业内部，各种“关系”需要彼此信任和支持，才能更有利于推动企业发展。这其中，企业领导者起到了重要作用。也就是说，企业领导者如何处理各种“关系”，特别是企业领导者倡导的价值文化，对于培养相互信任的“关系”氛围，起到重要的引导和示范作用。

2. 人情与公平的平衡

人情与公平的平衡，是平衡两个处事原则。一个是人情原则，一个是公平原则。具体讲就是，人们会对不同的人群实行不同的处事原则。一般情况下，对圈子内的人，人们一般遵循人情原则；对圈子外的人，人们一般遵循公平原则。人情原则是指人们之间更看重情感和人情的原则。人们对与自己情感深厚或者有特殊“关系”的人，会更亲近和看重一些；反之就比较疏远和淡漠。与之相反，公平原则就是对所有人都一视同仁的原则。按照公平原则，人们一般会按照规章制度处理人与人之间的关系。譬如，企业领导者要提拔干部，如果按照人情原则，就会对与自己有特殊“关系”的人优先考虑；如果遵照公平原则，就会一视同仁，严格遵守相关规章制度。“在现代企业管理实践中，关系协调与平衡成为管理艺术的重点与难点，因此关系管理也受到越来越多的重视。”①

罗家德举例说，“假如我是一个公司的领导，虽然我有一个小的亲信圈子，我要跟他们进行人情交换，但是我还有一个大圈子，我对整个公司也该‘爱民如子’，希望这个公司的所有员工把公司当成家，有一种归宿感。对这个大圈子，我要公平，要均分。这时候就容易发生一个冲突——我的熟人圈子，也就是我的班底圈子、亲信圈子的人情交换和更大圈子的公平发生冲突了。所以我们总是不断地面对平衡上的困难，这些平衡上的困难就是一种人情困境。而困境之一就是，我要用均分法则来对待圈子内的这些人。那么遇到问题时，我是凡事‘公事公办’，还是要用人情法则来对待这些熟人？这一群班底‘打下天下’，帮了我这么多的忙，但是遇到事情时，如果我‘公事公办’的话，虽然我做到了公平，但是圈子内的人就寒了心。困境之二是，如果我过分地重视人情，把这个圈子抱得紧紧的，那么就产生了另外一个问题，班底会变成一个权贵的小圆圈，亲信、班底抱团，我这种领导就会是非不分、法治不明，凡事都在维护自己人。公平一旦丧失了，大家又都离心离德，失望而去。在日常行为中，这两股力量时时在不同情境中拉锯，我们常常需加以平衡。……如何平衡，正是中国人的管理的智慧所在”②。罗家德提出的人情与公平的平衡，确实是中国企业管理中的一个现实问题，要人情还是要公平？二者的平衡应该是我们研究中国企业的“关系”管理要重点考虑的问题。这也启发我们，企业“关系”管理不能仅盯住“关系”是否腐败，还要扩大视野，进一步研究“关系”对中国企业管理实践的影响。因为，每个中国人都会受到“关系”的影响，甚至每个中国人都扮演着“关系”的某一个或多个角色，当这些问题发生在自己身上，应该如何处理？这是很现实的问题。如果完全依靠理性，当然会首选公平原则；但是人还是感情动物，人情原则也是无法回避的问题。当然，我们处理任何事情必须以国家的法律和政策为依据，但是，有些问题不足以上升到这个高度的时候，我们就要考虑如何权衡人情与公平的关系。这就是我们研究中国企业“关系”管理思想要特别关注的。

---

① 陈亚玉：《东南亚华人家族企业关系管理研究》，《心理科学》2006年第5期，第1274页。

② 罗家德、曾明彬：《中国人的管理学》，吉林出版集团有限责任公司2010年版，第177-178页。

3. 流动的价值

流动的价值，是指圈子一定是流动的。“中国人的人情社会、‘关系’社会之中，到了最后不可避免地会形成一个一个圈子，要想维持这些圈子的健康，固然要有赖于好的‘关系’管理，建基在共同的价值观上，建基在以身作则带出来的文化规范上以及相互认同之上。除此之外，这个圈子一定要是流动的、开放的，不断地让新血进来，然后老臣又能够得到尊重。”[①]可见，罗家德的圈子理论最终还是需要“关系”管理。“关系”管理要重点研究圈子现象和圈子管理。圈子既有相对的稳定性，彼此之间以人情交换为基础；又有一定的流动性，不断吸收新人进来，成为“自己人”。但是，罗家德提出了两个问题，一个是圈子的固化，一个是新人对老人的排挤。其中，圈子的固化是指圈子里的一些老人会垄断圈子的所有资源和好处，让圈子越变越小，使得新人想进都进不来，变成了少数所谓权贵的圈子。罗家德认为圈子的固化是圈子健康发展最忌讳的问题。而新人对老人的排挤是指圈了进来一些新人，尤其是如果进来一些小人，会不断排挤掉圈子里的老人，使得一些老人没有了地位和尊严，甚至被挤出圈子。

罗家德提出的这两个问题，实际上是圈子现象的两个极端现象。他同时也提出了解决这些问题的思路。“好的长期‘关系’管理，不可避免地会有一些‘圈内’熟人要以家人情感、人情交换、分享互利去带领。同时这个圈子一定要是活水源泉，不断地开放，让有功之人、有潜力之人进入。而出去的人又能够得到尊重，让老臣有威望，他可以变成你的老友，甚至是你的老师。亲信也有出路，最好就是‘裂土封侯’的方式，让亲信有自己的一片天。这正好是中国组织一放就活、效率创意的来源。让自己长期相处、高度互信、默契相投、价值相似、方向相同的亲信‘裂土封侯’，自组织自己的团队，出去开疆辟土，正是放而不乱的最好安排。……圈子内的老人不断地‘有出路’，就空出更多的位子给新人，这样圈子内有新血注入，圈子外的干部有希望，大家才不会觉得不公平，这个系统才会是健康的系统。可惜目前的现实常常是，有些领导获得一点点成功就自鸣得意、自吹自擂，于是忠

① 罗家德、曾明彬：《中国人的管理学》，吉林出版集团有限责任公司2010年版，第181页。

臣、老臣就变成了一个个没有好下场的可怜人，而新进来的却都是一些帮主子做丑事、逢迎拍马、无耻钻营的小人，最后把这个圈子固化得针插不进、水泼不入，成为权贵集团，再也没有流动性。这样的组织离死亡也就不远了。”① 总之，罗家德认为圈子的流动性才是保持“关系”乃至企业活力以及健康持续发展的关键。实际上，“关系”和圈子都有流动性的一面，都可大可小，有一定的伸缩性。就像皮筋一样，绷得太紧就断了，太松就没有力量。“关系”和圈子也应该有一定的弹性。

四、“关系”管理的层次

企业“关系”管理尽管是国内外学术界的一个研究热点问题，但是，人们一提到“关系”，基本都会持否定的态度。因为，很多腐败案件中常会有“关系”掺杂其中。“中国这个典型的‘关系社会’，因为权力的贪腐，让‘关系’变成了如洪水猛兽一般让人避之不及的词儿。人们普遍对充斥着‘关系’‘人情’的社会逆反情绪很高，提出了很多新的观念，比如主张法治取代德治或者是主张去‘关系化’，用契约道德取代传统道德等看法。法制建设的强化确实是应该的，但是却不能矫枉过正，因为‘关系’存在的合理性需要我们正视。”而且，“从某种程度上来说，中国人对待真正的陌生人确实有些冷漠，‘各人自扫门前雪，休管他人瓦上霜’是这一传统的真实写照。对于商场上的人来说，拉‘关系’找人脉就变成更加重要的事情了。有很多生意，如果是以陌生人的立场来处理，免不得就会僵硬许多；如果是以认识之人的立场来处理，些微的信任感会成为良好合作的润滑剂”②。罗家德充分肯定了企业“关系”管理研究的价值，并提出了企业“关系”管理的现实必要性。他进一步强调，人都是有感情的，总会有一些与自己更亲近的人，中国人不仅总会念旧情，还总是知恩图报。对待这样的人与陌生人就会有明显的不同。

因此，他指出，“每个管理者与这些家人、熟人的‘关系’总是无法割

---

① 罗家德、曾明彬：《中国人的管理学》，吉林出版集团有限责任公司2010年版，第182-183页。
② 罗家德、贾本土：《关系管理的真义》，《中国人力资源开发管理》2014年第12期，第98-100页。

断的。要求管理者将蛋糕简单地平均分也是不近人情的。或许，对于行政管理者而言必须要绝对的公平，因为公权力是属于每一个人的。任何一个执政者不应将公权力用于为自己的小圈子谋取私利。但是对于企业管理者而言，特别是对于企业的董事、创造者而言，这个企业是他们的私产，他们有权决定蛋糕做大以后如何分配。事实上，即便是在行政管理中也存在广泛的人情、‘关系’；即便有严格的法律规范，人情规则却依然是众所周知的‘潜规则’，在官场无处不在，并时时冲击着法律的底线。中国古代尚且有‘忠孝难以两全’的认识，如果我们用过于理想化的标准去要求人，往往会削足适履，适得其反。我们应当充分地尊重历史和现实，认真地考量人情与公义，通过综合平衡趋于‘善治’。作为一个管理者，无论是在企业还是政府之中，‘关系’管理的关键就是要妥善地经营好家人（拟似家人）、熟人的关系，使自己和大家能够保持长期的互信互惠互利，同时平衡好圈内人与圈外普通管理对象的关系。其本质，还是一个‘切蛋糕’的问题。如果有一块蛋糕，管理者应该怎样分配？是给自己的家人、熟人更多，给陌生人更少，还是应该统统平均分？这一问题的终极归宿，还是孔子、苏格拉底等古圣先贤早在两千多年前就开始探讨的‘何谓仁义’‘什么是公平和正义’。这些问题，也许再过一千年依然值得人们思考”[①]。为此，罗家德提出了企业“关系”管理的五个层次。

1. 拉“关系”

罗家德认为，拉“关系”是企业“关系”管理的最低层次。这个层次主要关注眼前的利益和好处。“短期之内谁对我有好处，我就把大量的资源送给谁以谋得利益；好处都自己占尽，坏事都让别人顶上。分配的时候重私人情谊而忽视公义。切蛋糕时，给自己有‘关系’的人蛋糕切得多一点，给其他人蛋糕切得相对少一些。当下不少官员为了让家人享受更好的物质生活条件，不惜接受贿赂；为了回报贿赂者，而不惜违法违纪，以权谋私。还有些官员，为了与更高级领导‘搞关系’，不惜重金行贿，触犯党纪法规。这些短线的行为是引起人们对‘关系’社会产生反感的最大因素。长期的信

① 罗家德、贾本土：《关系管理的真义》，《中国人力资源开发管理》2014年第12期，第103页。

任无法由此而建立，而最终也只能让个人走向毁灭。”[①] 因此，拉“关系”源于个人利益，有时也会毁于个人利益。私欲的膨胀，是拉“关系”的最大动力。

2. 利益分配

如果说拉“关系”主要是为了自己的利益的话，那么利益分配则主要是站在对方利益的角度处理“关系”。“关系”的功利性就说明，维持和发展各种“关系”的一个重要原因就是利益的驱动。一方面是想从对方得到好处或者利益，才会主动拉“关系”、套近乎；另一方面没有给对方好处或者利益，也很难从对方得到好处或者利益。在一定意义上讲，“关系”的核心就是利益的关系。在企业“关系”管理中，一个重要的前提就是要分配好“关系”各方的利益。如果利益分配不公平，甚至存在操作上的问题，企业“关系”管理就会遇到阻力。罗家德指出，“将各方面的利益都摆平，看起来似乎做到了‘均分’，但实际上有可能在摆平的过程当中存在拆东墙补西墙的行为，或是承诺了未来的收益以达到现今的让步。这些操作的漏洞一旦显现，‘关系’可能会随之破灭”[②]。

3. 人情交换

“关系”既有功利的一面，需要依靠利益和好处来维持和发展；同时也有情感和人情的一面，需要建立彼此的信任和情感基础。人情交换是比拉“关系”和利益分配更高一级的企业“关系”管理。“关系”双方由于长期的人情交换，特别是彼此建立长久的信任关系，使得“关系”的基础相对比较牢靠。人情是一个很复杂的社会现象，特别是在中国有着浓厚的社会背景和历史传统。我们平常听到和说的所谓的“人情债”，指的就是欠的人情是需要还的。这里的人情包括彼此的帮忙、照顾、关心、关爱等混杂着物质利益和精神情感在内的非常丰富的内容。人情一般发生在熟人之间或者圈子内的人们之间。“再好一些的‘关系’管理，是能够建立起长期的人情交换。广泛地建立起熟人连带，在对方未发迹之时就建立起信任关系。正如很多历史故事中写的那样，相识于草莽之际，当发达之后，渐次有人情账的慢慢偿

①② 罗家德、贾本土：《关系管理的真义》，《中国人力资源开发管理》2014年第12期，第103页。

还。”[①] 我们认为，人情交换尽管比拉“关系”、利益分配更高级，但是实质上有着差不多的内容。最终都是要满足彼此的好处和利益需要。人情的好处包括物质的好处和情感的好处，但物质的好处分量更重一些。

4. 双赢战略

双赢战略比前面三个层次更高一些，它强调的是双赢。“更高一些的‘关系’管理是缘于双方拥有共同的价值和目标，并且采取了双赢的战略。双方有着共同的价值观、分配原则，能够朝着共同的愿景努力。”[②] 这种“关系”管理相对前三个层次更牢固和永久一些，使得“关系”中的人们看得更长远，在心理上和人生追求上更容易产生共鸣，成为“关系”长久的永恒动力。譬如中国传统社会倡议的“义”，为朋友“两肋插刀”，结拜兄弟“关系”中的“不求同年同月同日生，但求同年同月同日死”（桃园三结义），等等社会现象，都体现了企业“关系”管理的双赢战略乃至多赢战略。在这个层次，“关系”中的情感成分更重一些，里面也有一定的功利性和人情交换。但是，功利性和人情交换不是最主要的。譬如《水浒传》中描述的水泊梁山的聚义厅，聚集了一批所谓的“梁山好汉”，反映了中国传统社会重情重义的传统价值取向。

5. 无为而无不为

无为而无不为是罗家德提出的企业“关系”管理的最高层次，“更高境界的‘关系’管理则是常人可望而不可即的。最高境界的‘关系’管理暗含了‘无为而无不为’的精神气质。一个人常年执着于一件事情，坚持自己的价值观，爱惜自己的羽毛，不用他去特意建立‘关系’，很多‘关系’自然而然就会找上门来”[③]。在这个层次，“关系”不像第一个层次那样去到外面拉“关系”，也不是单纯的利益分配和人情交换，而比双赢战略有更高的境界和追求。这个层次的“关系”遵循中国传统文化倡导的“无为而治”“无为而无不为”的思想境界。在这个层次的“关系”都是“吸引”来的。物以聚类、人以群分，很多人都“慕名而来”，追随有人生大境界和人生大修养的人。追随这样的人，与这样的人有“关系”就会让自己变得也更有境界，

①②③　罗家德、贾本土：《关系管理的真义》，《中国人力资源开发管理》2014年第12期，第103页。

更有修养。我们平时会说，自己成为什么样的人，周边才会有什么样的人，就是这个道理。自己变得优秀，周边才会聚集优秀的人。企业把自己做得优秀了，才会吸引到优秀的“关系”资源和“关系”企业。

以上罗家德提出的企业“关系”管理的五个层次，对于我们研究中国企业的“关系”管理思想很有启发。我们既不能盲目地全面肯定企业“关系”管理的价值，也不能把企业“关系”管理说得一无是处。任何事情都有两面性，我们要辩证地看待企业“关系”管理的意义和内涵。企业“关系”管理的意义在于营造人与人相互信任的和谐环境，在可信赖的人情交换中，守住公平和法制底线，解决人情困境带来的“以权谋私”问题，特别是要遵循基本的社会道德规范，塑造良好的互相监督的人际环境。这也是罗家德研究企业“关系”管理得出的基本结论。为此，他特别强调，企业“关系”管理并不等于贿赂、“走后门”，“我们应该从正面的角度对它进行解读。格兰诺维特也强调说不可能完全扼杀‘关系’，‘关系’在欧美管理学中也是存在的。如果扼杀‘关系’，交易中就会缺乏基本的信任，交易成本会变得无穷大。换言之，要承认中国人建立自组织的愿望，并适当地给予机会；要做好自组织中的关系管理，建立起自组织内、自组织间信任的氛围，将反应快速、高效协作的‘中国特色’发挥出来，用正面的影响压制那些负面的因素。关系主义的中国文化成了自组织出现的沃土，而做好‘关系’管理的最高原则的指导思想，还是指向我们一直推崇的中庸的管理思想。不应该把‘关系主义’当作中国管理的糟粕摒弃，应将‘关系’管理作为本土管理思想升华的突破口，加以深入研究，生发出适应本土文化的管理文化。”① 由此看来，罗家德也试图通过“关系”建构中国本土化的管理学理论。

五、罗家德的企业“关系”管理思想的意义

如果说陆亚东更多的是从传统的儒家思想视角研究企业“关系”管理的话，那么罗家德则主要综合了儒家思想与西方社会资本理论特别是社会网理论的思想研究企业“关系”管理。他是大力倡导企业“关系”管理最有代

① 罗家德、贾本土：《关系与本土管理学》，《中国人力资源开发管理》2014年第8期，第106-107页。

表性的中国本土学者。他尽管受到系统的西方社会学的教育和影响，但是对于以儒家思想为代表的中国传统文化特别是中庸思想情有独钟，先后用自组织、修炼、中庸之道阐述他的企业“关系”管理思想，并提出“圈子理论”。特别是他强调信任对于企业“关系”管理的重要性，并全面阐述了企业“关系”管理的五个层次。“在国内，滥用‘关系’、误用‘关系’的情况十分严重，以至于走后门、搞特权、派系抱团、内斗内耗的现象所在多有，往往一个弊案就是一个窝案，这些都是关系主义社会的负面现象。但我们不该因噎废食，而该好好地思考如何正确、健康地做好‘关系’管理，从而发挥快速、弹性的优势，减少结党营私的缺点，这有赖于本土管理研究的努力。”[①] 罗家德对企业“关系”管理最大的贡献就是以“关系”为基础推动中国本土化管理学的建构。

（一）提出“圈子理论”

罗家德提出的“圈子理论”认为，圈子把人分成了“自家人”和“外人”。人们对待“自家人”和“外人”的态度是不同的，圈子对一个人是有约束力的。但是，圈子是可以伸缩的，可大可小。“圈子理论”的这些思想对于我们深入理解和思考“关系”的内涵有很大的帮助。圈子指的就是因为人们彼此之间“关系”的特殊性所形成的交往和交际的人群。在一定意义上讲，圈子就是扩大的“关系”，“关系”就是缩小的圈子。一般来讲，“关系”是两个人之间的特殊联系或特殊交往形成的。“圈子”也要建立在“关系”基础之上。譬如，两个人因为来自同一个家乡，相互之间成为老乡关系；10个人也会因为来自同一个家乡，彼此之间成为老乡关系。10个人的老乡关系，实际上就构成了一个“圈子”，就是老乡圈子。其他的“关系”最终构成“圈子”也是这个道理。例如，同学圈子、战友圈子、亲属圈子等。“圈子”是一个相对封闭的特殊联系或特殊交往群。圈子里的人一般被称作“自家人”，圈子外的人一般被称作“外人”。“自家人”相互之间的“关系”比较特殊，相互之间走得比较近。在一个企业中，领导在平衡“自家人”与“外人”的利益时，一般更照顾“自家人”；在安排某项工作时，

---

① 罗家德：《商道中国：社会网与中国管理本质》，社会科学文献出版社2011年版，第23页。

使用“自家人”比使用“外人”更放心；在处理某项生产责任事故时，对“自家人”的态度一般会有人情的考虑，而对“外人”的态度一般会“公事公办”。这些现象也反映了“关系”的特殊作用。圈子里的人被称作“自家人”，实际上也是在基本的血缘关系基础上形成的拟血缘关系。圈子里的人就好比自己的“家人”一样，有着特殊的“关系”和情感，必然也就会有特殊的联系或交往方式。但是，圈子对于一个人的约束力也是很明显的。任何圈子都有自己的“规矩”。其中最重要的规矩之一应该是每个圈子里的人都必须维护圈子的利益。也就是说，任何个人的利益都不能高于甚至以损害圈子的利益为代价。这也是圈子文化的一个潜规则。圈子的利益要永远高于个人的利益。这样的潜规则也基本上是从“关系”的潜规则发展而来的。两个人的特殊“关系”也必须高于其中任何一个人的利益。也就是说，两个人中的任何一个人都不能以个人的利益来破坏“关系”。否则，个人的利益就不会得到保障。不管圈子里的哪一个人，为了自己的利益而牺牲或损害圈子的整体利益，也会受到圈子里其他人的反对，甚至“驱逐”出圈子。因此，圈子的伸缩性就体现出来了。圈子里的人会因各种原因离开圈子，圈子外的人也会因各种原因进入圈子。圈子就这样可大可小、伸缩变化。需要注意的是，圈子不能僵化或固化，甚至成为企业发展的阻力，否则，这样的圈子就不会得到企业支持和发展。

（二）强调了信任对于企业“关系”管理的重要性

罗家德在企业“关系”管理中特别强调信任的重要性。实际上，两个人特殊“关系”形成的前提就是信任。没有相互信任的“关系”是难以维持下去的。譬如，夫妻关系除了相互欣赏外，信任就是重中之重的因素。相互信任的夫妻才会白头偕老。一旦夫妻双方中的一方不信任对方，甚至经常怀疑对方外面有其他喜欢的异性。在这种情况下，夫妻关系就会岌岌可危。反之，夫妻之间的相互信任就可以牢牢将两个人的“心”永远系在一起。其他的特殊“关系”也是一样。两个“关系”特殊的人之间，彼此因为信任，多数事情都会委托对方去做，而不太担心出什么纰漏。这就是信任的力量。这种信任就来自两个人的特殊“关系”。一般来讲，以血缘关系为基础形成的亲属关系、家人关系是最值得信任的。而陌生人之间的信任一般是最低的。这是人们之间信任的两个极端。从这个意义上讲，企业“关系”管理的价值就在于保证人与人之间的相互信任。在一个企业中，信任非常重要。如果领导不信任员工，员工不信任领导，员工之间不相互信任，这样的企业就会经营得非常糟糕。信任对外就是“通行证”，对内就是“润滑剂”。作为“通行证”，信任可以为企业赢得很多市场机会和社会资源。作为“润滑剂”，信任可以为企业凝聚起一大批相互信任、彼此支持和互相鼓励的友爱、向上的员工队伍。“关系管理的真义是营造信任与和谐的环境，这有赖于可信赖行为的经营、长期的情感建立与人情交换、关系合约的缔结与维持、在人情困境中守住公平的底线。基于社会的一般道德标准建立小圈子内的良好规范，以及基于规范形成小圈子内舆论监督的环境。”① 企业“关系”管理的首要任务就是营造相互信任的“关系”环境。罗家德提出的三个营造信任环境的途径，即价值文化、人情与公平的平衡、流动的价值或圈子的流动，对我们都很有参考价值。价值文化就是用企业文化营造相互信任的企业环境，人情与公平的平衡就是要营造圈子内的人和圈子外的人相互信任的企业环境，流动的价值或圈子的流动就是要营造圈子里的老人与新人相互信任的企业环境。有了相互信任的企业环境，就可以大大降低管理的成本和减少烦琐的管理制度，大大提高企业的管理效率。从这个意义上讲，中国的企业“关系”管理比西方提出的企业文化管理更具有人性化和管理革命的意义。企业文化在西方被称为传统管理理论的革命，实现了硬性的制度管理向软性的企业文化管理的过渡。实际上，企业“关系”管理的革命意义就在于把信任引入管理实践，营造了企业相互信任的更高级别的软性管理。这样的管理才是真正高效的。管理最重要的对象是人，而人的最大问题就是能否相互信任。企业内部没有相互信任的环境，很多工作就会推诿扯皮、互相不负责任，造成不必要的人员内耗。而人员的内耗才是企业最大的成本！而减少这种成本的最有效办法就是信任。而“关系”则是产生信任的最重要的基础之一。因此，企业“关系”管理就是信任管理。

① 罗家德：《商道中国：社会网与中国管理本质》，社会科学文献出版社2011年版，第73页。

（三）提出了“关系”管理的五个层次

罗家德提出了“关系”管理的五个层次，即拉“关系”、利益分配、人情交换、双赢战略、无为而无不为。其中，拉“关系”就是与满足自己眼前利益的人拉近“关系”，利益分配就是要考虑和分配好对方的利益，人情交换就是“关系”双方相互交换人情和利益，双赢战略是“关系”双方要确定共同的目标，无为而无不为就是要靠自己的实力吸引更多的“关系”投奔自己。这五个层次的企业“关系”管理观点很新颖，对我们研究中国企业的“关系”管理思想很有启发。五个层次的企业“关系”管理有严密的逻辑性。最底层的“关系”是通过外面“做工作”一个个“拉”来的，最高层的“关系”则是通过自己的实力乃至魅力一个个“吸引”来的。“把关系理解为搞关系，是近年来中国人最大的误解，也造成外国人以为中国人的‘关系’就是腐败与特权。搞关系恰恰是由于一些人平时未能做好‘关系’管理，不得已‘临时抱佛脚’才出现的短线行为。”[①] 这种认识就把企业“关系”管理与更多负面意义的“搞关系”“走后门”等不正之风很好地区分开来。实际上，分析一个企业的发展，这五个种层次的企业“关系”管理一般都会经历。当企业刚创立的时候，没有什么市场影响力和品牌，一般就会从最基础的拉“关系”入手，到处求人托“关系”，开拓市场。当企业发展到了一定阶段，有了一定的原始积累和市场影响力，就会与建立的“关系”分享利益，进入利益分配的阶段，以求“关系”方继续帮助企业进一步扩大市场。等到企业再发展到一个新的阶段，市场影响力和经济实力更强的时候，就进入了人情交换的阶段。双方经过前两个阶段的相处，“关系”有了更扎实的基础。“关系”双方都会从对方得到自己想要的东西。再等企业发展的规模和影响非常大的时候，双赢战略就形成了。“关系”双方就会确定共同的目标实现双赢。最后企业做到国内乃至国际上的大品牌企业的时候，成为行业内的“翘楚”。这个时候，企业的“关系”管理就进入了崭新的阶段。很多“关系”就会找上门来，甚至一些地方政府以招商引资的名义，主动与企业建立“关系”，让企业支持一些地方政府的经济社会发展。这种现象与

① 罗家德：《商道中国：社会网与中国管理本质》，社会科学文献出版社2011年版，第73页。

企业刚成立的时候正好相反。企业刚成立需要一些地方政府支持，就得需要主动与一些地方政府建立“关系”。

通过罗家德提出的五个企业“关系”管理层次，让我们对企业“关系”管理的发展有了比较清晰的思路。我们在做这个课题之初，也有过迷惑。那就是“关系”现象在社会上的“口碑”不好，如果再研究企业“关系”管理，不就相当于“助纣为虐”？但是，经过我们系统全面地了解“关系”和企业“关系”管理的丰富内涵发现，企业“关系”管理是应该大力推动的一项重要学术研究工作，特别是对当前我们建设社会主义现代化强国，培育世界一流企业有着迫切的现实意义。中国企业进入世界500强的数量已经位居世界第一。如何研究中国企业发展中具有中国元素的企业“管理”思想，建构中国本土化的企业管理理论，有着重要的现实意义和学术价值。我们希望通过中国企业“关系”管理思想的研究，提出我们对企业“关系”管理内涵及其主要内容的理解，为丰富中国本土化企业管理理论做出贡献。

第三节　中国企业“关系”管理的内涵和主要内容

根据前面我们对陆亚东、罗家德两位研究“关系”管理最有代表性的学者的学术思想的梳理和研究发现，他们的企业“关系”管理思想都是站在中国企业管理的立场进行研究的。而“关系”两个字在西方学术界一般都是用汉语拼音“guanxi”来表示。因此，我们认为，企业“关系”管理一般指的就是中国企业“关系”管理。我们还发现，美籍华人学者居延安等人也出版过《关系管理学》的著作，但是他们所讲的“关系”是没有特殊内涵的“关系”，而是普通的“关系”。他们的英文书名为*Relationship Management: An Integrated Approach*。其中，“Relationship”这个英语单词代表了所有的“关系”。与汉语拼音“guanxi”不是一个意思。他们在书中说：“世上有了人，就有关系，有了关系，就有社会。而有了关系，就有关系管理。”①

① 居延安、胡明耀：《关系管理学》，复旦大学出版社2017年版，第1页。

可见，我们研究的中国企业的“关系”管理思想是以“关系”这一具有中国元素的概念为基础的。“关系”是中国的社会现象，企业“关系”管理也必然是中国社会的现象。从陆亚东的企业“关系”管理思想中我们看到，企业“关系”管理就是通过企业与企业以及企业与政府之间的“关系”为企业获取更多资源，从而提高企业经营绩效的管理活动。罗家德的企业“关系”管理思想则体现为，企业“关系”管理主要是管理“圈子”这样的网络，在企业内部营造信任环境、让员工实现自组织的管理活动。他们的企业“关系”管理思想重点关注了两类“关系”，一个是陆亚东所说的企业与企业以及企业与政府的“关系”，另一个是罗家德所说的企业的“圈子”。其中，企业与企业以及企业与政府的“关系”都是企业的外部“关系”；“圈子”可以指企业外部的“关系”，也可以指企业内部的“关系”，但更多情况下指的是企业内部的“关系”。我们认为，中国企业“关系”管理的重点在于企业的“关系”。企业的“关系”实质还应该定位在两个人之间的特殊“关系”层面。否则“关系”的含义一旦泛化，就失去了“关系”研究以及企业“关系”管理研究的实际意义。其次，中国企业“关系”管理应该立足于中国的社会背景和文化背景，这也是“关系”本身的特殊性所决定的。“关系”的汉语拼音“guanxi”表示方法已成为国内外学术界的共识。最后，中国企业“关系”管理应该涵盖管理实践活动中的各个层面，譬如战略管理、营销管理、人力资源管理乃至更基础的班组管理。任何管理的重心都应该是人。“关系”就是在人尤其中国人特殊联系或特殊交往层面讲的。譬如班组管理是企业最小的细胞，决定着企业的生产质量和安全质量等。如何发挥“关系”在班组管理中的作用，是非常重要的管理问题。我们在这方面已经发表了一些相关论文，提出了我们在班组“关系”管理方面的一些思路。总之，我们研究中国企业的“关系”管理思想就应该把最基础、最基本的问题分析到位，才有利于推动中国企业“关系”管理的深入发展。

一、中国企业“关系”管理的内涵

就像“关系”的内涵在学术界没有形成统一的看法一样，以“关系”为基础的企业“关系”管理的内涵在学术界也没有统一的意见。一般来讲，对于“关系”有多少种理解，那么对于企业“关系”管理就会有多少种理解。但是，就像大家认同“关系”的特殊性一样，企业“关系”管理的特殊性也是大家所一致认可的。因此，我们理解中国企业“关系”管理的内涵，也应该从特殊性方面入手。中国企业“关系”管理的首要的特殊性还是体现在“关系”两个字上。其特殊性在于“关系”不是字面上的企业层面的“关系”，主要是指企业的某一代表人物的个人层面的“关系”。在企业的外部“关系”层面，这个代表人物一般指的是企业的领导或对外交往的业务人员。在企业的内部“关系”层面，这个代表人物可以指企业中的任何一个人。企业的外部“关系”的作用主要是为企业争取到更多的资源和机会，从而提升企业的市场竞争力。企业的内部“关系”的作用主要是为企业营造相互信任的良好氛围，从而提高企业的凝聚力。“关系”尽管属于个人层面，但最终受益的对象是企业。那么，企业的这些个人代表通过自己的特殊“关系”为企业发展做出贡献的同时，对自己的发展也会起到重要的作用。譬如，企业的某一市场业务人员，如果通过自己的特殊“关系”能够持续提升企业的销售额，那么他本人一方面可以通过提成获得更高的个人收入，另一方面还会受到企业的重用，有可能提拔到一个更高的职位上去发展。这样他就可以名利双收。在企业内部管理上，一些中国企业的领导更愿意任用一些与自己有特殊“关系”的人，主要原因在于彼此信任。这种信任就来自于双方的特殊“关系”。也就是说，双方的特殊“关系”为信任做了“背书”。实际上，通过“关系”做“背书”不只是在企业内部“关系”上，在企业外部“关系”上也是常见的。譬如，企业与供应商之间的特殊“关系”，使得企业就比较信任供应商及其供应的原辅材料。这样也大大降低了市场的风险和成本，反过来也大大提高了企业的市场效率。

基于这些思考，我们认为，中国企业“关系”管理的内涵就可以从“关系”的特殊性入手进行界定。当然，“关系”的特殊性必须服务于企业的发展。这里面还存在一个风险就是，一旦掌握这种特殊“关系”的个人离开了企业，企业的这种特殊“关系”就会跟着离开企业。这就是企业要面临的风险。为了防范这种风险，一般就需要企业做更多的工作，将个人的特殊“关系”引导、转变为企业层面的“关系”，成为真正的企业的特殊“关系”。

这样就可以由过去信任企业中的某个人而过渡到信任企业。因为信任企业，所以才会有特殊的联系和特殊的交往。所以，我们认为，中国企业“关系”管理是指中国企业通过对企业内部某一个人的特殊“关系”为基础形成的企业内外部的特殊“关系”，进行经营和管理，对内提高企业凝聚力、对外提升企业市场竞争力的活动过程。我们这里讲的特殊“关系”也是中性的，既不是广义的所有的“关系”，也不是狭义的“搞关系”“走后门”的“关系”。我们的界定中使用了两个层面的特殊“关系”，主要就是希望个人层面的特殊“关系”可以转化为企业层面的特殊“关系”，从而成为企业的重要资源。但是，我们也知道，企业层面的特殊“关系”在很多情况下也需要与企业中的某个人建立特殊联系或特殊交往。即使过去建立企业特殊“关系”的人离开了企业之后，企业中的其他人就会帮助企业接续这种特殊的“关系”。由于“关系”中的人情、面子等这些特殊的内容，也会使得这种接续的特殊“关系”没有过去的“关系”更“特殊”，也就会失去“关系”的原初意义。中国的“关系”更多指的是作为两个人特殊联系或特殊交往的前提，而不是结果。也就是说，先有“关系”后有两个人的特殊联系或特殊交往。这是我们研究的“关系”的另一个特殊性。根据我们对中国企业“关系”管理内涵的界定，我们认为有以下几点需要重点说明。

1. 个人的特殊“关系”

中国企业“关系”管理的基础是个人的特殊“关系”。所以，中国企业“关系”具有我们上一章界定的“关系”的所有特征。二者的区别在于，两个人之间的“关系”是为了彼此满足对方的个人需要，中国企业“关系”则更多的是满足企业发展的需要，里面也包括“关系”双方个人的需要。个人的特殊“关系”在企业中要充分地挖掘，发挥它们应有的作用。一些中国企业在招聘新员工的时候，经常会招聘一些掌握对企业发展有用的特殊“关系”的特殊人才。这些特殊人才的特殊性不在于他们的学历和能力有多高，而是为企业发展争取资源和发展机会的“特殊本事”有多大！他们的“特殊本事”就在于他们的特殊“关系”可以帮助企业发展争取更多的资源和机会。这样的“特殊人才”一般都安排在企业的公关部门工作。在企业产品推销过程中，这样的“特殊人才”可以首选自己的特殊“关系”客户。如果双方都是同学关系，做起工作来就顺畅得多。作为买方，只要产品质优价廉，对自己的企业发展有帮助，买谁的都是买。而买自己熟悉的人的产品，更值得信赖。“关系”可以为信任“背书”。俗话讲，人脉就是财脉。企业拥有的个人特殊“关系”越多，企业发展的机会就越多。所以，我们在社会上发现，很多企业家的成功在很大程度上来源于他的特殊“关系”。为了维持和发展各种特殊的“关系”，请客送礼现象非常盛行。但是，需要强调的是，企业通过个人的特殊“关系”发展企业，必须遵循基本的原则和底线。这其中既包括道德底线也包括法律底线。

2. 企业的特殊“关系”

企业的特殊“关系”才是企业“关系”管理的直接对象。在一定意义上讲，个人的特殊“关系”属于个人的私生活，企业不便于过多地介入。但是，一旦个人的特殊“关系”发展成为企业的特殊“关系”，就需要企业特别重视和关注。企业的特殊“关系”主要是为企业服务的，个人的特殊“关系”主要是为个人服务的。企业的特殊“关系”之所以能够为企业服务，在一定意义上主要是因为看重个人的特殊“关系”。因此，中国企业的“关系”管理首先就要认清这两个特殊的“关系”的关联性。这就需要企业重视这两个特殊“关系”的同时，更加重视“关系”背后的那个特殊“个人”。这个特殊“个人”是维系企业特殊“关系”的关键。可以说，没有他，就没有企业的这个特殊“关系”。从这个意义上讲，企业的特殊“关系”就是这个特殊的“个人”。这个特殊的“个人”可以是企业的领导，也可以是企业中的任何一个人。譬如，这个特殊的“个人”是领导，这位领导就会对外依靠个人的特殊“关系”为企业赢得各种资源和机会，对内依靠个人的特殊“关系”树立自己在企业中的威望，以及营造相互信任的环境。企业的特殊“关系”就是这位领导在企业内外部的个人特殊“关系”。除了企业领导，企业的其他人也可以利用个人的特殊“关系”为企业发展做出贡献，把个人的特殊“关系”转化为企业的特殊“关系”。这些情况进一步说明，很多表面看是所谓拉来的“关系”、找到的“关系”，好像“关系”就是特殊联系或特殊交往的结果。实质上，这些“关系”之所以能拉来、能找来，主要还是因为有前期某个人的特殊“关系”做基础。两个陌生的人之间不会轻易有特殊的“关系”，即使有了特殊的“关系”，一般也是通过与这两个陌生的人都有特殊“关系”的第三方牵线，才会让这两个陌生的人有了特殊的“关系”。所以，企业的特殊“关系”也是这样形成的。

3. 企业“关系”的经营和管理

不管是个人的特殊“关系”还是企业的特殊“关系”，都需要用心经营和管理。尤其是企业“关系”的经营和管理更加重要。这也是中国企业“关系”管理的核心内容。企业“关系”既要经营，又要管理。经营企业“关系”主要在于维护和发展企业的各种外部“关系”资源，提高企业的市场竞争力。管理企业“关系”主要在于梳理和协调企业的各种内部“关系”，提高企业的凝聚力。企业外部“关系”的经营和企业内部“关系”的管理同等重要。二者的侧重点不一样。经营企业外部“关系”侧重点在于利益交换，管理企业内部“关系”侧重点在于情感交流。“关系”本身所具有的利益与情感的交融性就分别体现企业外部“关系”的经营和企业内部“关系”的管理上面。譬如，企业与供应商之间的特殊“关系”必须能够满足双方的利益需要。否则这种特殊“关系”就很难维持下去。企业与政府之间的特殊“关系”也是一样。如果企业只是考虑自己的经济利益，而不考虑为当地政府的经济社会发展做贡献，那么他们的“关系”也会受到影响。在企业内部，企业领导与员工的“关系”必须做到相互照顾和相互支持，否则双方的“关系”也难维持。两个员工之间的特殊“关系”也是一样。他们在企业内部必须相互关心和相互鼓励，彼此给对方“面子”，否则他们的“关系”也难持续。但是，企业外部“关系”侧重利益交换和企业内部“关系”侧重情感交流只是相对的提法。因为，企业外部“关系”如果离开了情感的信任也难以保证双方的利益。企业内部“关系”如果没有了人情交换和利益支撑，所谓的情感信任就缺少了足够的保障。

二、中国企业“关系”管理的主要内容

中国企业“关系”管理特别强调“中国”两个字，一方面是因为我们的课题就是中国企业的“关系”管理思想研究，另一方面是因为“关系”更多指的就是中国的社会现象。从陆亚东的研究成果我们发现，企业“关系”

管理还包括在中国市场发展的西方企业。这些西方企业要在中国社会发展，企业也要重视内外部的“关系”。因为，外部“关系”和内部“关系”面对的几乎都是中国人。“关系”实质上就是中国人相互联系和相互交往的特殊方式。我们认为，企业外部的“关系”、企业内部的“关系”、企业的“圈子”是中国企业“关系”管理的主要内容。其中，“圈子”是“关系”的另一种表现形态。“关系”是缩小的“圈子”，“圈子”是扩大的“关系”。在这里我们之所以将“圈子”单列，主要因为罗家德提出的“圈子理论”有较高的学术价值，又有较强的现实意义。就像我们研究的“关系”是中性的一样。“圈子”也是中性的。我们将所谓的“拉帮结派”的“小圈子”现象与我们研究的“圈子”现象区分开来。尽管二者有一定的相似性，但是，前者在更多情况下是将“小圈子”的利益置于企业的利益之上。我们研究的“圈子”必须以企业的利益为前提。罗家德认为，中国企业的员工一般身处在差序格局的人脉网和“关系”网中。“这就造成了中国尤其发达的‘圈子现象’。中国人不会在一家公司里追求归宿感，而是会在自己的小圈子里找归宿感。成功的公司领导要把整个公司变成一个圈子，但大多数公司里面都有很多的派系和小圈子。因此，中国人的一个非常重要的工作动机就是进行人情交换，进入别人的圈子，累积人脉，组织自己的圈子。”[①] 因此，“圈子”的管理是中国企业“关系”管理中非常重要的一个内容。

（一）企业外部的“关系”

企业外部的“关系”主要是指企业与企业的外部利益相关者之间的“关系”，主要包括企业与企业之间的“关系”和企业与政府之间的“关系”。人们一般对于企业外部的“关系”都有一种偏见，那就是认为这种“关系”就是与政府或政府的某个领导有特殊的“关系”，便于暗箱操作、寻租交易等。我们反对将“关系”停留在这种狭隘的理解上。我们研究的企业外部“关系”，除了与政府的“关系”，还有企业与企业之间的“关系”。二者有着同等的重要性。企业与企业之间的“关系”更加丰富。譬如，企业与供应商的“关系”、企业与顾客的“关系”、企业与同行企业的“关系”

① 罗家德：《商道中国：社会网与中国管理本质》，社会科学文献出版社2011年版，第102页。

等等。[①] 这些“关系”都会对企业的发展产生重要的影响。有了这些的“关系”，就可以为企业提供有保障的原辅材料、有保障的销售渠道、有保障的战略合作伙伴等。这些保障都来自“关系”双方的信任。而合作双赢、共赢的基础就是彼此的信任。企业与政府之间的“关系”也是这样的道理。一些地方政府不仅为企业发展提供所需要的各种政策环境，有时还会掌握一些必要的资源和项目。在这种情况下，如果企业与一些地方政府有着特殊的“关系”就会彼此增加相互的信任，一方面企业可以优先获得一些资源和项目，另一方面也可以让一些地方政府找到支持当地经济发展的理想企业。当然，他们之间的特殊“关系”必须经得起政策和法律乃至道德的考量。就像罗家德提出的五个企业“关系”管理层次中最高的“无为而无不为”一样，企业与政府之间的“关系”不是拉来的，也不是通过不正常渠道和手段“搞”到的，而是相互吸引来的。企业与政府彼此欣赏对方，才会在各自有需要的时候，第一时间想到对方。这样的“关系”才会是健康和可持续发展的。

（二）企业内部的“关系”

企业内部的“关系”也主要包括两种，一种是企业领导与企业员工之间的“关系”，另一种是企业员工相互之间的“关系”。后者包括企业内部所有人相互之间的“关系”。在这个意义上讲，后者应该包括前者。但是，企业领导与企业员工之间的“关系”非常重要，所以才专门拿出来单独列为一种。“企业只有重视领导—员工‘关系’，才能吸引和留住员工，特别是核心员工，激发员工积极的工作态度，发挥员工的最大价值，企业才会具备持久的竞争优势。相反，忽视领导—员工‘关系’将导致员工消极的工作态度，甚至造成人才的流失，严重阻碍企业的发展。”[②] 企业领导对于企业发展以及企业内部所有人的发展都很重要。这里讲的企业领导主要指企业的“一把手”。一些中国企业的领导在安排工作时，会特别考虑与自己有特殊“关系”的员工，因为他们的特殊“关系”保障了领导更加信任这样的员

---

① 顾客有时是个人消费者，但是我们主要指的是以企业为代表的大顾客，当然也包括非企业的组织譬如学校、医院等。

② 张家瑞、胡建军、张宁俊：《民营企业领导—员工“关系”对员工工作态度的影响》，《财经科学》2011年第11期，第70页。

工。特别是在中国的一些家族企业，这种现象更是普遍。我们认为，企业内部“关系”的管理不是让一些人搞特殊或者享受企业特殊的照顾，造成企业内部的不公平现象。企业内部“关系”管理的重点是营造企业领导与企业员工之间或者所有企业员工之间相互信任的环境和氛围。即使在一个企业中有这样特殊“关系”的员工人数不多，但是只要有，就可以充分发挥这种特殊“关系”的重要性。一旦这种特殊“关系”发挥作用，就可以起到其他“关系”起不到的管理效果。譬如，两个老乡关系的人在一家企业工作，两个人平时因为这种特殊的“关系”走得比较近，相互比较信任。那么，当企业在对其中一个人做工作特别是思想工作遇到阻力时，企业就可以利用另一个人以老乡的身份去做他的工作，就会起到不一样的效果。管理的最大阻力就是人，人的最大阻力就是相互不理解、不信任。而企业内部的各种特殊“关系”就为解决这些阻力提供了有效途径。因此，中国企业“关系”管理的价值就在于善于发现企业内部的各种特殊“关系”，然后利用这种特殊“关系”构建相互信任、相互关爱、相互鼓励的积极向上的企业内部环境。企业领导作为“大家长”营造“家文化”，也是为了拉近人与人之间的距离。

（三）企业的“圈子”

企业的“圈子”是指与企业有着特殊“关系”的一批外部利益相关者以及相互之间有着特殊“关系”的一群企业内部员工。由此看来，企业“圈子”是扩大的企业外部“关系”和企业内部“关系”。一批企业外部的“关系”组成了企业外部的“圈子”，一群企业内部的“关系”组成了企业内部的“圈子”。这两个“圈子”与企业内外部的“关系”有着同等的重要性。但是，企业“圈子”的管理难度相对更大一些。因为，企业内外部的“关系”基本都是“一对一”的“关系”，而企业“圈子”则是“一对多”或“多对多”的“关系”。“一对多”的“关系”就是一位企业员工要融入“圈子”成为圈子里的人，才容易找到归宿感并得到更多的发展机会。“多对多”是指多个企业员工都进入“圈子”成为一个圈子里的人。也就是大家都是“一伙”的，都是“自家人”。“中国人擅长人情交换，容易形成圈子，中国式组织内总是会有许多大大小小相互重叠的圈子。成功的领导会善用这些圈子，让他们组织成独立的团队，承包某一业务或主管一个地方的业务，让这群有归宿感工作动机又强烈的员工有自由发挥的余地。而失败的领导则控制不住圈子的发展，造成组织内派系林立，甚至派系斗争激烈，派系成员以集体力量搞上有政策下有对策，抵制命令。”[①]罗家德这里讲的主要是如何管理企业内部的“圈子”。企业内部的“圈子”管理不仅努力把企业打造成一个同心同德的“圈子”，而且发挥好各自“圈子”的独特作用，共同为推动企业发展做出贡献。企业外部的“圈子”管理就是实现圈子里的利益相关者共享信息和资源，一致对外、相互协助，最终实现共赢。

三、中国企业“关系”管理的基本原则

中国企业“关系”管理有着深厚的中国传统文化和社会基础，也有着独特而丰富的内容，更有着现实生活中“搞关系”“走后门”等不正之风的挑战。这就需要我们在中国企业“关系”管理实践中遵循基本的原则。君子爱财，取之有道。我们认为，习近平总书记在2016年3月4日民建、工商联委员联组会上所作的新型政商关系的讲话对中国企业“关系”管理有着重要的指导意义。习近平总书记说：“我常在想，新型政商关系应该是什么样的？概括起来说，我看就是‘亲’‘清’两个字。对领导干部而言，所谓‘亲’，就是要坦荡真诚同民营企业接触交往，特别是在民营企业遇到困难和问题情况下更要积极作为、靠前服务，对非公有制经济人士多关注、多谈心、多引导，帮助解决实际困难，真心实意支持民营经济发展。所谓‘清’，就是同民营企业家的关系要清白、纯洁，不能有贪心私心，不能以权谋私，不能搞权钱交易。对民营企业家而言，所谓‘亲’，就是积极主动同各级党委和政府及部门多沟通多交流，讲真话，说实情，建诤言，满腔热情支持地方发展。所谓‘清’，就是要洁身自好、走正道，做到遵纪守法办企业、光明正大搞经营。企业经营遇到困难和问题时，要通过正常渠道反映和解决，如果遇到政府工作人员故意刁难和不作为，可以向有关部门举报，运用法律武器维护自身合法权益。靠旁门左道、歪门邪道搞企业是不可能成功的，不仅败

① 罗家德：《商道中国：社会网与中国管理本质》，社会科学文献出版社2011年版，第110页。

坏了社会风气，做这种事心里也不踏实。”[①] 习近平总书记对政府和企业双方都提出了“亲”“清”的要求。中国企业“关系”管理中的企业，对包括政府在内的所有“关系”都必须严格遵守“亲”“清”原则，对企业与政府的“关系”，按照习近平总书记的要求去做；对企业与企业之间的“关系”也要做到“亲”“清”。“亲”就是企业与企业之间要真诚相待、互相支持，“清”就是企业与企业之间要相互监督，严格遵循商业规则、职业道德和法律要求，不干违法乱纪、有损企业形象的事。企业领导与员工、员工与员工之间的“关系”也要遵循“亲”“清”原则，以培养感情、彼此亲近和关爱对方为前提，反对庸俗的“酒肉朋友”“拉帮结派”侵害企业或他人利益。按照习近平总书记提出的新型“亲”“清”政商关系的要求，我们认为，中国企业“关系”管理还要遵守合情、合理、合法的基本原则。

（一）合情

中国企业“关系”管理首先要遵循合情的原则。因为两个人的特殊“关系”在很大程度上就因“情”而生。特别是一些最亲近的“关系”更重视相互之间的感情。譬如父母子女关系、亲戚关系、同学关系等。这种情感就是亲情。建立在个人特殊“关系”基础之上的企业的特殊“关系”一般也有着浓厚的情感关系。任何没有感情做基础的“关系”很难持久。特别是兼具情感与利益交融性的“人情”现象，更反映了“关系”中情感的复杂性。中国人重情重义，更重视人情。企业的所有特殊“关系”之间要相互关心和支持，相互之间要有情分，必要的时候会互送人情，彼此给“面子”和机会。这其中的人情也主要是联络双方的感情和加深彼此的情感。在企业的各种特殊“关系”中，情感特别是人情发挥了重要的作用。譬如，两个企业之间之所以能够保持长期的特殊“关系”，与代表两个企业的两个“关系”个人之间有着深厚感情基础，特别是多年的人情往来是分不开的。企业内部的一些“圈子”之所以会受到员工的青睐，是因为“圈子”在一定程度上能给这些员工带来一种心理上的归宿感和安全感。我们再次强

---

① 习近平：《毫不动摇坚持我国基本经济制度，推动各种所有制经济健康发展》，中国新闻网，http://www.chinanews.com/gn/2016/03-09/7789310.shtml，2016-3-9。

调，中国企业“关系”管理中的“圈子”不等同于拉帮结派、投机钻营的“小圈子”或所谓的“圈子文化”。我们认为，重视情感或人情是企业“关系”或“圈子”的核心。其中，最重要的情感就是彼此的信任。所以，中国企业“关系”管理要充分发挥“关系”的情感作用，在心理和情感上把“关系”的各方团结起来，形成企业的竞争力和凝聚力。

（二）合理

中国企业“关系”管理要合情更要合理，符合“关系”的基本准则。任何“关系”的形成和发展都有自己的基本准则。这些基本准则就是为更好地满足“关系”双方的需要提供保障。中国企业“关系”管理要做到合理，就是要同时满足“关系”双方的需要，否则就是不合理的。譬如，在企业与供应商的“关系”管理中，企业只考虑自己的利益而一味压低原辅材料的价格，那么供应商就会认为这种不合理的做法损害了自己的利益而加以反对。如果企业经常这样做，那么他们的“关系”就会受到影响。再比如，企业领导对与自己有特殊“关系”的员工过于照顾，而与企业领导没有特殊“关系”的员工则受到了忽略甚至不公平的待遇，这也属于不合理的现象。一般情况下，企业领导对与自己有特殊“关系”的员工采取的是人情原则，对与自己没有特殊“关系”的员工采取的是公平原则。与企业领导有特殊“关系”的员工，“关系”越亲密，得到的特殊“待遇”越多。与企业领导“关系”的远近决定着个人特殊“待遇”的高低。这就是人情原则，根据人情决定员工分配利益的多少。公平原则是对与企业领导没有特殊“关系”的员工采取一视同仁的做法，或者按照企业的规章制度执行，由此决定员工分配利益的多少。企业过于坚持人情原则，就会造成不合理的现象发生。因此，中国企业“关系”管理要做好人情原则与公平原则的平衡。

（三）合法

中国企业“关系”管理最需要强调的就是合法。“关系”双方不管感情有多深，“关系”多合理，也不能违反法律和政策。习近平总书记提出的“亲”“清”政商关系中的“清”，就是要求企业必须合法经营。中国企业的所有“关系”都必须是清白的，必须经得起法律的考验。“关系”作为中国的一种社会现象已经融入每个中国人的生活，以“关系”为基础的中国企业“关系”管理也被很多学者认为是一种合情合理的存在。但是，合法的中国企业“关系”管理才是最重要的。这就要求在企业的外部“关系”管理中，不管企业与政府的“关系”如何特殊，都必须按照法律和政策的要求联系或交往，时时处处心中默念法律的“紧箍咒”。企业与企业的“关系”管理也是这样，凡是违反法律和政策的一切生意，双方企业都不能介入。在企业内部的“关系”管理中，企业领导与员工以及员工相互之间的“关系”管理也必须以法律和政策作为指导。对于企业的外部和内部“圈子”管理，更要符合法律和政策的要求。因为企业“圈子”管理不好，就会陷入不健康的“圈子文化”或“小圈子”的派系斗争之中。在当前我国大力推动国家法治化建设特别是党的十九届四中全会提出国家治理体系和国家治理能力现代化的时代背景下，中国企业“关系”管理必须符合习近平总书记以及党和国家提出的新型政商关系的总体要求。

第五章

中国企业“关系”管理的主要作用

中国企业“关系”管理之所以受到学术界的高度关注，主要原因之一不仅在于“关系”现象和企业“关系”管理是中国社会的一种文化现象和社会现象乃至管理现象，更重要的原因在于企业“关系”管理有很多重要的作用。但是，由于“关系”的丰富内涵特别是“关系”对于一些人有着很强的敏感性，要对企业“关系”管理的实际情况进行实地调研和了解，有时会遇到一定的阻力和难度。好在学术界关于这方面的研究有了一定的积累。譬如我们前面提到的李林艳的《关系、权力与市场：中国房地产业的社会学研究》、美国学者胡安·安东尼奥·费尔南德斯和劳里·安德伍德的《关系：跨国CEO的中国经验》等，就是对企业“关系”管理主要作用的实证研究。通过他们的研究我们发现，企业“关系”管理的主要作用就是能够让企业获得更好的发展。为了进一步了解中国企业“关系”管理的主要作用，我们重点对两家不同类型企业的领导人进行了实证调研，初步了解了中国企业“关系”管理的基本情况和主要作用。这两家企业一个属于国有企业，一个属于民营企业，而且都是各自行业内非常优秀和成功的企业。这两位企业领导人分别是这两家企业的法人，也有着非常杰出的管理业绩，可以称得上非常优秀和成功的企业家。特别是这两位企业家与我们课题组“关系”密切，也有着充分的“关系”基础，他们才愿意接受我们的调研，并比较全面地回答了我们想了解的一些问题。我们研究的主要方式是向他们提问了一些中国企业“关系”管理中的重要问题，然后他们一一做出回答。“关系”和企业“关系”管理有时在社会上是一个很敏感的话题。他们在回答有些敏感问题的时候，可能也会回避一些情况。但是，我们争取从这些信息中，多发现和挖掘一些有价值的资料，帮助我们深入了解企业“关系”管理的内容和作用。企业“关系”管理被很多学者认为是中国企业包括在中国的外国企业取得成功的不可或缺的战略资源。我们研究的这两家优秀的成功企业和两位成功企业家在取得成功过程中，是否也得益于“关系”的主要作用，是我们要重点了解的核心问题。

第一节　某国有企业“关系”管理的主要作用

某国有企业，是国内一家正厅级的建筑类企业，在业内有着非常好的成长基础。不仅有着较强的政府背景，市场的开拓能力也非常强。他们在行业内的经营业绩和口碑非常好，管理水平和管理氛围也非常好。这家企业隶属国内一家副部级的央企。我们调研的这家企业的领导人也是企业法人。他当年大学毕业之后，就在这家企业工作，由一名普通的基层技术员，成长为企业的党委书记和董事长。他也是这家央企最年轻的正厅级领导。从他接管这家企业后的5年时间，这家企业的纯利润增长了10多倍。

一、某国有企业的基本情况

某国有企业创建于1950年，隶属一家重量级大型央企，主要业务涉足建筑设计、地产开发、基础施工、土建施工、装饰装修、市政施工、物业管理、资产管理、金融投资等建筑产业全部领域。企业总部在北京，注册资金10多亿元，年收入超100亿元，现有员工3600多人，有各类中高级技术人员2000多人。他们有着悠久的历史、光荣的传统、强大的施工能力、完善的管理制度、高素质的管理人才，完成过一批国家重点建设工程。他们的经济指标和综合实力位居行业前列，业务遍布全国近30个省份，成为国内最具竞争力和成长性的建筑企业之一。他们所建工程曾荣获国家建筑工程最高奖“鲁班奖”6项，自主完成国家级工法、省部级工法几十项；取得授权发明专利、实用新型专利、外观设计专利百余项。他们先后被授予“中国建筑业领先企业”“创鲁班奖工程特别荣誉企业”“全国优秀施工企业”“全国质量管理优秀企业”“中国建筑企业信誉AAA级单位”等百余项荣誉。

他们坚持“以人为本、人才强企”的理念，建立了竞争公平科学包容的人力资源平台，重激励、强约束，大力实施“开放化、专业化、多元化”的人才策略，积极培养业务技能一流、工作作风一流、管理水平一流、工作业绩一流的复合型人才，不断完善人才梯队建设，打造精干、高效的管理团队。特别是我们调研的这家企业的领导人，带领企业取得了有史以来的最好经营业绩。这位领导人在管理上的最大风格就是营造“人人创一流”的氛围。同时，他还注重团队精神的培养，创造良好的人际“关系”。譬如，他们企业每年举行的爬山运动会，各个单位组成的爬山代表队的成绩，不仅比第一个爬上山头团队成员的时间，还比最后一个爬上山头的团队成员的时间。这个比赛的导向在于，让每一位企业员工意识到，企业不仅重视个人的成绩，更重视团队的力量。这体现了他们富有特色的企业管理理念，由此营造出相互关爱和团结向上的员工“关系”氛围。在这个管理理念指导下，企业员工都非常优秀。企业中高层领导的年龄，平均不到30岁。

二、某国有企业“关系”管理的状况

对于这家企业的“关系”管理状况，我们主要是通过他们的领导人来了解的。我们设计了一系列企业“关系”管理的问题。对这些问题，该领导人都一一做了回答和解释。我们希望从他的回答中，能够基本了解这家企业“关系”管理的状况。

问题1：您在开始掌管企业的时候，除了自己的努力外，有哪些“关系”对您当初掌管企业帮助最大？具体是怎么帮助的？

答：本人1995年参加工作，担任过工地工长、资料员、试验员、预算员、技术员、副经理，2000年任项目经理，2005年开始任分公司副职兼项目经理，2009年任分公司经理，2010年任企业总经济师，2011年任企业党委书记、副总经理兼总经济师，2012年任企业法人、总经理。

经过十六七年不同岗位的锻炼，在同事的推荐和集团领导的考察后，本人开始全面管理一个1300人左右的企业。当时，企业还处于比较困难的阶段，企业资质、注册资金、人力资源存在瓶颈，经营规模较小，盈利能力非常薄弱。

为了摆脱困境，我与党委班子一起，与一些青年骨干“头脑风暴”，制定企业战略、发展规划和愿景，研究企业文化，制定出一条适合企业自身的发展路径。企业取得了长足的进步，发生了翻天覆地的变化。要说在这个过程中帮助最大的“关系”，应该是四个方面，缺一不可。

（1）集团领导

当时企业注册资金仅为1.0188亿元，施工资质仅为房屋建筑施工总承包一级。这种条件，在市场上根本没有竞争能力。早在2011年，我和我的搭档就决定将企业资质升为房屋建筑施工总承包特级，当时升特级的关键指标有29项，而我们只具备3项。在此条件下，我和搭档2人为了申请将注册资金升到3亿元以上，向集团领导立下军令状，三年完成升“特”[①]，到期不能成功，我二人主动辞去领导职务。领导看到我们的决心和工作状态，2012年毅然增资2.6亿元，对企业升“特”起到了至关重要的作用。

（2）广大员工

2011年之前，我们公司员工收入在同行业几乎属于最低水平，当时人才流失率较高。2011年，我们提出“三年利润翻一番、员工收入翻一倍、三年资质升特”的目标，极大地激励了广大员工。要升“特”，三年时间，26项指标要实现突破，多数还是零的突破：工法、专利、国家级标准、科技创新、信息化、省部级技术中心、人员资质等。这些困难可以说是远远超出大家的想象。但是，我们经受住了考验，全体员工加班加点、任劳任怨，把那种不达目的决不罢休的劲头发挥得淋漓尽致。在项目综合管理信息化上线期间，我多次夜里12点之后去工地一线检查，各办公室灯火通明，同志们不分彼此，互帮互助，都竭力为实现企业目标增砖添瓦。在广大员工的共同努力下，各项指标均超额完成。三年时间，我们顺利升“特”，企业利润实现翻两番，员工收入翻了一倍。

（3）班子成员特别是“一把手”

各项企业政策的推行，班子成员均竭力支持，真正做到了群策群力，有想法，班子会上充分讨论，一旦形成决议，领导班子带头执行，绝不偏离规

---

① 升“特”就是由一级建筑资质升为特级建筑资质，承揽全部建筑工程。

章制度。在许多政策制定之初，确实也有一些基层员工不配合。比如，刚开始，由于公司活源不足、收入较低，有些待岗员工就到外面自谋生路。公司承接项目后，这些人还不愿意回来工作。公司出台制度，在承接到项目后，企业优先使用待岗员工，待岗员工必须回企业工作；否则，需办理离职手续。有些员工不能理解，从分公司闹到总公司，但领导班子全体成员扛住了压力，分工负责，彻底清理了待岗人员。从此之后，除了个别员工确实因为身体健康原因不能上岗之外，公司没有待岗和游离于企业之外的人员。

（4）家人

也许，很多人在梳理对自己帮助很大的“关系”时，忽略了家人，我反而认为家人对我在企业管理中的帮助至关重要。她们在我工作压力大时，给我开导、疏解；在我“得意忘形”时，给我警示；在我“忘我工作”而忽略家庭时，她们从不抱怨，默默奉献和支持。她们为了不影响、不干预我的工作，替我挡住了老家各种各样的“关系”。家人替我撑起了半边天，解决了我的后顾之忧。

问题2：您在企业发展过程中，用到了哪些“关系”？这些“关系”又是如何做的？

答：企业的发展离不开广大客户的支持，客户是我们一群特殊的关系，我称之为“上帝”，在谈到客户这个关系上，我必须阐明几个项目管理理念：“‘以用户为中心’的服务理念”，“1%不合格就是用户100%不满意”的质量管理理念，“以人为本”的安全管理理念，“换位思考、合作共赢”的经营管理理念，“精诚团结、共创辉煌”的团队合作理念。

这些管理理念直接影响着客户关系，我将这些理念灌输给我的广大企业员工，创造了良好的甲乙方合作氛围。在这些理念的感召下，我们的工程进度、质量、文明安全施工、成本管理、甲乙方关系形成了良性循环，绝大多数客户成了我们的长期战略合作伙伴。比如说，国内房地产企业排名前十的保利地产、华夏幸福、碧桂园等。这些客户将我们纳入企业战略合作A级库，优先提供合作后续项目，使我公司活源源源不断。

问题3：您的企业曾经遇到的最大困难是什么？哪些“关系”又帮助了您？

答：人力资源匮乏、创新能力不足是我在管理企业过程中面临的最大困难。在以前相当长的一段时间里，企业没有招收本科以上学历生源，造成人力资源断档，管理能力提升困难，创新能力不足。为了弥补这些不足，我们先后与北京交通大学、长安大学、重庆大学、河北工程大学取得联系，请他们对一些后备干部进行继续教育、校企合作科技能力转化、定向招生、建立大学生实习基地等，对企业技术创新、人才培养提供了有力帮助。

“一把手”×××善于钻研人才培养，制订了“四个百”人才培养计划，建立了后备人才库，将后备人才送到井冈山干部培训学院进行人生信仰和理想信念教育，大大激发了后备人才爱岗敬业的工作热情。可以讲，井冈山干部培训学院也是我们开发得很好的外部资源和“关系”。

问题4：您在开拓市场过程中，有哪些比较好的“关系”作用很大？如何做的？

答：因为我的工作单位是建筑施工企业，开拓市场主要是围绕施工总承包或者是工程总承包企业。那么，接触到的业务关系主要是基建和房地产开发人员，较好的关系自然是自己的校友资源，本人就读的是建筑学院，校友工作绝大多数是和建筑业务相关。为了扩大资源，我主动承担起北京校友会的许多工作，在“八项规定”[①]之前，我担任北京校友会副会长、秘书长，成了校友资源在北京的“信息集散地”。“八项规定”之后，我按照组织规

① “八项规定”是2012年12月4日中共中央政治局召开会议，审议通过了中央政治局关于改进工作作风、密切联系群众的八项规定。其主要内容是：（1）要改进调查研究，到基层调研要深入了解真实情况，总结经验、研究问题、解决困难、指导工作，向群众学习、向实践学习，多同群众座谈，多同干部谈心，多商量讨论，多解剖典型，多到困难和矛盾集中、群众意见多的地方去，切忌走过场、搞形式主义；要轻车简从、减少陪同、简化接待，不张贴悬挂标语横幅，不安排群众迎送，不铺设迎宾地毯，不摆放花草，不安排宴请。（2）要精简会议活动，切实改进会风，严格控制以中央名义召开的各类全国性会议和举行的重大活动，不开泛泛部署工作和提要求的会，未经中央批准一律不出席各类剪彩、奠基活动和庆祝会、纪念会、表彰会、博览会、研讨会及各类论坛；提高会议实效，开短会、讲短话，力戒空话、套话。（3）要精简文件简报，切实改进文风，没有实质内容、可发可不发的文件、简报一律不发。（4）要规范出访活动，从外交工作大局需要出发合理安排出访活动，严格控制出访随行人员，严格按照规定乘坐交通工具，一般不安排中资机构、华侨华人、留学生代表等到机场迎送。（5）要改进警卫工作，坚持有利于联系群众的原则，减少交通管制，一般情况下不得封路、不清场闭馆。（6）要改进新闻报道，中央政治局同志出席会议和活动应根据工作需要、新闻价值、社会效果决定是否报道，进一步压缩报道的数量、字数、时长。（7）要严格文稿发表，除中央统一安排外，个人不公开出版著作、讲话单行本，不发贺信、贺电，不题词、题字。（8）要厉行勤俭节约，严格遵守廉洁从政有关规定，严格执行住房、车辆配备等有关工作和生活待遇的规定。选自《中共中央政治局召开会议审议关于改进工作作风、密切联系群众的有关规定 分析研究二〇一三年经济工作》，http://dangjian.people.com.cn/n/2012/1205/c117092-19798058.html，最后查询时间2019年6月21日。

定辞去校友会职务，但校友资源给我提供了巨大的帮助，有了相关工程信息，校运会主动跟我联系。民营房地产开发的校友有了开发项目，会主动将施工任务交给我单位。

问题5：您在管理企业中，受到哪些主要“关系”影响？具体是什么？

答：影响企业管理的主要关系有：上级集团、政府职能部门（土地局、规划局、住建委、城管、派出所、税务局、工商、街道）、建设单位、勘察单位、设计单位、监理单位，以及众多下游合作单位、银行、行业协会、同行竞争者等。

问题6：您对中国的企业发展利用“关系”有什么看法？举一些例子说明。

答：我认为，在企业发展中利用“关系”拓展业务、提升能力、良性发展方面，中国企业和世界上其他国家的企业不应该有什么不同。就目前中国企业而言，国家在倡导全面依法治国、政府管理职能强化“放管服”、大力营造良好的政商环境的同时，加大了对企业和执业人员诚信体系建设的监督力度，企业家应该充分、合理、合法、正大光明地利用“关系”管理企业。

现在，一些民营房地产企业，鼓励自己的高管推荐一些自己的“关系”参与到项目建设的竞标中，他们可以直接将工程发包给自己信得过的“关系”，无须像以前一样在住建系统招投标平台上走过场。同时，这些高管相当于给这些“关系”做了“背书”。有了问题，高管负责协调自己推荐的“关系”，反而保证了工程实施的效果。工程领域招标制度的改革本就是社会进步的一种表现。但是，在政府和国有投资建设项目上，还有相当多的人有所谓“避嫌”的说法，自己即使有“关系”，也不愿意推荐，更不愿意让民营企业参与竞争。我认为，这是一种不担当、不作为的表现。作为国家工作人员，两袖清风、光明正大让自己有实力的“关系”公平、公正地参与到国有投资的项目建设中，本是利国利民的好事，只要不刻意干扰公平、贪赃枉法、从中渔利，有何嫌可避？

问题7：“关系”现象的实质和内容是什么？您如何看？举一些例子。

答：我换一下这个问题的提法，应该是正常“关系”现象的实质和内容。正常“关系”现象的实质和内容，我认为，实质是互相信任，内容是诚信做事。如果人和人相处过程中，不能诚信做事履约，就无法建立起互相信任的感情基础，“关系”可能就此中断，也就没有了“关系”。

问题8：有人说，有“关系”就是“有人”，或者官员，或者渠道，或者客户等，这些“关系”哪个影响最大？举一些例子。

答：对不同的人和事，每个人可以有截然不同的理解。对企业而言，客户“关系”影响最大，因为没有市场的企业肯定没有前途，没有生存空间。举例说，“三鹿奶粉事件”“长春长生疫苗事件”“波音MAX737坠机事件”清楚地证明，企业没有客户，纵然有再厉害的其他“关系”，也只有死路一条。

问题9：您在企业做总经理一直到离开，分几个阶段，说说主要有哪些“关系”对企业非常的重要？多讲一些故事。

答：在艰苦创业阶段，与我患难与共、让我对企业印象至深的是公司“一把手”。为了将企业搞好，我们两个真心坦诚相待、敞开心扉、无话不谈。每天上班第一件事，一定是我们两个的充分沟通和交流，上下、里外，业务、人事、党建等。在我俩的配合下，公司的规章制度日趋完善，经营规模大幅扩大，盈利水平连续翻番，员工收入跃居同行业中上等水平，企业资质实现升级，企业文化积极向上，企业实力从集团的第三梯队成为第一梯队的主力。在企业实力落后的情况下，并不能引起领导的关注。但是，当企业成为集团主力的时候，就引起了集团领导的高度关注。2017年9月，集团将本人提职为集团副总兼公司总经理（公司于2017年年底改制，我由总经理改任党委书记、董事长。改制前，公司无董事长一职）。2018年12月，本人调离公司，专任集团副总。

问题10：企业的外部和企业的内部，“关系”的重要性有什么不同？举一些例子。

答：打个比方，企业就像一个人，企业的外部“关系”相当于一个人生存的外部环境，企业的内部“关系”相当于这个人的机体。外部“关系”是外因，反映的是生存环境是否艰苦、是否利于生存，而内部“关系”是内因，反映的是人本身是否健康，是否有强健的体魄和强大的心理素质应对外部挑战。内外“关系”会互相影响，但我更看重内因，如果具备强大的内部

“关系”，可以应对错综复杂的外部环境。例如，近期炒得世人皆知的美国封锁华为事件，因为华为具有良好的内部“关系”，华为上下众志成城，美国对华为不仅没有封锁成功，反而帮助华为在国际市场扬名立万。这是最好的例证。

问题11：中国的企业离开了“关系”能发展好吗？为什么？举几个例子。

答：中国企业的发展需要“关系”，离开了“关系”，将无法生存。这里指正常的“关系”，而不是狭义的不正当“关系”。因为，企业和人一样，不可能在真空中生活，企业的战略发展需要信息渠道，生产经营需要销售渠道，所谓渠道，更多的是“关系”。

问题12：一般所说的“关系”，譬如与客户之间要处理好“关系”，还有特殊的“关系”，两个人间的交情，您认为如何权衡这两种类型的关系？举一些例子。

答：处理好“关系”，规则很重要。企业之间的“关系”，一定要先制定公平合理的合作规则。中国有句俗话说得非常好，“亲兄弟，明算账”。要处理好与客户之间的“关系”，在规则范围之内，“占便宜”的事绝不能干，干了，就有违诚信，一定会影响“关系”。曾经有一个房地产项目，开发商有两个股东，分别占股80%、20%，项目初期，两人同舟共济。项目开始销售后，销售效果不错，两个人对最初股权分配均不满足，大股东认为小股东没有尽到最初约定的责任，小股东认为自己应该获得更多，结果两人暴力解决。最终，大股东获刑13年，小股东获刑10年。

三、某国有企业“关系”管理的主要作用

通过对这家国有企业“关系”管理状况的了解我们发现，“关系”对于这家企业及其领导的成功都起到了非常重要的作用。按照我们对“关系”的界定，“关系”是在中国社会两个有共同背景或相互需要的人之间的特殊联系或特殊交往。这家国有企业领导既提到了家人关系、同学关系等具有共同背景的特殊联系，又更多地提到了领导关系、同事关系、客户关系、政府关系等彼此相互需要的特殊交往。这些都属于企业内外部的“关系”。按照

罗家德提出的五个“关系”管理层次，我们认为这家国有企业“关系”管理属于第五个层次，即无为而无不为。在一定程度上讲，这家企业几乎所有的“关系”都是“吸引”来的。这家企业及其领导包括所有的员工，都在努力把企业做得更好，通过全面提升企业的实力，吸引到了更多的“关系”。这家企业领导认为，中国企业没有“关系”很难有好的发展，而“关系”不是狭义的“关系”。我们认为，他说的狭义的“关系”就是“搞关系”“走后门”的“关系”。

（一）加强自我提升

这家企业“关系”管理最大的作用就是推动他们企业及其所有员工包括领导从自身做起，加强自我提升。企业利润翻两番、员工收入翻一倍的卓越业绩就是他们自我提升和自我努力的结果。这家国有企业领导反复强调的一个重要“关系”，就是集团领导的信任和支持。而集团领导之所以能够信任和支持他们企业，并把这家企业的领导提拔到更高的位置上，根本原因在于这家企业通过自我提升，所创造的卓越业绩吸引来了集团领导这个特殊的“关系”。我们认为，中国企业“关系”管理的最大价值不是向外求“关系”，而是向内挣“关系”。求来的“关系”一般不牢，有时会跑掉；而挣来的“关系”是冲着自己的声望和实力来的。这样的“关系”才比较长久。我们常说，靠谁不如靠自己。只有你自己强大了，你周围才会吸引到和自己一样强大的人。这家国有企业的“关系”管理就是一个很好的例子。当然，这家企业吸引来的“关系”不只是集团领导，还有其他的企业关系特别是客户关系。没有企业关系特别是客户关系的大力支持，这家国有企业的业绩和员工的收入就不可能有这么显著的提升。譬如他提到，国内房地产企业排名前十的保利地产、华夏幸福、碧桂园等客户，将他们纳入企业战略合作A级库，使他们公司有了源源不断的活源。

（二）营造相互信任的环境

这家国有企业领导提到的两个最重要的人，一个是集团领导，另一个是和他同为企业最高领导人的企业“一把手”。如果说企业与集团领导的“关系”是吸引来的，那么企业内部这两位企业最高领导人的“关系”则是相互信任形成的。这家国有企业领导在前面讲到，在他们企业处于艰苦创业期时，作为总经理的他和“一把手”真心坦诚相待、敞开心扉、无话不谈。每天上班第一件事，一定是他们两个的充分沟通和交流，上下、里外，业务、人事、党建等。因此，他们的企业能有快速的发展，在很大程度上取决于这两位企业最高领导人的相互信任和配合。我们认为，中国企业“关系”管理的核心就是营造相互信任的氛围。这种氛围应该在企业内外部所有的“关系”管理中加以营造。这位国有企业领导特别强调，没有信任，“关系”就不可能维持下去。

（三）获取市场资源

这家国有企业的领导在谈到校友“关系”时讲到，校友“关系”对于他们企业获取市场资源、扩大市场规模起到重要的作用。他指出，校友是较好的“关系”资源，校友的工作绝大多数和这家企业的业务相关。为了获取更多的市场资源，他主动承担起北京校友会的许多工作。在“八项规定”之前，他担任北京校友会副会长、秘书长，“八项规定”之后，他按照组织规定辞去校友会职务，但校友资源给他提供了巨大帮助，企业的一些业务资源就是校友提供的。在他谈的这些信息中，有三点非常重要，一是校友“关系”，二是校友会，三是巨大的帮助。其中，校友“关系”是一种典型的特殊“关系”，属于有共同背景的特殊联系。这种特殊“关系”在企业外部的特殊“关系”中扮演重要的角色。校友会实际上就是企业的外部“圈子”，一方面增加大家的母校归属感，另一方面为彼此的特殊“关系”提供更多的合作机会。这个“圈子”对于这家国有企业提供了巨大的帮助，是他们业务信息的重要来源。所以，中国企业“关系”管理对于市场开拓和发展的作用是巨大的。这就是为什么很多西方企业到中国市场会重视“关系”管理的重要原因之一。但是，这家国有企业领导特别强调，任何“关系”除了合情，还要合理、合法。这家国有企业领导多次提到他对特殊“关系”的做法和看法。他在谈到家人“关系”时讲到，家人替他挡住了老家各种各样的“关系”。这些老家的“关系”一般是血缘关系或者地缘关系。他的家人之所以挡住，估计在这些“关系”合情要求的背后，可能还会有不合理或者不合法的要求。我们认为，这位企业领导的做法是对的。

（四）提高工作效率

这家国有企业的领导对于企业“关系”管理的一个重要看法是，在国家倡导全面依法治国、政府管理职能强化“放管服”、大力营造良好的政商环境的形势下，企业家应该充分、合理、合法、正大光明地利用“关系”管理企业。他认为，一些民营企业鼓励自己的高管，推荐一些自己的“关系”参与项目竞标，可以直接将工程承包给自己信得过的“关系”，无须像以前一样在投标平台上“走过场”。因为，这些高管相当于给这些“关系”做了“背书”，有了问题，高管负责协调自己推荐的“关系”，反而保证了工程实施的效果。这位国有企业领导强调，这种招标制度的改革，是社会进步的一种表现。但是，有些项目为了所谓的“避嫌”，自己即使有“关系”，也不愿意推荐。他认为，这是一种不担当、不作为的表现。只要两袖清风、光明正大让自己有实力的“关系”公平、公正地参与一些投资项目，是利国利民的好事。只要不刻意干扰公平、贪赃枉法、从中渔利，就用不着避嫌。我们认为，这位企业领导说得有道理。“关系”本身就为信任做了“背书”，只要是合情、合理、合法的“关系”，反而可以大大提高工作的效率，降低工作的成本。这也是中国企业“关系”管理的重要意义所在。

第二节　某民营企业“关系”管理的主要作用

某民营企业，是一位退伍军人创办的企业，非常有特点，业绩也非常出色。这家企业的员工，多数都是退伍军人。工作服的样子和老式军装的样子差不多。这反映了这位企业家的军人情结以及解决退伍军人就业的高度社会责任感。这家企业的口号是，“端起枪会打仗，放下枪干工匠”。这位企业家白手起家创办企业，现在已经成为行业数一数二的排头兵。我们研究中国企业“关系”管理思想选取一个国有企业，选取一个民营企业，是为了全面反映中国企业“关系”管理的总体状况。特别是民营企业在我国改革开放40多年的发展历程中，不管从数量上还是从规模上看，都发生了翻天覆地的变化。很多民营企业都取得了巨大的成功。“关系”在他们企业包括这位企业家的成功历程中发挥了怎样的作用，是我们调研这家民营企业要了解的核心问题。我们选取这家民营企业为例，也是想管中窥豹，了解一下我国民营企业“关系”管理的基本状况及其主要作用。

一、某民营企业的基本情况

某民营企业成立于2006年，现有员工380人，总资产2.97亿元，是新三板上市公司，一级诚信企业，有一家技术研究院和四家子公司，其中两家子公司是国家高新技术企业。该民营企业聚焦打造“以奋斗者（‘双工人才’）为本”的绿色智能化机电设备后服务产业，致力于做精机电设备后服务产品，是目前国内机电再制造领军企业。已通过环境管理体系、质量管理体系、能源管理体系和职业健康安全管理体系国家认证，具有锅炉安装、改造、维修一级资质，GD1级压力管道资质，钢结构专业承包资质，机电安装三级资质。

机械和电机再制造公司拥有厂房44000平方米、11个专业服务车间、生产设备265台（套），拥有德国申克50吨高速动平衡检测中心和15MW电机实验检测中心，年再制造能力5万吨以上。机电工程公司拥有26辆机电专家服务车，6支现场机电专家服务队。能够为冶金、石油、化工、热电、水泥、船舶、制药等行业提供机电设备安装、现场保运及检维修、在役再制造、改造升级，以及机电设备资源共享、机电设备专业化物流等一系列优质服务。拥有TRT、轴流压缩机、离心压缩机、汽轮机等动力设备零部件检测、可再制造性评估及整机设计、改造、安装的全套解决方案；拥有电机再制造、节能改造、整机试验能力，并可对动力机电设备主、辅机及电控成套设备进行绿色改造升级，是省绿色工厂、国家级绿色工厂。

公司建立了院士工作站，与陆军装甲兵学院、天津大学、中科院力学所共建了产业技术研究院，与中科院力学所共建了技术研究中心，与美国埃理奥特、德国曼透平、天津大学、天津工业大学签订了长期合作协议。企业已获得国家发明专利25项，正在申报国家发明专利14项。目前，公司承担国家级项目4个：工信部“动力机电设备绿色再制造关键工艺装备系统集成示范项目”和“滚动轴承系列（航空发动机）高速动平衡项目”，军委原总装备部

“面向战场环境的高性能结构件激光增材制造和再制造技术”，国家科学技术部“强约束条件下增材制造热力耦合行为与变形控制——在传统制造结构件上增材制造精细结构”。

公司作为一家专业化、集成化的机电设备后服务企业，不断创新服务模式，目前主要服务模式有：基地再制造、在役再制造（流动式）、合同化维保检运（以驻厂为主）、EPC总包、“机电医院+互联网”、资源共享等。服务项目覆盖机电设备拆解、物流、检验检测、寿命及可再制造性评估、技术方案制定、维检保运、再制造和升级改造、安装调试、旧设备回收、资源环境整治等机电设备后服务全产业链。目前，服务业务覆盖京津冀、黑龙江、吉林、辽宁、内蒙古、山西、山东、安徽、江西、湖南、湖北、江苏、贵州、云南、宁夏、新疆、广东、河南、福建、陕西等26个省份，以及“一带一路”沿线国家和地区。2018年，公司主营业务收入达到1.8亿元，实现利税4200万元。自创建以来，累计修复与再制造各类设备10678台（套），为客户节约成本15亿元，节约金属资源24万吨，为国家节约能源30万吨标煤，减少二氧化碳排放量46万吨。

公司坚持创新、协调、绿色、开放、共享五大发展理念，坚定不移听党话、跟党走，诚实做人、踏实做事，办让党放心的企业，干造福子孙的事业，创建了“1235”党建工作模式，全面实行军事化管理，创建了“356”文化体系，锻造忠诚、团结、创新、奉献团队。被命名为“省基层党组织建设示范点”“市党员党性教育基地”。公司荣获“2017年全国五一劳动奖状”“全国模范职工之家”“国家两化融合管理体系贯标试点企业”“全国设备再制造示范单位”“中国钢铁装备技术品牌供应商”“省百家优秀民营企业”“省军民融合示范企业”“省非公百家示范企业”等多项殊荣。公司董事长是省人大代表、市人大代表、市人大社会建设委员会委员，荣获2018年全国五一劳动奖章、全国模范退役军人、2018年度品牌商标领军人物、全国设备管理卓越领导者、省双拥模范、省十大经济风云人物。

2019年，公司制定了“11156”发展战略规划，具体表述为：第一个“1”是指“一个初心”，即：不忘初心，坚定不移听党话、跟党走，诚实做人、踏实做事，办让党放心的企业、干造福人民的事业。第二个“1”是指

“一个使命”，即：牢记使命，全面贯彻落实五大发展理念，聚焦绿色智能化机电设备后服务产业，做精机电再制造与制造服务产品，再造资源，成就节约，贡献国家，奉献社会，造福人民。第三个“1”是指“一个愿景”，即：砥砺前行，以“专业主建、班组主战”为方法，培养“双工人才”，协同作战、重点突破、信息支撑、全面推进，创造管理新模式，打造世界一流“以奋斗者（‘双工人才’）为本”的绿色智能化机电设备后服务产业集团。“5”是“五大服务保障”，即：以党建为统领的思想政治工作和企业文化建设创新体系，以绿色机电再制造集约化升级为重点的科技创新体系，以协调发展和高质量发展为目标的管理创新体系，以开放式发展和以客户为中心的商务创新体系，以互联网和大数据为支撑的智能共享创新体系。“6”是“六大服务板块”，即：绿色智能化机电设备后服务产业设计及建设服务、绿色机电再制造与制造服务、绿色机电设备维检保运服务、军民融合服务、机电设备资源环境综合治理服务、绿色机电物流服务。全面实施“333工程”，抓住“三个机遇”：产业转型和绿色发展、军民融合和“一带一路”、京津冀一体化和雄安新区建设。实施“三项战略”：聚焦发展战略、创新驱动战略、同心多元化战略。创建“三个联盟”：制造与再制造技术服务联盟、科技创新联盟、资源共享联盟。

二、某民营企业“关系”管理的状况

我们研究某民营企业“关系”管理的状况，也是以该企业董事长为访谈对象，全面了解该企业及董事长在十多年的发展中成功的奥秘是什么，特别是企业“关系”管理在其中扮演了什么角色以及发挥了什么样的作用。这家企业及董事长的成功都是非常显著的。这么短的时间内能把一个企业做到行业内的引领企业，肯定有他们内在的成功“基因”。这个“基因”也是我们要研究的重点。我们就是以“关系”为视角，全面审视和了解这个成功的“基因”，希望能对我们研究中国企业的“关系”管理思想提供有价值的启发。

问题1：您在开始创办企业的时候，除了自己的努力外，有哪些“关系”对您当初创办企业帮助最大？具体是怎么帮助的？

答：在我开始创办企业的时候，除了自己的努力外，有一位相识的钢铁集团老总对我当初创办企业帮助最大。因为在接触过程中，他觉得我这人不错，做事踏实认真，积极上进，很看好我。而且我也跟他说过有创办企业的想法。所以，他根据我的实际情况，多次找我谈话，鼓励我，帮我分析当时的市场情况和今后走向，帮我理顺创办企业的思路，开拓了我的发展思路，使我在创办企业初期，“跑办”[①]各项手续及建厂开工的过程都很顺利。

问题2：您的企业发展过程中，用了哪些“关系”？这些“关系”又是如何做的？

答：企业发展过程中，我主要是通过亲戚、朋友、战友和政府来进行助力，不断使公司发展壮大。在办企初期，我的战友和亲戚、朋友在各个方面都给予了我大力支持，帮我分析公司当时的情况，积极参与公司建立需要的相关“跑办”事宜。公司创建后，通过不懈的努力，发展日益向好，而且还进行了扩建和转型升级。公司的不断发展壮大，吸引了政府更多的关注。政府非常看好公司所做的再制造产业，为支持公司发展，积极为公司批地，帮忙“跑办”相关手续，扶持公司所做的再制造产业发展。

问题3：您的企业曾经遇到的最大困难是什么？哪些“关系”又帮助了您？

答：2012年，社会大经济环境一片低迷，公司经济效益严重下滑，公司面临巨大挑战。当时有一种说法：“不转型，等死；转型，找死。”这时，国内某著名振动专家给予我极大帮助，他对公司情况及下　步走向进行了规划，并建议我对产业进行转型升级，引进德国申克50吨高速动平衡检测设备，提高公司的整体技术检测水平，带动公司转型升级，提升公司核心竞争力。2013年，公司计划引进德国申克50吨高速动平衡检测设备，但当时正值社会经济下滑，投资乏力，项目面临“下马”危险。公司“党群关系”帮助我渡过了难关。党员大会上讨论表决时，全体党员惊人地一致表示：宁可不发工资也支持公司上设备，极大振奋了员工精神，使公司渡过了难关。

问题4：您在开拓市场过程中，有哪些比较好的“关系”作用很大？是如何做的？

答：在开拓市场过程中，我的战友和朋友起到的作用很大。因为公司市

① “跑办”，这是一种形象的说法，主要是指企业的各种事项需要政府相关部门的审批，因此，需要跑过去申办一些事项和手续。

场业务的拓展，需要到多个省市、大范围多领域寻求合作。在这一过程中，我的战友和朋友会介绍新客户给我；而且，对接顺利达成合作意向的话，他们还会为我们公司做担保，为我们公司的市场开拓做出了更多助力。

问题5：您在管理企业中，有“关系”的影响吗？具体是什么？

答：在我管理企业的过程中，有“关系”的影响。

一是在我的企业发展过程中，有一次公司申报国家再制造试点单位项目，我有幸结识了县发改局的×××领导。当时我去发改局想打听一下关于项目申报的事宜，但谁也不认识，正在发愁的时候，这位领导看我在那里，出于礼貌，就询问了一下我有什么事情。然后，通过进一步交流，在得知我的来意后，他很看好我们公司，而且非常热心，积极帮助我们公司推进一系列项目申报工作。最终，使我们申报的国家再制造试点单位项目成功通过了各级审批，从而使我们公司成功拿下了这个项目。此后，我跟这位发改局领导成了至交。在他退休三年后，我多次邀请他到我的公司工作，但是因为身体原因，他最终没有接受邀请、正式入职，而是自己一有时间，就义务帮助我进行一些公司战略分析、管理模式的探索等企业高层管理工作。没多久，上级委派他作为党建指导员到我们公司进行党建工作指导。此后，在他的帮助下，我们公司的管理更加规范化、标准化，出台了一系列企业管理的规章制度，企业发展也从粗放型逐步转变为集约型。而且，在他的指导下，公司的党建工作也得到了明显改善，并被确定为“市基层党组织示范点”，极大地促进了公司党建工作的规范运作。

二是一位相识的钢铁集团老总，在我创办、发展企业过程中，不仅给予我很多鼓励，而且为我在企业管理中提供了许多建设性意见，还将他管理企业的成功经验传授给我，根据我们公司的实际情况，进行调整。目前这位钢铁集团老总为我们公司提供的一些企业管理建设性建议，已经被公司借鉴、吸纳、完善，并成为公司的一些优质的管理经验，促进了公司管理健康发展。

问题6：您对中国的企业发展利用“关系”有什么看法？举一些例子说明。

答：中国的企业发展利用“关系”，对目前来说，应该是很普遍的现象。可以说是法中有情。一方面，利用好“关系”能够为企业解决一些困难、赢得更多利益；另一方面，一些“关系”还可能为企业加速发展提供很大助力。例如，企业管理者利用一些“关系”解决了公司发展中的难题；利用“关系”让企业提档升级，转型发展。这些都是利用“关系”一些好的方面。但是，利用“关系”也要掌握一定的“度”，如果一味滥用“关系”，势必会物极必反。

问题7：“关系”现象的实质和内容，您是如何看的？举一些例子。

答：“关系”现象的实质和内容，是利用自己在某些方面的特殊人际关系达到自己所要解决的事情或难题的最佳预期，是在自己做事或者办企业的过程中遇到一些问题或需要外部帮助的时候，利用有利于问题解决或事情向顺利方向发展的人际关系，去顺利完成自己需解决的事情的过程。如果是在遇到困难的情况下，利用“关系”去更快解决问题，个人认为是可以理解的。但是，如果是在工作中，利用“关系”去升职，若是确有能力，利用“关系”升职也可以理解。但如果根本没有能力，只是依靠“关系”升职的话，一方面会影响其他有能力的员工的工作积极性，让其他人心理不平衡；另一方面因为“德不配位”，根本没有统筹全局、协调领导的能力，只是利用“关系”当了领导，那么各项工作的安排部署，就不会那么思路清晰，无形中就会降低工作效率、形成工作混乱的局面，继而影响工作的有序推进，阻碍企业健康、快速、高质量发展。

问题8：有人说，“有关系”就是“有人”，或者政府，或者渠道，或者客户等，这些“关系”哪个影响最大？举一些例子。

答：我们公司的发展，各类型的“关系”，例如，亲朋、政府、客户等等，都对企业的发展壮大有着非常重要的影响。其中，政府这层“关系”，对我们公司的发展影响最大。因为公司的发展壮大，最终离不开政府的鼓励和支持。如果一家企业的发展，脱离了政府的政策导向，脱离了国家的发展大方向，必然不可能发展壮大、行稳致远，最终只能被国家淘汰、被社会淘汰、被自己淘汰。

在我们公司发展转型升级的关键时期，政府不仅大力给予公司政策支持，还专门委派领导到公司实地考察、调研、指导，帮助公司全面提档升级，迈出了公司转型升级成功最关键的一步，也使公司向高端智能化发展迈进了至关重要的一步。

问题9：从您的企业筹建到今天，分几个阶段，说说主要有哪些“关系”对企业非常的重要？多讲一些故事。

答：从企业筹建到今天，公司的发展可以分为起步、扩建、转型升级三个阶段。

第一，起步阶段，租用了300平方米厂房，只有10名员工、一台激光器、几台旧机床。主要业务为简单的零部件维修。因为技工非常稀少，所以我向一直做技术工作的三叔寻求帮助。最后，聘请他到公司做技术方面的工作，给予了我很大帮助。可以说，这一阶段，亲戚、朋友对公司的帮助非常重要。

第二，扩建阶段，迁入工业园区，一期建设生产车间3600平方米，二期建设生产车间23000平方米，并增设了两台大型激光器。这一阶段，对企业发展非常重要的“关系”主要是政府。因为建设厂房、土地、安全、环保等的各类手续“跑办”，都需要向政府相关部门请示、对接，需要政府的大力支持。在当时，政府不仅在手续“跑办”等实际操作方面给予公司大力支持，还给予公司政策支持，为公司成功扩建奠定了坚实基础。

第三，转型升级阶段，着手申报国家第二批再制造试点单位，遵照某院士的指导意见，公司更名，按照机电再制造产业发展的要求，实施了再制造扩建升级项目。在这一转型升级阶段，对公司非常重要的“关系”是我们当地政府和专家、教授。政府除了在政策上给予公司大力支持外，还到公司实地考察、调研、指导，为公司升级发展出谋划策。另外公司通过多年探索、发展，拜访了许多再制造相关领域的专家、教授，还非常荣幸地聘请到了一部分顶级专家、教授。这些专家、教授为公司再制造技术的改进提升，提供了许多非常重要的建设性意见，公司核心技术水平、创新研发能力和员工技术操作能力都实现了跨越提升。

问题10：企业的外部和内部“关系”的重要性有什么不同？举一些例子。

答：企业的外部“关系”主要是在企业发展过程中，对企业在政治、经济、文化等各个方面需要帮助时起到关键作用，助力企业发展。例如，我们公司在转型升级阶段，政府给予我们大力支持和帮助，促进了公司更好更快发展。企业的内部“关系”主要是企业内部成员对公司各项内部具体事宜进行助力，提升公司的内在实力。例如，公司全体党员在公司面临重大困难时，团结一心，对公司成功渡过难关起到了关键带动作用。可以说，企业的外部“关系”对企业整体、大方向的发展非常重要，而企业的内部“关系”则对企业内部核心竞争力的提升更具影响，两者一个是“外”，一个是“内”，相辅相成、互相促进和影响。

问题11：中国的企业离开了“关系”能发展好吗？为什么？举几个例子。

答：个人认为中国的企业离开了“关系”也能发展好。因为21世纪以来，我们已经进入新时代，政府正向服务型政府转变，政治环境、文化环境、经济环境等都更加规范有序。离开了“关系”，各部门根据自身职责，依法依规依程序为各个企业办理相关业务，而且，建设服务型政府，减少了许多烦琐的业务办理程序，使企业各项业务办理更加便捷，可能比找“关系”更有效率，也更正规。

问题12：“关系”一般就是两个人之间有交情和特殊的情分，互相帮助尤其在关键时刻特别明显，您的“关系网”中对企业影响非常大的有哪些？举一些例子。

答：我的“关系网”中对企业影响非常大的有：一是一位相识的钢铁集团的老总，二是我的战友和朋友，三是一位不错的发改局退休领导，四是一位国内著名振动专家×××，五是公司党员，他们在公司发展遇到困难时，对公司影响很大。他们的具体影响前面都谈过了。

问题13：一般所说的“关系”，譬如与客户之间要处理好“关系”，还有特殊的“关系”，两个人的交情，您认为如何权衡这两种类型的“关系”？举一些例子。

答：对于如何权衡与客户的“关系”和一些特殊的“关系”，个人认为从企业发展角度来讲，首先最基础的是要处理好与客户的“关系”。因为对于企业来讲，要不断发展壮大，就必须有稳定的市场和更多优质的客户来支撑。所以，维系好与客户的“关系”，对公司向好发展非常重要。对于如何更好地维系与客户的“关系”，一是要不断提高公司整体技术水平，增强公司整体实力，更好地为客户提供优质服务。二是要做好客户的跟踪回访服务，时刻了解客户在不同阶段的需求，调整服务方案。三是要处理好与客户的关系，建立好与客户的私交，力争赢得客户更多的信任。例如，我们与一家钢铁集团建立了合作关系后，一方面做好客户的相关服务工作，另一方面公司通过回访，针对客户当时的需求，对服务方案又进行了相应调整。对于一些特殊的“关系”，一是出于个人感情，在平时要做好双方关系的维护。二是公司自身要不断提升、进步，让别人看到你的成长。

问题14：您对我们的课题——中国企业“关系”管理思想研究有什么建议？“关系”应如何管理？

答：一是更深一步研究中国企业应如何正当利用“关系”来促进企业发展，二是探索如何防止或杜绝中国企业利用“关系”，将自己的利益凌驾于法律之上。

三、某民营企业“关系”管理的主要作用

通过这位民营企业家对他们企业“关系”管理状况的介绍我们发现，企业“关系”管理对于这家民营企业发展也非常重要。这家企业的重要“关系”不仅包括这位企业家的家人、朋友、战友等亲密“关系”，还提到了客户、政府等重要的企业外部“关系”。在这些“关系”中，有一位钢铁集团的老总对这位企业家及其他们企业的发展影响特别大。他讲到，除了自己的努力外，有一位相识的钢铁集团的老总对他当初创办企业帮助最大。因为在接触过程中，这位老总觉得他这人不错，做事踏实认真，积极上进，很看好他。我们认为，这位企业家及其企业的成功，与上面我们研究的国有企业一样，也主要是通过自己的努力和出色的表现，吸引到了重要“关系”或者“贵人”。他们的重要“关系”不是“拉”来的，主要是“吸引”来的。俗话讲，物以类聚，人以群分。你是什么人，就会吸引到什么样的人。正像这位民营企业家所讲的，对于一些特殊的“关系”，一是出于个人感情，在平时要做好双方“关系”的维护；二是公司自身要不断提升、进步，让别人看到你的成长。正所谓“打铁还需自身硬”，如果你的企业自身不够强大，还

不去努力探索，积累更多的实力，只是一味依靠“关系”解决问题，以后，一定还会遇见更多更难解决的问题。那样的话，即使你有“关系”，也根本无法改变企业的现状，对企业的发展也只能是隔靴搔痒。由此看来，企业“关系”管理的重点不是企业找“关系”，而是“关系”找企业。

（一）帮助企业发展

这位民营企业家在谈到自己企业发展的时候指出，在企业初创时期，和他相识的一位钢铁集团老总对他们帮助最大。他的三叔以及一些亲戚、朋友也给予了很大帮助。在企业扩建阶段，对企业发展非常重要的“关系”主要是政府。在企业转型升级阶段，对公司非常重要的“关系”是政府和专家、教授。他特别提到了亲戚、朋友、战友和政府的具体帮助。譬如，在企业初创时期，他的战友和亲戚、朋友帮他分析公司当时的情况，积极参与企业建立需要的相关“跑办”事宜。在开拓市场过程中，他的战友和朋友介绍客户给他，还会为他们企业做担保，为他们企业的市场开拓提供了很多帮助。政府也非常看好他们所做的产业，积极为公司批地，帮忙“跑办”相关手续，扶持他们发展。从这位民营企业家的描述中我们感觉到，他是带着很深的感情在介绍这些特殊的“关系”对他及其他们企业的帮助。这些特殊“关系”中有三叔、亲戚、战友、相识的钢铁集团老总、朋友以及政府，等等。在一定意义上讲，这些“关系”就是这位民营企业家及他们企业的真正“贵人”。没有这些“关系”的鼎力相助，他们企业的发展几乎是寸步难行。这位民营企业家之所以能有这么多特殊“关系”愿意帮助他及他们的企业，就是因为这些“关系”看好他及他们的企业，包括政府对他们的支持也是这样。只有企业发展好了，反过来也会大大推动政府和当地经济的发展。这就形成了良性循环。帮助值得帮助的人，是所有“关系”良性发展的基础。中国企业“关系”管理就体现了这一主要作用。一个企业得到“关系”的帮助越多，说明这个企业越值得帮助，不仅这家企业将得到更多的发展机会，也必然使得为他们提供帮助的“关系”得到更多的发展机会。

（二）寻找发展的“正道”

中国企业“关系”管理主要就是通过发挥“关系”的作用帮助企业更好地发展。当然，企业发展必须走“正道”，不能走歪门邪道。这位民营企业家认为，中国的企业发展利用“关系”，应该是很普遍的现象。可以说是法中有情。一方面，利用好“关系”能够为企业解决一些困难、赢得更多利益；另一方面，一些“关系”还可以为企业加速发展提供很大助力。企业管理者利用一些“关系”解决了公司发展中的难题；利用“关系”让企业提档升级，转型发展。这些都是利用“关系”一些好的方面。但是，利用“关系”也要掌握一定的“度”，不能一味滥用“关系”。如果没有能力只靠“关系”当上了企业领导，对企业健康发展是不利的。我们认为，这位民营企业家说得有道理！中国企业“关系”管理体现的是“关系”的重要作用，但是这个作用是企业在正道上的作用，而不是狭义上的“搞关系”“走后门”。“搞关系”“走后门”不仅破坏了“关系”的合情、合理、合法的基本规矩，也严重破坏了社会风气乃至公平、公正、公开的法律秩序。

（三）赢得政府支持

这位民营企业家认为，政府这层“关系”对他们企业的发展影响最大。因为公司的发展壮大，离不开政府的鼓励和支持。如果一家企业的发展，脱离了政府的政策导向，脱离了国家的发展大方向，必然不可能发展壮大，最终只能被国家淘汰、被社会淘汰、被自己淘汰。在他们企业发展转型升级的关键时期，政府不仅大力给予公司政策支持，还专门委派领导到企业实地考察、调研、指导，帮助企业全面提档升级，迈出了公司转型升级成功最关键的一步。这位民营企业家有幸结识的一位发改局领导，因为看好他们的企业，也为他们提供了很多帮助。但是，他又指出，新时代的政府正向服务型政府转变，各部门根据自身职责，依法依规依程序为各个企业办理相关业务，使企业的各项业务办理更加便捷，这样可能比找“关系”更有效率也更正规。从这位民营企业家的描述我们看出，在这家企业的“关系”管理中，政府“关系”对他们企业的发展发挥了重要的作用。但是，他又看到了政府改革的变化，使得“关系”的作用逐渐降低。他的这一感受和看法，也符合中国企业“关系”管理发展的基本趋势。在法制逐步健全、市场机制越来越规范的新时代背景下，“关系”尤其是企业与政府的特殊“关系”的作用空间会越来越小。习近平总书记以及党和国家倡导的“亲”“清”政商关系要求为新时代企业与政府“关系”发展指明了方向。

第三节　中国企业“关系”管理的主要作用

我们以某国有企业和某民营企业为例，初步了解了中国企业“关系”管理的主要作用。尽管我们调研的两位企业家对他们所在企业的“关系”管理状况及其作用没有完全展开和更深入地介绍。但是，他们在很多问题上基本形成了一致的认识。他们都充分肯定中国企业“关系”管理的重要性，并以他们所在的企业为例，比较全面地介绍了“关系”对于他们的企业发展以及他们个人发展起到的重要作用。这两家企业的性质尽管完全不一样，但是，他们的企业“关系”管理却非常相似。那就是他们很多重要的“关系”都是靠自己的努力和实力吸引来的。某国有企业受到集团领导和客户等重要“关系”的重视和支持，就是因为这家企业的发展速度和业绩非常卓越。某民营企业得到某钢铁集团老总和政府等重要“关系”的帮助和支持，则是因为钢铁集团老总和政府看好这位民营企业家以及他们企业发展的产业。这两家企业和两位企业家都是非常成功的，在他们所在的行业都属于领先者。而成功的根源在于两位企业家的杰出以及企业“关系”管理发挥的重要作用。这两位企业家都坚持合情合理合法的企业“关系”管理。某国有企业领导强调，要处理好“关系”，规则很重要，尤其是企业之间的“关系”，一定要先制定公平合理的合作规则。某民营企业家则着重强调了两点，一是要深入研究中国企业应如何正当利用“关系”来促进企业发展，二是要探索如何防止或杜绝中国企业利用“关系”，将自己的利益凌驾于法律之上。这两位企业家谈得很到位。这也代表了广大中国企业及其企业家的共同心声。我们认为，只有正确认识中国企业“关系”管理的主要作用，才会更好地引导企业健康快速持续发展。

一、营造信任的氛围

中国企业“关系”管理的首要作用是营造信任的氛围。“‘关系’之所以被称为不完善制度环境的替代机制，其根本原因在于它能够在人们建立相互信任的过程中发挥作用。”[①] 一个处处得不到别人信任的企业是不可能有发展前途的。企业“关系”管理就是赢得别人信任的管理。企业赢得别人的信任主要通过企业外部“关系”和企业内部“关系”这两个途径。其中，通过企业外部“关系”途径，企业赢得的是外部利益相关者的信任，包括供应商、消费者、政府、银行、社区等。有了这些“关系”的信任，企业的原辅材料供应、产品销售、政策支持、资金需要、企业形象等才有了充分保障。通过企业内部“关系”途径，企业主要赢得企业所有员工包括各级领导的信任。有了这些“关系”的信任，企业的技术水平、产品质量、安全运行、精神面貌等才有了足够的支撑。离开了这些企业“关系”的信任和支持，企业的发展就缺少足够的底气和充分的保障。企业的这些“关系”实质上也是企业的生存发展环境。企业外部“关系”是企业的外部环境，企业内部“关系”是企业的内部环境。中国企业“关系”管理就要在这两个环境中营造信任的氛围。既然“关系”成了企业发展的环境，那么企业就必须用心维护。企业战略管理最重视的就是环境问题。西方学者提出的PEST模型、“五力”模型、SWOT模型等战略管理模型，就是用来分析环境问题的。我国《孙子兵法》提出的“知己知彼，百战不殆”思想，也是讲环境的重要性。因此，中国企业“关系”管理属于战略管理的范畴。但是，与一般战略管理的竞争思路不同，中国企业“关系”管理更多的不是琢磨如何去打败竞争对方，而是如何信任别人和赢得别人信任，实现双赢或共赢。譬如，在企业外部“关系”管理中，企业与供应商的“关系”应该建立在相互信任的基础上，学会换位思考，多为对方考虑。供应商要多为企业提供高质量的原辅材料，帮助企业提高市场竞争力。反过来，企业挣到钱不能只想着自己多得，一味压低原辅材料价格，要学会与供应商分享所得，帮助供应商发现问题、改进问题。双方要成为命运共同体。在企业内部“关系”管理中也是这样。企业领导与员工之间的“关系”也要建立在相互信任的基础上。企业领导只有得到员工的信任和支持，领导工作才会有起色，而员工只有得到领导的信任和赏识，职业发展才会更加顺畅。

---

① 雷宇、杜兴强：《“关系”、会计信息与银行信贷——信任视角的理论分析与初步证据》，《山西财经大学学报》2011年第8期，第124页。

二、获取市场的资源

中国企业“关系”管理的主要作用还在于为企业获取更多的市场资源。我们一方面可以从信任或企业外部环境的角度理解“关系”在获取市场资源方面的重要作用，另一方面更要从“关系”自身的市场功能做更深入的分析。市场营销在一定意义上讲，就是“关系”营销。市场营销表面看，营销的是产品、技术或服务，实际上营销的是需要这些产品、技术或服务的人。市场的实质也是人。没有足够数量的人及其人的需求，就难有市场的出现。任何市场都是人构成的。中国企业“关系”管理就需要从人特别是与企业领导或员工有特殊“关系”的人入手，获取市场资源和扩大市场规模。上面的某国有企业领导主要通过自己的校友关系拓展市场，某民营企业家主要通过自己的战友关系开发市场。大多数研究中国企业“关系”管理的学者基本上都看到了“关系”在拓展市场方面的特殊作用。我们大学的市场营销管理课程，在讲到消费者购买决策行为的知识时，一般都会讲到购买者在购买某种商品之前，都会先收集商品的相关信息。而最受到消费者信赖的首要信息渠道就是个人的特殊“关系”渠道，譬如家人、朋友、邻居、熟人等。不仅中国市场营销管理课程是这么讲的，全世界几乎所有的市场营销管理课程都是这么讲的。可见，重视家庭、朋友、邻居、熟人等这些特殊的“关系”对于市场营销的作用，不只是中国企业的做法，而是全世界的做法。从获取市场的资源这个作用来考虑，中国企业“关系”管理是世界“通用”的。因此，中国企业“关系”管理应该充分发挥“关系”营销的作用。

三、增强企业自身的实力

中国企业“关系”管理的重要作用是练企业的“内功”，增强企业自身的实力，而不是只练企业的“外功”，到处“拉关系”“搞关系”“求关系”。中国企业“关系”管理的最高境界就是从企业找“关系”变为“关系”找企业。上面提到的两位企业家能够带领企业取得巨大的成功，主要的原因就在于他们坚持做出色的自己，并领导企业取得卓越的业绩，从而得到企业外部“关系”的认可和企业内部“关系”的支持。当然，他们在寻找“关系”上也做了一些工作。譬如那位国有企业领导加入校友会在一定意义上讲通过校友“关系”帮助企业更好地发展，那位民营企业家通过亲朋好友特别是战友“关系”获得更好的市场资源。我们认为，中国传统文化倡导的“修身、齐家、治国、平天下”也是强调“修身”和自我提升的重要性。俗话讲，酒香不怕巷子深。企业只要有足够的信心、很好的信誉、踏实的作风、勤奋的钻研、优秀的品牌、过硬的技术、很好的产品等，就不愁吸引不来“金凤凰”。只有这样，企业门前才会“门庭若市”，不仅市场表现红红火火，而且很多地方政府也会主动“求”上门来，招商引资推动当地经济发展，特别是各路人才也会“慕名而来”投奔企业，为企业持续健康发展提供源源不断的动力。有了这些优质企业“关系”的大力支持和帮助，企业就会取得更好的成绩，这样就形成了良性循环。所以，从增强企业自身实力角度推动中国企业“关系”管理，就不要总是想着“关系”能够为企业带来什么，而是要时刻牢记企业能为“关系”方带来什么。成就别人，就是成就自己。能够为企业“关系”方带来的“好处”越多，那么“关系”方为企业带来的“好处”也不会少。不仅企业是这样，个人也应该这样。在两个人的“关系”中，一方如果总是为对方着想，这样的“关系”就容易持久。反之，一方总是先想自己再想对方，甚至总是与对方斤斤计较，那么这样的“关系”质量就不会很高，甚至还会破裂。企业的“关系”也是这样。如果企业总是先为“关系”的另一方考虑，那么这样的企业“关系”就是双赢的。譬如，一个企业如果总能为当地政府的经济社会发展考虑，多为当地解决就业问题，不断为当地政府创造越来越多的税收，还投入资金改善当地的环境、教育等基础设施，对这样的企业，当地政府肯定也会给企业提供更多的政策支持乃至项目支持。但是，企业和当地政府的努力必须主要是推动企业发展和当地经济社会发展，企业和当地政府的相关经办人不能因此从中获取不正当甚至违法的利益。这样的关系才是新型的“亲”“清”政商关系。

四、维护法律的秩序

中国企业“关系”管理的主要作用不能只是为了推动企业的发展或者

“关系”双方的发展，更要推动社会文明的进步，特别是在维护法律的秩序方面发挥应有的作用。法律维护的是社会的公平正义。中国企业“关系”管理也必须维护社会的公平正义。任何“关系”都不能破坏社会的公平正义、挑战法律的尊严。“关系”作为中国的一种社会现象和文化现象，反映了几千年以来中国人重视家庭、情感、友谊、礼仪等优良传统。礼尚往来指的就是中国人相互之间要有来有往，这就是中国人的礼。往而不来，非礼也；来而不往，亦非礼。因此，只有加强相互间的来往和走动，双方的“关系”才会牢固和持久。逢年过节，中国人一般都会相互到对方的“府上”去“拜会”，并送上相应的礼品或礼物。“关系”双方中的一方，遇到了婚丧嫁娶等重大的家庭活动，另一方一般也会“到场”；即使不能亲自参加，礼钱一般都要“随”的。这样，两个人或两家人的“关系”就会因为频繁的相互“走动”和交往，而变得非常亲近、友好和持久。这些“关系”现象在中国社会都是人之常情。但是，如果两个人因为彼此“关系”的特殊和亲近，“关系”一方让另一方或者“关系”双方合谋，通过不正当、不合规、不合法的手段，为另一方或双方谋取不正当、不合法的利益，就是在破坏社会的公平正义。譬如，若是地方政府官员利用手中的权力，为家属或亲戚等特殊“关系”谋取不正当的利益，就是违法乱纪的表现。党和国家近年处理的一些腐败案件中，其中就有一些利用特殊“关系”收受贿赂、贪污腐败的现象。习近平总书记以及党和国家倡导的新型“亲”“清”政商关系就为中国企业“关系”管理特别是企业与“政府”的关系管理指明了发展方向。我们认为，中国企业“关系”管理坚持“关系”的“亲”，体现了“关系”双方要保持彼此的亲近，培养彼此的情感、友谊以及亲情。但是，“清”就要求双方的“关系”必须是清白的、合法的。“关系”的任何一方都不能以违法乱纪，损害国家、社会以及他人的利益作为代价，满足“关系”双方的利益要求。相反，中国企业“关系”管理要做到，“关系”双方要清清白白做人，踏踏实实做事，规规矩矩守法，在推动社会文明进步和维护法律秩序中实现“关系”双方的双赢、共赢。

第六章

中国企业“关系”管理研究的发展趋势

中国企业“关系”管理发展像“关系”现象在其他领域中的发展一样，受到越来越多的人特别是西方人的关注。有学者指出，“越来越多的研究者已经意识到，如果要了解华人社会中的社会现象，不考察‘关系’是不可能的，所以在过去的一段时间内，不同社会科学领域的专家学者已经基本上确立起研究‘关系’和‘关系’现象的理论立场”[①]。还有学者指出，“随着中国在世界经济舞台上扮演日益重要的角色，国外学术界为了便利自己国家的实业界了解并应对中国社会中的‘guanxi’，越来越多的国外学者从‘guanxi’视角去研究中国的经济管理领域中的问题”[②]。我们在中国知网发现，以“关系”管理为题目搜索到的学术论文不太多。绝大多数这个主题的学术论文基本上都是关于“关系”营销、客户“关系”管理的研究。还有一些学术论文尽管不是“关系”管理的题目，但是在论文的正文中探讨了“关系”管理的问题，特别是一些研究中国企业管理本土化的研究论文，关注“关系”管理问题更多。我们通过系统研究发现，这个问题尽管很重要，但是研究起来难度和挑战非常大。所以使得我们有相当一段时间迟迟“下不了手”，甚至还一度怀疑我们做的这个研究是否有意义。因为，一说到“关系”，很多人都会想到“搞关系”“走后门”等腐败现象。如果“关系”真的是这样，那么中国企业“关系”管理就没有研究的必要。但是，随着我们学习和梳理“关系”研究文献的逐步深入，发现“关系”有着丰富的内涵和重大的学术价值。关于“关系”研究得更早、更多、更完善的研究成

① 唐炎钊、王容宽：《Guanxi与创业企业成长: 国外研究述评》，《商业研究》2013年第2期，第12页。
② 曾国权：《“关系”动态过程理论框架的建构》，《社会》2011年第4期，第110页。

果主要集中在社会学领域。这些学术成果也大大推动了中国企业“关系”管理的发展。“‘关系’是一个典型的被移植到管理学中的社会学概念，社会学对‘关系’的研究较为深刻，为‘关系’提供了丰富的理论基础，提升了‘关系’的理论解释能力，并为形成管理学的理论提供了可能。此外，中国两千多年的儒家文化积淀奠定了‘关系’在中国经济和社会中的重要地位，塑造了‘关系’的丰富内涵，赋予‘关系’在当代管理学领域的独特研究价值。”① 因此，我们在很多学者丰富而深入的“关系”研究包括企业“关系”管理研究的基础上，主要从中国企业“关系”现象的文化基础和社会基础、“关系”的内涵和主要内容、“关系”管理的内涵和主要内容以及“关系”管理的主要作用等方面，集中学习和研究了最有代表性学者的学术思想，我们还做了一些实证研究，发现了中国企业“关系”管理的一些规律和特点，提出了我们的一些学术思考和观点。我们认为，中国企业“关系”管理研究的未来发展，应该在深化中国企业“关系”管理相关基本概念、丰富中国企业“关系”管理理论框架以及推动中国企业“关系”管理本土化方面做进一步的深入研究。

第一节　中国企业“关系”管理的相关基本概念

中国企业“关系”管理最需要继续深化的首先应该是相关基本概念的研究，特别是“关系”这个概念的研究。尽管“关系”的研究已经有了大量的研究文献，但是，“关系”的中国特征、合法地位、丰富内涵等问题还需要做更明确的阐述和更有“自信”的定位。“在我国，提到‘关系’一词，人们更多地联想到‘拉关系，走后门’或与腐败问题联系在一起，这是对‘关系’现象的狭隘理解，一定程度上阻碍了我国学者对此问题进行深入、系统、科学的研究。”② 我们认为，“关系”本身应该是一个中性概念，反映

① 刘林青、梅诗晔：《管理学中的关系研究：基于SSCI数据库的文献综述》，《管理学报》2016年第4期，第620页。

② 韩德昌、姚飞：《“关系”对关系营销的影响》，《经济管理》2006年第1期，第48页。

了中国人日常人情往来的礼仪秩序，是中国的一种文化现象和社会现象。两个人之间的“关系”亲密，表现在“你来我往”，甚至相互送礼、相互给面子等方面。这无所谓好还是不好。“关系”主要是两个人之间的事情，相互的人情一般也无关第三方。但是，如果“关系”双方涉及或者危害到了第三方的利益，就有问题了。譬如“关系”双方中的一方身为政府官员，利用手中的权力为另一方或者双方谋取不正当或非法的利益，就是危害了国家、社会或其他第三方的利益，就有问题了。而问题的形成不是“关系”本身造成的，而是不正当使用“关系”的结果。从这个意义上讲，“关系”的使用和管理才是最重要的。中国企业“关系”管理就是正确使用和管理“关系”的实践活动。要正确使用和管理“关系”就应该正确理解“关系”的相关特征和内涵。

一、“关系”的中国属性

“关系”在西方学术界用汉语拼音“guanxi”来表示，就说明了“关系”具有中国属性，是中国社会包括中国企业管理的独有现象。“管理学领域对‘关系’这个具有中国情境的概念有深入研究，‘关系’已经为国外学者所熟知。”[①] 但是，“关系”的中国属性问题还需要做更深入的研究。首先需要继续从中国传统文化特别是儒家思想经典中挖掘和考据“关系”的相关思想，其次需要从中国社会结构和社会属性方面研究“关系”产生的社会基础，再次需要研究中国社会与西方社会在“关系”方面的差异，最后需要对“关系”与西方社会的社会资本理论和社会网理论的差异进行比较。“我国自古就有重视‘关系（guanxi）’的文化传统。改革开放以来，由于转轨经济的特殊性，‘关系’更成为正式制度的一种替代机制来保证商业交易的进行。有‘关系’好办事、没‘关系’难办事，‘关系’对于中国企业具有重要意义。”[②] 实际上，“关系”现象中的人情、面子现象，

① 刘林青、梅诗晔：《管理学中的关系研究：基于SSCI数据库的文献综述》，《管理学报》2016年第4期，第613页。

② 巫景飞、何大军、林韦、王云：《高层管理者政治网络与企业多元化战略：社会资本视角——基于我国上市公司面板数据的实证分析》，《管理世界》2008年第8期，第107页。

也是中国的社会现象。因为人情、面子在西方学术文献中也是用汉语拼音“renqing”“mianzi”来表示的。我们知道，西方人之所以用汉语拼音表达中国的词语，最重要的原因之一就在于西方没有词语能够完全准确表达出一些中国词语的丰富内涵。即使找到了能够在字面上表达一些中国词语的西方词语，但是本质的意义也是大相径庭。譬如，中国的“面子”一词与英语单词“face”字面上差不多，但实际意义有着根本区别。中国社会的“关系”现象中，两个人之间的“关系”要有人情味，相互之间会有送人情、欠人情、还人情的现象；还会在必要的时候相互之间给彼此面子。如果两个人中的一个人没有还另一个的人情、没有给另一个人面子，那么就会影响两个人的“关系”质量。“在中国社会中，guanxi是一种资源，并且从‘人情’与‘面子’两个方面解释了guanxi的内在作用机制。”① 可是对于西方人来讲，这些社会现象有时就比较难理解。因此，一些学者认为中国是“关系”社会，说的就是每个人都生活在一定的“关系”环境中，都会遇到人情、面子的问题。“中国在长期的博弈中选择了‘关系’作为解决交易问题的重要手段。而制度一旦形成后就存在路径依赖的特性，具有自我强化的趋势。当我国开始主要利用‘关系’来解决各种交易问题时，关系作为一种制度安排就不断被强化，于是我国逐步演化为一个独特的关系社会。”② 当然，“关系”现象在中国传统社会表现得更浓厚一些。现代的中国与传统的中国在很多方面包括“关系”现象方面都发生了很多的变化。这就需要我们对现代中国的“关系”现象与传统中国的“关系”现象做更深入的对照研究，看看“关系”的中国属性是否有了新的变化。

二、“关系”的合法地位

“关系”研究的最大挑战之一就是能否把“关系”与腐败彻底区分开来，恢复“关系”的合法性及其合法地位。这也是未来中国企业“关系”管

---

① 龚其国、宋炜：《基于家电行业的Guanxi对企业运营绩效的影响研究》，《现代管理科学》2012年第4期，第33页。

② 胡峰、李敏伦：《关系营销的经济学渊源及其在我国的适用性》，《管理现代化》2001年第4期，第36页。

理必须要面对和处理好的关键问题。“‘关系’和腐败或者行贿受贿是有区别的。前者建立在人情和长期的义务和相互连带关系上——而不是物质利益交换。而在后者中，社会关系是一种手段而不是目的。随着‘关系’实践对商业领域的不断渗入——商业利益促使企业家必须与控制企业发展的官员打交道，明晰的物质金钱算计和货币价值交易量度使‘关系’转变为腐败。”① “关系”转变为腐败的原因不是“关系”本身，而是把“关系”当手段而不是目的。两个人的特殊联系或特殊交往如果就是为了彼此的亲密“关系”的维持和发展，为了“关系”而“关系”，就不可能成为腐败。反之，如果不是为了“关系”而“关系”，是为了获得第三方的不合理或非法利益，那就是腐败了。这就需要法律的监管和规范。“利用‘关系’在多种情况下意味着‘合情（有面子、关照）’，如果人们利用‘关系’，但并不违背通常的规范、准则、法律，这种行为将被认为是‘合理的（粗略地等同于理性或遵守规则）’，这里我们定义它为‘合法’的运用。”② 合情、合理更要合法是“关系”的基本准则。但是，法律监管的不是“关系”本身，而是腐败本身。“关系”有自己的合法地位，腐败则没有。我国社会不管什么时候都会维护人们之间的正常“关系”，即使在我国改革开放的过程中也是一样。“我国改革的过程实际上是一个制度变迁的过程，在这个过程中利用‘关系’搞好生意关系和靠关系走后门都得到了很大的发展，而靠关系走后门这种机会主义行为会随着我国法制建设的完善而得到约束。而利用‘关系’搞好生意由于我国本身是个关系社会的特点越来越显得重要，它不会由于法律的完善而走向消亡，恰恰相反，一方面我国的法制建设决不会在短短的时间里就得到彻底的完善，另一方面利用‘关系’搞好生意关系作为一种制度安排有促进交易、节约交易成本的作用，所以利用‘关系’搞好生意关系会在我国得到进一步的发展。”③ 由此可见，“关系”与法律是相辅相成的两个制度，一个是隐性的制度，一个是显性的制度。作为隐性的制度，

---

① 杨美惠：《“关系”的韧性及其新运作空间：对新近“关系”研究的批判》，《中国农业大学学报（社会科学版）》2009年第2期，第64页。

② 同上，第64页。

③ 韩巍、席酉民：《关系：中国商业活动的基本模式探讨》，《西北大学学报（哲学社会科学版）》2001年第1期，第46页。

“关系”调整和规范着人们的行为，靠的是彼此的信任。作为显性的制度，法律则是通过刚性的处罚约束和规范人们的行为。企业之间的交易既要遵守法律，还要遵守信用。“关系”的彼此信任可以大大降低企业的交易成本。这样的“关系”是中国企业“关系”管理要大力维护和发展的。

三、“关系”的丰富内涵

“关系”的丰富内涵引起国内外众多学者的深入思考，形成了各具特色的“关系”内涵。中国企业“关系”管理的未来发展和研究也必须建立在“关系”丰富内涵的理解和把握上。对“关系”的内涵理解和把握得越到位，中国企业“关系”管理才会健康持续发展。“关系在中国的管理实践中广泛存在，是一个研究中国组织情境内组织产出、员工表现的极为重要的构念。”① 我们认为，企业“关系”不管是表现为企业产出的外部“关系”，还是员工表现的内部“关系”，其核心内容应该是信任。没有信任做基础的“关系”是不可能持久的。“关系运作是建立和增强信任的重要机制。关系运作不仅包括利用关系网或请客送礼等工具性色彩较强的方法，而且还有相互尊重、交流思想感情等情感性色彩较强的方法。不同的关系运作方法有不同的适用范围。在长期合作关系中，加深情感的关系运作方法较受重视，而在一次性交往中，利用关系网或利益给予的关系运作方法较受重视。此外，在经济合作关系中，为了增强信任，人们除了进行关系运作之外，还会采用法制手段。二者可以共存。”② 特殊的“关系”使得两个人之间在情感和心理上拉近了距离，增强了信任。两个陌生的人之间建立信任有一定的难度，即使双方有法律做保障，也会彼此有一定的顾虑。但是，这两个人如果突然有一天知道双方是老乡“关系”或者亲戚“关系”，就会一下子增进双方的信任。在一定意义上讲，“关系”和法律相比，是一种规范人们行为的软性制度，体现了更多的道德要求。“目前我国出现了一些借助各种‘关系’进行腐败交易的问题，扭曲了‘关系’的核心要素：诚信原则。这是转型时期

① 王淑红、王玉同、马佳意：《关系实践对员工绩效改进动机的影响研究》，《科研管理》2018年第5期，第153页。

② 彭泗清：《信任的建立机制：关系运作与法制手段》，《社会学研究》1999年第2期，第64页。

我国政治和经济体制还不健全造成的。随着改革开放向纵深发展，这方面的问题会越来越少。对大多数人来讲，‘关系’有它的道德准则并发挥着必要的社会功能。中国人是‘关系’取向的。运用‘关系’创造一种以后做事的承诺，只要最终兑现了承诺，就是合乎伦理的。”① 因此，“关系”的内涵要更多地从道德伦理的层面去理解和把握。以儒家思想为代表的中国传统文化主要是一种伦理道德文化。儒家思想提出的“五伦”秩序也主要是基于伦理道德意义上的。中国传统社会的秩序在一定意义上讲就是“人伦”秩序和伦理道德秩序，也是一种“关系”秩序。有学者从这个角度提出了一些有价值的思考。

“‘关系’是人与人之间的合约，是人们关于‘人情’的合约。一系列的合约安排构成了制度，即‘关系’社会制度。”“在缺乏立法的国家，人们自然会更多地依靠‘关系’。但即使在有法律的情况下，人们也会在通过‘关系’解决问题与通过法律解决问题之间进行成本收益的权衡。如果同样可以达到双方满意的结果，而通过‘关系’解决问题的成本较通过法律要低一些，那么人们就宁愿选择通过‘关系’来解决问题。在中国，尤其是前些年，人们对于官司常常‘私了’而不是对簿公堂，就是这样的例证。由此我们可以推测，中国之所以形成一个‘关系’社会，是因为人们在长期的博弈中选择了‘关系’作为解决交易问题的重要手段，这种选择与交易费用有关——事实也是如此。中国古代也有法律，也有‘王子犯法与庶民同罪’的平等实施法律的思想，但是在制度竞争中，法律输给了‘关系’。……就当代中国而言，并不是一个完全‘关系’化的社会。关系网的力量仍然很强大，但是法律也正越来越受到尊重，尤其是进行市场化改革以来，法律体制的不断完善以及诉讼成本降低，使得法律成为解决很多交易问题（比如保证自身权利等）的最佳手段，因此人们逐渐在一些方面转向依靠法律，而越来越多的人依赖于法律解决问题的时候，法律就越来越权威，法律作为制度安排就不断被强化。这就是中国由‘关系’社会向‘关系’与法律并行社会的变迁过程，这种变迁取决于‘关系’与法律在各自实施中的交易费用，是两

---

① 韩德昌、姚飞：《“关系”对关系营销的影响》，《经济管理》2006年第1期，第50页。

种制度安排竞争的结果。”“‘关系’与法律存在潜在的制度竞争，中国‘关系’与法律并存的社会体制是人们在制度选择的长期重复博弈过程中的均衡结果。任何一个社会，都应该有一个‘关系’与法律的最佳结合程度来保证最优经济效率。……如果真正把‘关系’放于市场制度中，‘关系’的积极作用将是主要的，因为竞争性市场体制将逐渐剔出‘关系’中的不良成分（比如‘靠关系走后门’）。市场化的进步过程，也是一个对不良‘关系’进行剔除的过程。”①

按照这位学者的理解，“关系”不会因为政治经济乃至法律制度的逐步健全而消失，而会与法律共同成为调节市场经济的两大工具。“关系”在市场化的进程中会自我剔除“靠关系”“走后门”的不良成分，更好地发挥积极的作用。我们认为，“关系”的积极作用就是伦理道德特别是信任的作用。在当前信息化和互联网社会，解决电信诈骗、互联网诈骗等问题，除了借助技术手段和法律手段，还应该发挥“关系”的特殊作用。也就是说，发挥特殊“关系”尤其是最亲近的家庭关系、亲属关系、朋友关系等的作用，让这些诈骗分子不仅受到法律的制裁、技术的监控，更受到这些特殊“关系”的教育和引导。很多中国人都要面子，尤其是在自己的特殊“关系”中非常在乎自己的面子。从这个意义上讲，“关系”和法律都是不可或缺的社会制度。各自都有优势。我们要扬长补短，利用各自的优势共同推动社会的进步。“关系”的制度属性和道德属性应该是未来中国企业“关系”管理进一步加强研究和发展的重要内容。

第二节　中国企业“关系”管理的相关基本理论

“关系”研究涉及中国社会的方方面面，已经渗透到很多学科和领域。“‘关系’扎根于中国传统文化体系之中已长达2000年之久，即便当代社会环境快速变化，传统的‘关系导向’仍然没有丝毫改变。近年来，围绕

① 董志强：《关系、法律与经济效率》，《经济评论》2001年第5期，第125、126、128页。

‘关系’展开的研究文献频繁出现在西方主流学科的期刊中，如人类学、社会学、社会心理学、政治学、管理学等。”[①]西方学术界能够对中国社会的“关系”现象这么感兴趣，说明中国社会的发展已经引起西方社会的关注。中国社会的最大变化之一就是经济的发展速度和规模。而中国企业及企业管理在其中发挥了重要作用。中国企业管理实践中的“关系”现象也成为人们关注的焦点之一。“‘关系’贯穿于中国社会的日常生活、经济管理以及政治活动中，中国式关系（guanxi）正在以多样的形式影响着人际交往与社会的发展。因此，近年来从‘关系’视角研究社会组织及企业管理问题，越来越受到理论界的关注与重视，众多学者从‘关系’视角展开了不少有益的研究，呈现出不同的探索角度。”[②]从“关系”视角研究企业管理问题的最终结果就推动了中国企业“关系”管理的产生。但是，对于中国企业“关系”管理的研究和发展，既要深入研究相关的基本概念，更要加强中国企业“关系”管理相关基本理论研究。这些基本理论反映了中国企业“关系”管理的主要内容。但是，中国企业“关系”管理的内容要坚决与“拉关系”“走后门”的腐败现象区分开来。有学者认为，“‘关系’管理指那些为了建立、改善或维系‘关系’的社会行为，其研究重点主要关注华人用什么方法来建立或维系‘关系’。但需要强调的是，‘关系’管理并不等同于‘拉关系’，因为‘关系’管理的目的是维系良好的人际交往，而‘拉关系’则是借‘关系’来获得更多有形或无形的利益，所以前者多属于目的而非手段，是实质理性的，而后者多属于手段而非目的，是工具理性的”[③]。因此，中国企业“关系”管理必须以“关系”为目的而不是手段，将建立、维持和发展企业的“关系”作为最重要的内容。我们认为，中国企业“关系”管理在企业外部“关系”管理中要以客户“关系”管理为主，在企业内部“关系”管理中要以员工“关系”管理为主，同时还要关注企业最小的行政细胞班组“关系”管理。企业大量的员工是在生产经营的第一线——各个企业班组

① 宝贡敏、赵卓嘉：《中国文化背景下的“关系”与组织管理》，《重庆大学学报（社会科学版）》2008年第2期，第46页。

② 唐玉生、邓秋迎、张晓溪、张耕宁：《管理学视域下现代儒家缘分关系构念研究的评述与展望》，《管理学报》2018年第7期，第1090页。

③ 曾国权：《“关系”动态过程理论框架的建构》，《社会》2011年第4期，第98页。

中。因此，班组“关系”管理的效率和质量，将直接影响企业生产经营的效率和质量。

一、以客户“关系”为基础的企业外部“关系”

一提到中国企业“关系”管理，人们一般会首先想到两个重要的“关系”，一个是企业与政府的“关系”，另一个是企业与客户的“关系”。因为这两个“关系”对于企业发展有着特别重要的意义。其中，政府可以为企业提供政策上的支持，客户可以保障企业的销售渠道。在一定意义上讲，“关系”会受到国内外学者的高度关注，主要就是因为这两个“关系”的重要性。“中国的‘关系’现象之引起国内外学术界的广泛关注，根源于中国的对外开放、中国在经济上的崛起以及中外企业在中国从事商业活动的实际需要——‘关系’及其作用，被认为是在中国从事商业活动的一个基础性变量，也被认为是中国文化主导下的企业从事商业活动的一个重要特点。”[①] 中国的改革开放打开了国门，一方面中国企业走出去、开阔了眼界，另一方面很多外国企业进入中国社会和市场。外国企业看到了中国社会和市场中“关系”现象的特殊性，不得不让他们认真关注和研究“关系”现象。我国改革开放初期的各种经济和法律制度特别是市场体制还不健全，当时的企业“关系”主要关注的是企业与政府的“关系”。随着我国改革开放的逐步深入，各种制度和体制逐步健全之后，企业与客户的“关系”变得更加重要。在我国的计划经济时期，企业有问题找“市长”，后来进入市场经济阶段，企业遇到问题就要找“市场”。企业的主要任务就是销售更多的产品和服务，赢得更多的市场机会。中国企业“关系”管理就要把主要精力用在维护市场，特别是维护企业与客户的“关系”上面。实际上，在现有的中国企业“关系”管理的学术文献中，研究“客户”关系管理是最多的。“从‘关系’而不是其他途径参与社会（包括市场与经济活动），对于中国人来讲，是一种自然取向，具有必然性。实际上，中国的‘关系’营销就是中国人由‘关系’参与市场活动或经济活动的外在表现。因此，中国的市场营销一开

① 庄贵军：《关系在中国的文化内涵：管理学者的视角》，《当代经济科学》2012年第1期，第18页。

始就是‘关系’营销。”① “关系”营销的对象主要就是“客户”，就是企业产品或服务的销售对象，也就是企业的顾客或消费者。在企业“关系”管理中，“关系”是目的而不是手段。也就是说，企业要把维护和发展客户的“关系”作为目的，而维护和发展客户“关系”的手段是企业的产品或服务。只有高质量的产品或服务才能让企业与客户的“关系”稳定和持久。反之，质量低劣的产品或服务就会让企业与客户的“关系”毁于一旦。以客户“关系”为基础的企业其他外部“关系”管理也是这样。譬如，在企业与供应商的“关系”管理中，供应商提供的高质量原辅材料以及企业及时有信誉保障的货款，是维持和发展双方“关系”的有力保障。在企业与政府的“关系”管理中，政府公开透明的政策支持以及企业对当地经济社会发展做出的实际贡献，是维护和提高双方“关系”质量的必要手段。俗话讲，先有情谊，后有生意。只有企业真心对待和充分信任各种企业外部“关系”，才会得到众多外部“关系”尤其是客户“关系”的大力支持。这样，企业的发展才有了充分保障。中国企业“关系”管理的未来研究和发展，要重点研究各种企业外部“关系”的类别及其维护和发展的方法。

二、以员工“关系”为基础的企业内部“关系”

中国企业“关系”管理的最高境界是“关系”找企业，而不是企业找“关系”。也就是说，企业专心做好自己的事情，把企业做出品牌和影响，那么各种外部“关系”就会自动找上门来与企业建立各种外部“关系”和利益共同体。俗话讲，穷在闹市无人问，富在深山有远亲。一个企业外部“关系”是否充足，在根本上取决于企业自身的实力和影响。所以，中国企业“关系”管理更重要的是做好企业内部“关系”的管理。在研究中国企业“关系”管理的学术文献中，绝大多数都是研究客户“关系”管理、员工“关系”管理的文献。企业的内部“关系”主要有两种，一种是领导与员工的“关系”，另一种是员工与员工的“关系”。这两种“关系”都很重要。领导与员工的“关系”维护和处理得好，那么领导就会更容易得到员工的理

① 庄贵军、席酉民：《关系营销在中国的文化基础》，《管理世界》2003年第10期，第108页。

解和支持，员工也会得到领导的关心和鼓励。员工与员工的“关系”如果比较融洽和团结，那么企业内部的管理氛围和工作环境就会充满正能量，员工之间会相互理解、互相鼓励、相互支持、共同进步。这两种“关系”中都有员工一方。所以，我们这里说的以“员工”关系为基础的内部“关系”包括了这两种“关系”。还有一种企业内部“关系”的说法，与员工“关系”很相似，那就是劳动关系，也称劳资关系。一般指的是企业与员工或者资方与劳方的关系。这种关系中的“关系”与我们研究的中国企业“关系”管理中的“关系”不一样。劳动关系或劳资关系中的关系，在世界上哪一个国家都存在。这里的“关系”一般用英语单词“relationship”来表示，没有特殊性的含义。我们研究的中国企业“关系”管理中的“关系”具有特殊性内涵和丰富的内容，一般只是在中国社会才有的现象。我们认为，中国企业“关系”管理发展的趋势将会由过去重视企业外部“关系”管理向重视企业内部“关系”管理转变。因为，企业外部的“关系”也就是企业的外部环境在很多情况下是难以受到企业左右的，企业一般只能去适应企业外部环境的发展。而企业内部的“关系”则是更多体现了企业内部的环境和资源，这是包括企业“关系”管理在内的所有企业管理的重要内容。中国企业“关系”管理应该主要在内部“关系”管理上下功夫。企业内部“关系”管理要为员工营造相互信任的氛围和环境，一般首先通过企业领导倡导的企业文化去推动。我们认为，企业内部“关系”管理除了发挥企业文化的作用，还应该发挥职工文化[①]的作用。企业文化是“要我干”的文化，提高的是管理水平。职工文化是“我要干”的文化，提升的是员工素质。“继2015年4月28日习近平总书记在庆祝‘五一’国际劳动节暨表彰全国劳动模范和先进工作者大会上提出‘打造健康文明、昂扬向上的职工文化’之后，2018年10月29日，他在同中华全国总工会新一届领导班子成员集体谈话时再次强调，‘打造健康文明、昂扬向上、全员参与的职工文化’。新时代职工文化建设对于全面提升职工队伍整体素质尤其充分调动广大职工群众在建设社会主义现代化强国过程中

① 职工文化也称作员工文化，只不过官方一般称作职工文化。

的积极性、主动性和创造性具有重要意义。”[①] 中国企业“关系”管理的未来研究和发展除了继续重视和深化企业文化的研究外，还应该重视和加强职工文化研究。其中，职工文化在员工“关系”管理中的主要作用就在于最大限度地激发广大职工的积极性、主动性和创造性，让职工在企业管理中发挥主体作用。

三、激活企业的班组“关系”管理

如果说中国企业“关系”管理将由过去重视企业外部“关系”到重视企业内部“关系”转变，那么企业内部“关系”管理中的基础应该是企业班组“关系”管理。企业的产品或服务质量、企业生产经营的质量以及企业整体竞争力的提升在很大程度上都取决于企业班组管理的质量。企业管理几乎所有的生产经营指标也都是在企业班组完成。企业班组通常被称作企业的细胞。企业的细胞不健康就会影响到企业机体的整体健康。因此，激活企业的班组管理特别是班组“关系”管理对于保障企业管理各项生产经营指标的完成以及企业整体竞争力的提升意义重大。在企业所有员工中，班组员工的数量一般是最多的。中国企业内部“关系”管理的重心应该主要体现在企业班组“关系”管理方面。企业文化与职工文化对于企业内部“关系”管理营造相互信任的员工“关系”氛围有着特殊的作用。同理，班组文化对于营造班组内部相互信任的员工“关系”也有着重要意义。我们认为，传统的班组文化只是作为企业文化在班组层面的文化表现形式。也就是说，班组文化只是落实企业文化的文化。但是，新时代的班组文化要同时发挥企业文化和职工文化的作用。企业文化通过提高管理水平，为班组文化指明发展的方向；职工文化通过提升职工素质，为班组文化提供发展的动力。对于企业包括班组的发展而言，发展方向与发展动力有着同等的战略地位。过去的班组管理一般都过于重视班组长一个人的作用，倡导“火车跑得快还需车头带”的管理理念。我们现在进入了新时代，高铁跑得快，不是因为车头带的结果，而是每节车厢都成了动力。从这个意义上讲，新时代的班组文化应该充分发挥每

① 乔东：《打造健康文明、昂扬向上、全员参与的职工文化》，人民网理论频道，http://theory.people.com.cn/n1/2019/0425/c40531-31050095.html，2019-4-25。

一位班组成员的作用，激发出每一位班组成员的工作热情和创造活力。这一方面需要职工文化在提升员工素质方面发挥应有的作用，还应该充分发挥企业班组“关系”管理的作用。我们在研究国家电投集团黄河上游水电开发有限责任公司龙羊峡项目部发电水工班班组管理的时候发现，他们每一位班组成员轮流做班长的做法就是在彼此给“面子”。“在中国社会的人际‘关系’中彼此之间给‘面子’非常重要！一个人一旦不给别人‘面子’，将来他就会失去自己的很多‘面子’！水工班让每一位班组成员轮流当班长，就是给每一位班组成员的‘面子’，也让每一位班组成员有机会彼此给‘面子’。新时代班组文化就是给每一位班组成员‘面子’以及每一位班组成员彼此给‘面子’的文化。”① “面子”在所有“关系”现象包括班组“关系”现象中都有着重要的意义。企业班组“关系”管理彼此给“面子”也是彼此信任对方的表现。这就需要在日常的企业班组“关系”管理中营造相互信任和相互给“面子”的氛围。在工作中，每一位班组成员都心往一处想，劲往一处使，把班组当成共同的“家园”，把每一位班组成员当成自己的“家人”，才会在推动班组发展中提高每一位班组成员的素质和水平，实现每一位班组成员与班组乃至企业一同发展，共同成长。这就是我们常说的双赢或多赢的管理局面。

第三节 中国企业“关系”管理的本土化

中国企业“关系”管理本土化是中国企业管理本土化的重要组成部分。其重要意义在于寻求和探讨具有中国特色的企业管理理论和实践。我国是四大文明古国中唯一延续至今的国家，5000年的中华文明不曾中断过。在世界历史上我国曾经是世界上最发达的国家，有着非常丰富的管理智慧。“中国社会特有的‘关系’（guanxi而不是relationship）作为一个敏锐性概念（sensitizing concept）逐渐显示出其方法论的意义，成为被国际社会科学

① 乔东：《新时代班组文化要有“面子”》，中国产业经济信息网，http://rdzt.cinic.org.cn/index.php?m=content&c=index&a=show&catid=506&id=2988。

界所接受的一个学术概念。"[①] 自从1911年以美国管理学家泰罗《科学管理原理》一书的出版标志着管理学作为一门科学产生以来的100多年发展历程中，在国内外很多学者编写的管理学教材中，绝大多数管理学的理论都是以美国为代表的西方管理理论。现在我国已经成为世界第二大经济体，我国世界500强企业的数量也位居世界首位。我们有很多优秀的企业和企业家，我们中国自己的企业管理理论产生应该是时候了。我们认为，"改革开放之后我国对西方企业管理理论的引进、学习和模仿，是当今中国企业拥有愈来愈大世界影响力的主要原因之一。中国企业不仅要成为'实践的巨人'，更要成为'思想的巨人'，这就必须实现中国企业管理理论的本土化。而中国企业管理实践中的'关系'现象因其中国本土化的特色，成为中国企业管理理论本土化很好的研究视角和途径"[②] 。从"关系"视角推动中国企业管理本土化成为很多学者的共识。有学者认为，"涉及'关系'（guanxi）的研究一直是近几年对中国管理问题研究的热点，也是进行管理本土化工作的重要领域"[③] 。还有学者认为，"深入剖析'关系'的研究路径，对于推动更多的中国情境概念研究符合国际管理学研究规范、丰富国际管理学理论、提升中国管理学术界的国际影响力具有重要的借鉴意义和现实意义"[④] 。因此，中国企业"关系"管理的未来研究和发展要在推动中国企业管理本土化包括中国企业"关系"管理本土化研究方面做更深入的工作。

一、中国企业"关系"管理本土化研究的社会基础

由于"关系"的中国本土化特征使得包括管理学在内的很多学科都试图基于"关系"建构中国本土化的理论。"把'关系'作为一种研究范畴，应该说是具有很强的中国本土性(genius)特征的。"[⑤] 社会学是最早试图通过

---

① 杨宜音：《关系化还是类别化：中国人"我们"概念形成的社会心理机制探讨》，《中国社会科学》2008年第4期，第152页。

② 乔东：《中国企业管理理论本土化研究的"关系"视角》，《理论学刊》2015年第6期，第62页。

③ 谭力文、宋晟欣：《管理学本土化问题研究的分析与再思考》，《管理学报》2015年第7期，第967页。

④ 刘林青、梅诗晔：《管理学中的关系研究：基于SSCI数据库的文献综述》，《管理学报》2016年第4期，第620页。

⑤ 胡必亮：《"关系"与农村人口流动》，《农业经济问题》2004年第11期，第37页。

“关系”建构中国本土化社会学的学科之一。“‘关系社会’是社会学方法本土化视角下最具方法论意义的国情之一。社会学研究的选题、调查现场的进入、调查研究的具体实施都必须考虑‘关系社会’这一国情。”[①]“关系社会”的国情不仅让中国社会学本土化建构成为可能，而且也为中国企业“关系”管理本土化建构提供了充分的社会基础。“本土化是要求学者所使用的理论和方法尽可能地产生于自己所研究的社会。”[②]尽管很多企业管理理论和方法都是世界通用的，譬如战略管理、营销管理、财务管理、人力资源管理等，但是，管理的最重要对象是人。而不同国家由于历史传统、文化习俗等的不同，对不同国家的人就不能用统一的方法来管理。对于中国人的管理必然要考虑中国的国情和文化传统。“关系”作为中国的一种文化现象和社会现象影响着每个人的生活和工作。在一定意义上讲，每个中国人都是“关系”环境的产物。“关系”是每一个中国人必须面对和应对的一种社会环境和社会资源。如果一个人在“关系”问题上处理不得当，就有可能影响到自己的声誉乃至发展。譬如，一位多年在外打拼的成功企业家，有一天回到家乡，就需要到“七大姑八大姨”各个亲戚家“走一圈”。如果他落下了一家亲戚没去“拜访”，这家亲戚就会认为，他如今“发达”了，看不起他们了！这也会让他们在其他亲戚面前“丢面子”。因此，这位企业家就会受到这家亲戚的很多抱怨，甚至影响到他与这家亲戚以后的“关系”。这种社会现象说大不大，说小也不小。“丢面子”在中国社会属于不小的事情。这也是中国人与西方人的重要区别之一。这就需要在中国企业“关系”管理实践中既要维护好员工的“面子”，又要在适当的时候给员工“面子”。给“面子”在一定意义上讲就是具有中国特色的管理“奖赏”和正向激励。中国企业“关系”管理不只是在中国本土社会发挥作用，也会在国外的华人社会发挥作用。因为，“关系”现象在中国本土社会和华人社会都存在，只不过由于国外的社会环境和文化环境不同，“关系”现象存在的程度也是有差异的。这也使得了解中国文化的一些外国老板在与华人员工打交道的时候，

---

① 王东、张慧霞：《论“关系社会”国情中社会学方法的本土化途径》，《天府新论》2011年第3期，第104页。

② 翟学伟：《关系与中国社会》，中国社会科学出版社2012年版，第8页。

总会有意识地给华人员工“留面子”。中国企业“关系”管理本土化要基于中国社会，但不是搞成完全孤立、封闭的管理理论和方法。我们认为，中国企业“关系”管理具有浓厚的中国社会色彩，但是“关系”中体现的浓厚的人情味和相互信任的氛围，是所有企业管理都应该关注的。我们希望中国企业“关系”管理本土化理论在世界管理理论领域发出中国声音的同时，还能丰富和补充世界管理理论体系，在世界其他国家和地区发挥积极的作用。

二、中国企业“关系”管理本土化研究的理论框架

中国企业“关系”管理本土化研究的主要目标就是创立一门企业“关系”管理学，指导中国企业或者在中国市场的外国企业的“关系”管理实践。这就需要我们搭建中国企业“关系”管理本土化研究的理论框架。我们可以从中国“关系”社会学的构建情况得到一些启发。“‘关系’社会学的概念、理论、方法，对于研究中国社会、社会变迁，是处于中心学术地位的。如果我们肯定这一点，那么第二就可以断言，‘关系’社会学将是推进中国社会学学科建设的重要突破口。这并不是说，没有‘关系’社会学就没有中国社会学学科建设，而是说，有了‘关系’社会学，我们就多了一个直接反映我们中国社会、中国本土文化的社会学知识体系，就有了一个新的研究和教学领域，从而更好地建立和完善中国社会学学科体系的目标。如果我们做到了这一点，那么第三，‘关系’社会学将是我们开展和加强国际学术交流的新的阶梯和渠道。”① 我们同样认为，中国企业“关系”管理学的概念、理论、方法对于研究更具中国特色的企业管理实践和规律、丰富中国企业管理学学科体系以及开展和加强国际企业管理学术交流有着重要的现实意义和学术价值。实际上，中国企业“关系”管理已经有学者在大力倡导和推动了。“2004年以来，国际学术界‘关系’领域研究成果呈持续增长趋势，国外学界偏重于在商业组织层面对‘关系’展开研究。中国港台地区及一批华人学者以‘关系’为核心概念之一，倡导建立华人本土管理学，在国际学

① 边燕杰：《关系社会学及其学科地位》，《西安交通大学学报（社会科学版）》2010年第3期，第2页。

术界产生了一定的影响力。”[①] 我们认为，“关系”的中国属性是中国企业“关系”管理本土化研究的主要动力。所以，企业“关系”管理学的理论体系应该紧紧围绕企业“关系”这一主题搭建，主要内容应该包括企业“关系”管理的研究对象和研究方法，“关系”及企业“关系”的本质、特点、类别及其作用，“关系”与中国传统文化，“关系”与中国社会结构，“关系”与“人情”，“关系”与面子，“关系”与腐败，“关系”与法律，“关系”与社会资本理论及社会网理论，企业“关系”管理的内涵及其主要方法，企业“关系”管理与企业绩效，企业“关系”管理与企业战略，企业“关系”管理与市场营销，企业“关系”管理与品牌管理，企业“关系”管理与文化管理，企业“关系”管理与班组建设，企业“关系”管理的国际比较，等等。以上只是我们初步想到的企业“关系”管理的主要内容。在这些内容中，最重要的就是如何通过“关系”了解中国人、走近中国人、结缘中国人、携手中国人，等等。在一定意义上讲，不了解中国社会的“关系”现象，就难以真正了解中国人。中国社会和中国人的“关系”现象表现在日常生活的方方面面。譬如，中国人顾家、重人情、爱面子，等等。中国人的家庭观念根深蒂固，几千年以来几乎没有多大的改变。这其中包括世界各地的华人。在中国的很多地方有海外华人捐助建设的家族祠堂，很多世界各地的华人回中国祭祖。这些现象反映了中国人包括华人的故土观念、家乡观念、祖先观念等。这个优秀传统在很大程度上都体现在“关系”现象上面。因此，中国企业“关系”管理本土化构建的企业“关系”管理学，实际上是认识中国社会、中国企业、中国人的一个重要途径。这不仅对于指导中国企业更好地了解员工和激励员工有着重要的参考价值，尤其对于外国企业了解中国社会、中国市场、中国企业乃至中国人更有着重要的指导价值。当然，中国企业“关系”管理本土化及企业“关系”管理学的体系很庞大，内容很丰富，需要收集和梳理很多重要的经典文献，对“关系”现象的文化渊源和社会变迁等问题还要做全面深入系统的了解和判断，特别是在历史与当今社会的连接中如何认识和引导“关系”的新变化，都要加以深入的探讨和思考。

---

① 问延安、沈毅：《“关系”的国际研究进展——基于计量与知识图谱分析》，《软科学》2016年第4期，第130页。

三、中国企业“关系”管理研究的主要方法

“关系”本身所具有的中国本土化特色不仅引起研究中国社会及其中国社会某一领域问题的学者的关注，而且还引起研究国家与国家之间关系的国际政治学领域的学者的兴趣。“在全球化时代，日益强化的相互依存凸显出国家间‘关系’的重要性。通过发掘本土概念，中国国际政治学者试图构建独具特色的‘关系’理论。与西方学界的实体性思维不同，中国情境下的‘关系’理论以儒家关系主义为底色，倡导和谐包容、情理兼顾与礼尚往来。作为社会建构的产物，‘关系’既有利他性的规范含义，也有工具性交换的特点。”① 如果国家与国家之间的“关系”都可以用中国的“关系”规则来指导，就说明“关系”的中国属性也具有世界性的普世价值。那么，中国企业“关系”管理本土化研究也具有世界性的普世价值。因此，“关系”的中国属性及其普世价值的属性都应该进行深入的研究，弄清楚“关系”中哪些内容只属于中国社会，哪些内容又可以在全世界推广。但是，中国企业“关系”管理本土化的主要定位是为中国企业或在中国市场的外国企业的“关系”管理实践提供参考和指导，在此基础上可以做一些扩展研究，探讨一下企业“关系”管理在国外市场的适应度问题。中国企业“关系”管理本土化尽管主题是管理学的问题，但是“关系”现象产生的基础主要来自中国传统文化和中国社会结构等。中国企业“关系”管理本土化的研究第一种应该是跨学科研究方法。这就需要从文化学、社会学、人类学、心理学、经济学、法律学、管理学等众多学科领域寻找“关系”产生的根源和发展的规律。第二种是文献研究方法。国内外有很多关于“关系”的学术研究成果，为中国企业“关系”管理本土化研究提供了丰富的素材和有价值的参考。第三种应该是对比研究方法。这就要求对“关系”作为表达两个人特殊联系或特殊交往的中国社会现象与西方社会的人际关系交往的差异进行分析，特别是西方的社会资本理论及社会网理论与“关系”的差异也需要做深入全面的分析和研究。第四种是实证研究方法。中国企业“关系”管理本土化与其说

① 曹德军：《国际政治“关系理论”——概念、路径与挑战》，《世界经济与政治》2017年第2期，第36页。

是一种管理理论，更不如说是一种管理实践。这就需要对中国企业“关系”管理的案例和实践通过访谈、问卷等做充分的全面的社会调研，了解企业“关系”管理的社会表现形式、发展规律、运作方法、主要作用以及存在的问题，从而为中国企业“关系”管理本土化研究提供充足的实践案例和实践支撑。第五种是历史研究方法。“关系”现象在中国社会有着比较悠久的历史，在不同历史发展阶段表现为不同的特点。这就需要对中国历史的主要发展阶段的“关系”现象做一纵向分析和探讨，从中寻找“关系”的变化特点及其规律，为中国企业“关系”管理本土化研究提供丰富的历史素材。除了这五种研究方法，还有演绎归纳法、矛盾分析法、观察法等研究方法。中国企业“关系”管理本土化研究要理论联系实际，以科学的理论方法为指导，深入研究和分析企业“关系”管理实践的规律和特点，从中寻找和探寻企业“关系”管理的基本要求和方法，从而提出有科学价值和实际指导意义的基本概念、基本理论、基本路径和基本框架。

参考文献

中文参考文献

1. ［澳］Andrew Kipnis著，李善峰译：《建构关系的实践和避免感情的实践——拙著〈关系的产生〉的理论探索及其修正》，《东岳论丛》2012年第12期。
2. 宝贡敏、赵卓嘉：《中国文化背景下的"关系"与组织管理》，《重庆大学学报（社会科学版）》2008年第2期。
3. 宝贡敏、史江涛：《中国文化背景下的"关系"研究述评》，《心理科学》2008年第4期。
4. 包亚明主编，包亚明翻译：《文化资本与社会炼金术——布尔迪尼访谈录》，上海人民出版社1997年版。
5. 边燕杰：《关系社会学及其学科地位》，《西安交通大学学报（社会科学版）》2010年第3期。
6. 边燕杰、杨洋：《作为中国主体话语的关系社会学》，《人文杂志》2019年第9期。
7. 曹德军：《国际政治"关系理论"——概念、路径与挑战》，《世界经济与政治》2017年第 2 期。
8. 陈来：《"以对方为重"：梁漱溟的儒家伦理观》，《浙江学刊》2005年第1期。
9. 陈寿灿、徐越倩：《浙江省新型政商关系"亲清指数"研究》，《浙江工商大学学报》2019年第3期。
10. 陈亚玉：《东南亚华人家族企业关系管理研究》，《心理科学》2006年第5期。
11. 董志强：《关系、法律与经济效率》，《经济评论》2001年第5期。
12. 樊卫国：《关系至上：中国经济史学的"交易者理性"刍议》，《上海经济研究》2017年第5期。
13. 费鸿萍、孙晓强：《管理中的“关系”研究综述》，《兰州学刊》2007年第9期。
14. 费孝通：《乡土中国》，北京大学出版社2012年版。
15. 龚鹤强、林健：《关系认知、关系运作和企业绩效：来自广东省私营中小企业的实证研究》，《战略管理》2007年第2期。
16. 龚虹波：《论公共政策中“关系”现象的经验研究》，《浙江社会科学》2014年第9期。
17. 龚其国、宋炜：《基于家电行业的Guanxi对企业运营绩效的影响研究》，《现代管理科学》2012年第4期。
18. 郭文臣、孙韶声、代容：《关系偏离行为的概念、结构与测量研究》，《管理学报》2017年第11期。
19. 韩德昌、姚飞：《“关系”对关系营销的影响》，《经济管理》2006年第1期。
20. 韩巍、席酉民：《关系：中国商业活动的基本模式探讨》，《西北大学学报（哲学社会科学版）》2001年第1期。
21. ［美］胡安·安东尼奥·费尔南德斯、劳里·安德伍德：《关系：跨国CEO的中国经验》，译林出版社2010年版。
22. 胡峰、李敏伦：《关系营销的经济学渊源及其在我国的适用性》，《管理现代化》2001年第4期。
23. 胡必亮：《关系共同体》，人民出版社2005年版。
24. 胡必亮：《“关系”与农村人口流动》，《农业经济问题》2004年第11期。
25. 奂平清：《理论自觉的“关系”研究与社会建设》，《中国特色社会主义研究》2018年第2期。
26. 黄光国：《儒家关系主义：文化反思与典范重建》，北京大学出版社2006年版。
27. 黄光国：《儒家关系主义：哲学反思、理论建构与实践研究》，心理出版社（台北）2009年版。

28. 黄光国、胡先缙等：《人情与面子：中国人的权力游戏》，中国人民大学出版社2010年版。
29. 纪莺莺：《文化、制度与结构：中国社会关系研究》，《社会学研究》2012年第2期。
30. 金耀基：《中国社会与文化》（增订版），牛津大学出版社（中国）2013年版。
31. 居延安、胡明耀：《关系管理学》，复旦大学出版社2017年版。
32. 李林艳：《弱关系的弱势及其转化"关系"的一种文化阐释路径》，《社会》2007年第4期。
33. 李林艳：《关系、权力与市场：中国房地产业的社会学研究》，社会科学文献出版社2008年版。
34. 李孔岳：《关系格局、关系运作与私营企业组织演变》，《中山大学学报(社会科学版)》2007年第1期。
35. 李敏、李章森、王崇巍、刘晨韵：《中国文化语境下企业外部"关系"研究述评》，《管理学报》2016年第5期。
36. 李雪灵、申佳：《关系质量量表开发与验证：基于本土研究视角》，《科研管理》2017年第11期。
37. 李亦园、杨国枢：《中国人的性格》，江苏教育出版社2006年版。
38. 梁漱溟：《中国文化的命运》，中信出版社2010年版。
39. 梁漱溟：《中国文化要义》，上海人民出版社2011年版。
40. 梁启超：《孔子与儒家哲学》，中华书局2016年版。
41. ［美］林南：《社会资本——关于社会结构与行动的理论》，张磊译，上海人民出版社2005年版。
42. 刘海建：《基于中国情境的"关系"研究：一个整合分析》，《南京师范大学报（社会科学版）》2014 年第3期。
43. 刘泉宏、汪涛：《华人商业活动中的关系及其影响》，《生产力研究》2008年第7期。
44. 刘林：《企业家社会资本的研究评论》，《重庆大学学报（社会科学版）》2015年第1期。

45. 刘林青、梅诗晔：《管理学中的关系研究：基于SSCI数据库的文献综述》，《管理学报》2016年第4期。
46. 罗家德：《社会网分析讲义》，清华大学出版社2010年版。
47. 罗家德：《中国管理本质——一个社会网的观点》，《南京理工大学学报（社会科学版）》2011年第1期。
48. 罗家德：《关系与圈子——中国人工作场域中的圈子现象》，《管理学报》2012年第2期。
49. 罗家德、贾本土：《“关系”与本土管理学》，《中国人力资源开发》2014年第4期。
50. 罗家德、贾本土：《关系管理的真义》，《中国人力资源开发管理》2014年第12期。
51. 罗家德：《商道中国：社会网与中国管理本质》，社会科学文献出版社2011年版。
52. 罗家德、曾明彬：《中国人的管理学》，吉林出版集团有限责任公司2010年版。
53. 黄光国、罗家德、吕力：《中国本土管理研究的几个关键问题——对黄光国、罗家德的访谈》，《管理学报》2014年第10期。
54. 黄海洋、何佳讯：《关系在中国商业活动中的负面影响》，《商业研究》2016年第6期。
55. 黄宇虹、捷梦吟：《关系、社会资本与小微企业创新》，《科研管理》2018年第11期。
56. 李孔岳：《关系格局、关系运作与私营企业组织演变》，《中山大学学报（社会科学版）》2007年第1期。
57. 林语堂：《中国人》，学林出版社2007年版。
58. 刘和林、熊力游：《对“关系” 一词英译的探讨》，《中国翻译》2013年第6期。
59. 倪得兵、戴春爱、唐小我：《外生的隐性“关系”与显性激励》，《管理工程学报》2011年第3期。
60. 潘安成、姜葵助、肖宇佳：《战略实践观与关系化组织——以中国文化背景为基础的质性研究》，《南开管理评论》2016年第3期。
61. 彭泗清：《信任的建立机制：关系运作与法制手段》，《社会学研究》1999年第2期。
62. 潘焕喜：《组织管理中的“关系”研究述评》，《中国人力资源开发》2014年第10期。
63. ［韩］朴雨淳：《中国社会的“关系”文化——兼论能否增进“关系”的公共性》，《学海》2006年第5期。
64. 乔东：《构建新时代的新“关系”》，《现代企业文化》2018年第12期。
65. 乔东：《新时代班组文化的“人情味”》，《工会博览》2019年第1期。
66. 乔东：《新时代班组文化的“关系”导向》，《班组天地》2018年第12期。
67. 乔东：《新时代班组文化要有“面子”》，《班组天地》2019年第2期。
68. 乔东：《中国企业管理理论本土化研究的“关系”视角》，《理论学刊》2015年第6期。
69. 乔东、李海燕：《〈论语〉解读与职工文化》，中华工商联合出版社2018年版。
70. 乔杰、洪亮平：《从“关系”到“社会资本”：论我国乡村规划的理论困境与出路》，《城市规划学刊》2017年第4期。
71. 秦冬露、韩颖、张闯：《关系营销理论研究进展：一个英文文献综述》，《重庆社会科学》2015年第8期。
72. 覃忠：《民营企业的政府关系和家庭关系研究》，《商业经济与管理》2010年第4期。
73. 任浩、甄杰：《管理学百年演进与创新：组织间关系的视角》，《中国工业经济》2012年第12期。
74. 任宏达、王琨：《社会关系与企业信息披露质量——基于中国上市公司年报的文本分析》，《南开管理评论》2018年第5期。
75. 沈毅：《华人本土组织领导研究的基本脉络与再定位》，《管理学报》2012年第5期。
76. 沈毅：《迈向“场域”脉络下的本土“关系”理论探析》，《社会学研究》，2013年第4期。
77. 孙立平：《“关系”、社会关系与社会结构》，《社会学研究》1996年第5期。
78. 孙志勇、孟庆海：《正确处理政商关系应坚守的纪律底线》，《中国党政干部论坛》2016年第7期。
79. 谭力文、宋晟欣：《管理学本土化问题研究的分析与再思考》，《管理学报》2015年第7期。
80. 唐炎钊、王容宽：《Guanxi 与创业企业成长：国外研究述评》，《商业研究》2013年第2期。
81. 唐玉生、邓秋迎、张晓溪、张耕宁：《管理学视域下现代儒家缘分关系构念研究的评述与展望》，《管理学报》2018年第7期。
82. 王东、张慧霞：《论“关系社会”国情中社会学方法的本土化途径》，《天府新论》2011年第3期。
83. 王蓓、王菲：《论“关系（guanxi）研究”对“关系”概念的解读》，《现代商贸工业》2008年第12期。
84. 王君柏：《对费孝通“差序格局”的再反思》，《湖南社会科学》2015年第1期。
85. 王立磊：《“关系”取向对渠道成员机会主义行为的影响研究》，经济管理出版社2017年版。
86. 王淑红、王玉同、马佳意：《关系实践对员工绩效改进动机的影响研究》，《科研管理》2018年第5期。
87. 王兴元、张鹏：《企业家儒商文化特征的一种分析与评价》，《经济管理》2012年第9期。
88. 王雨磊：《论关系的负功能》，《江海学刊》2013年第5期。
89. 闻翔：《梁漱溟与现代中国社会学——以“中国问题”与“人生问题”为线索》，《江海学刊》2019年第2期。
90. 问延安、沈毅：《“关系”的国际研究进展——基于计量与知识图谱分析》，《软科学》2016年第4期。
91. 巫景飞、何大军、林韦、王云：《高层管理者政治网络与企业多元化战略：社会资本视角——基于我国上市公司面板数据的实证分析》，《管理世界》2008年第8期。

92. 唐炎钊、王容宽：《Guanxi 与创业企业成长：国外研究述评》，《商业研究》2013年第2期。

93. 田絮崖：《专业市场中的融资与“关系”——以广州中大布匹市场为中心的研究》，《广西民族大学学报（哲学社会科学版）》2016年第11期。

94. 谢佩洪：《政治关系、商业关系与企业绩效关联的研究进展及启示》，《上海对外经贸大学学报》2014年第7期。

95. 徐彦平：《情商中国》，复旦大学出版社2013年版。

96. 薛晋洁、史本山：《合资企业的社会困境——基于关系交换理论视角》，《财经论坛》2016年第11期。

97. 杨国枢：《中国人的价值观》，中国人民大学出版社2013年版。

98. 杨国枢、余安邦主编：《中国人的心理与行为——理念及方法篇（1992）》，桂冠图书公司出版1993年版。

99. 杨国枢：《中国人的心理》，中国人民大学出版社2012年版。

100. 杨美惠：《“关系”的韧性及其新运作空间：对新近“关系”研究的批判》，《中国农业大学学报（社会科学版）》2009年第2期。

101. 杨美惠：《礼物、关系学与国家：中国人际关系与主体性建构》，赵旭东、孙珉合译，张跃宏译校，江苏人民出版社2009年版。

102. 姚泽麟：《社会转型中的关系学——评杨美惠的〈礼物、关系学与国家〉》，《社会学研究》2011年第3期。

103. 杨宜音：《关系化还是类别化：中国人“我们”概念形成的社会心理机制探讨》，《中国社会科学》2008年第4期。

104. 杨中芳：《如何理解中国人》，重庆大学出版社2009年版。

105. 曾国权：《“关系”动态过程理论框架的建构》，《社会》2011年第4期。

106. 曾仕强：《人伦关系课》，北京联合出版公司2014年版。

107. 翟学伟：《关系与谋略：中国人的日常计谋》，《社会学研究》2014年第1期。

108. 翟学伟：《关系与中国社会》，中国社会科学出版社2012年版。

109. 翟学伟：《人情、面子与权力的再生产》，北京大学出版社2013年第2版。
110. 翟学伟：《中国人的关系原理：时空秩序、生活欲念及其流变》，北京大学出版社2011年版。
111. 张家瑞、胡建军、张宁俊：《民营企业领导——员工“关系”对员工工作态度的影响》，《财经科学》2011年第11期。
112. 张传鹤：《习近平新时代中国特色社会主义思想的重要历史地位》，《理论学刊》2019年第1期。
113. 张国清、马丽、黄芳：《习近平“亲清论”与建构新型政商关系》，《中共中央党校学报》2016年第10期。
114. 张晓洁、王海珍：《中国文化背景下管理中的“关系”研究综述》，《管理学报》2014年第7期。
115. 郑也夫：《信任：合作关系的建立与破坏》，中国城市出版社2003年版。
116. 周飞舟：《费孝通先生晚年的思想转向》，《社会科学文摘》2017年第9期。
117. 周飞舟：《行动伦理与“关系社会”——社会学中国化的路径》，《社会学研究》2018 年第1期。
118. 庄贵军：《营销渠道中的人际关系与跨组织合作关系：概念与模型》，《商业经济与管理》2012年第1期。
119. 朱巧玲：《从“关系经济”向“契约经济”跃迁的必要性和路径研究——基于新制度经济学的视角》，《宏观经济研究》2010年第10期。
120. 庄贵军：《关系在中国的文化内涵：管理学者的视角》，《当代经济科学》2012 年第1期。
121. 庄贵军、席酉民：《关系营销在中国的文化基础》，《管理世界》2003年第10期。
122. 庄贵军、席酉民：《中国营销渠道中私人关系对渠道权力使用的影响》，《管理科学学报》2004年第12期。
123. 庄贵军、席酉民、周筱莲：《权力、冲突与合作——中国营销渠道中私人关系的影响作用》，《管理科学》2007年第6期。

英文参考文献

1. Aihwa Oog and Donald M. Nonini. *Ungrounded Empires: The Cultural Politics of Modern Chinese Transnationalism*. Routledge, 1997.
2. Andrew B., Kipnis. *Producing Guanxi: Sentiment, Self, and Subculture in a north China Village*. Duke University Press, 1997.
3. Alannah, E., Rafferty, Simon, Lloyd, D., Restubog. The Influence of Abusive upervisors on Followers` Organizational Citizenship Behaviours: The Hidden Costs of Abusive Supervision. *British Journal of Management*, 2011 (22).
4. Berkowitz，Stephen D.. *An Introduction to Structural Analysis: The Network Approach to Social Research*. Butterworth Press, 1982.
5. Bian Y, Ang S. Guanxi networks and job mobility in China and Singapore. *Social Forces*, 1997, 75(3).
6. Bian Y.. Bringing strong ties back in: Indirect ties, network bridges, and job searches in China. *American Sociological Review*, 1997, 62(3).
7. Chen X P, Chen C C. On the intricacies of the Chinese guanxi: A process model of guanxi development. *Asia Pacific Journal of Management*, 2004, 21(3).
8. Chen X P, Peng S. Guanxi dynamics: Shifts in the closeness of ties between Chinese coworkers. *Management and Organization Review*, 2008, 4(1).
9. Davies H，Leung T K P，Luk S T K，Wong Y H. The benefits of "Guanxi"：The value of relationship in developing Chinese market. *Industrial Marketing Management*, 1995，24(3).
10. Dennis W. Orgen. *The Applied Psychology of Work Behavior*,Richard D..Irwin,Inc. ,1978, 1983, 1987, 1991.
11. D.Guthrie.The Declining Significance of Guanxi in China's Economic Transition，*The China Quarterly*, 1998, 154.
12. Dunfee T W, Warren D E. Is guanxi ethical? A normative analysis of doing business in China. *Journal of Business Ethics*, 2001, 32(3) .
13. Eike A. Langenber.*Guanxi and Business Strategy:Theory and Implications for*

Multinational Companies in China. Physica−Verlag Heidelberg, 2007.

14. Ellen M. Whitener. Managers as Initiators of Trust：An Exchange Relationship Framework for UnderstandingManagerial Trustworthy Behavior. *The Academy of Management Review*, 1998, 23(3).
15. Enrico Sevi. Effects of Organizational Citizenship Behaviour on Group erformance: Results from an Agent−based Simulation Model. *Journal of Modelling in Management,* 2010, 5(1).
16. Erik Ringmar. *Surviving Capitalism: how we learned to live with the market and remained almost human*. Anthem Press, 2005.
17. Ezra F. Vogel.From Friends to Comradeship: The Change in Personal Relations in Communist China. *The China Quarterly*, 1965(21).
18. Fan Y. Guanxi's consequences: Personal gains at social cost. *Journal of Business Ethics*, 2002, 38(4) .
19. Farh J, Tsui A S, Xin K, Cheng B. The influence of relational demography and guanxi: The Chinese case. *Organization Science*, 1998, 9(4) .
20. Fei H. *From the soil: the foundations of Chinese society*. Berkeley. University of California Press, 1992.
21. Ferris, G. R., Judge, T. A. et al.. Subordinate Influence and the Performance Evaluation Process: Test of a model. *Organizational Behavior and Human Decision Processes*, 1994,58(11).
22. Gold，Thomas，Douglas Guthrie & David Wank (eds.).*Social Connections in China: Institutions, Cultures, and the Changing Nature of Guanxi*. Cambridge University Press, 2002.
23. Granovetter M. The strength of weak ties. *American Journal of Sociology*, 1973, 78(6).
24. Ho, H. F. On the Concept of Face. *American Journal of Sociology*, 1976, 81(4).
25. Hutchings K, Weir D. Guanxi and wasta: A comparison. *Thunderbird International Business Review*, 2006, 48(1).

26. Hoong. *New China Rising: A Social Economic Assessment of WTO Entry*. Writer' s Showcase, 2001.

27. Hwang K –K. Face and favor: The Chinese power game. *American Journal of Sociology*, 1987, 92(4).

28. J. Bruce Jacobs. A Preliminary Model of Particularistic Ties in Chinese Political Alliances: Kan–ch'ing and Kuan–hsi in a Rural Taiwanese Township. *The China Quarterly*, 1979,78(6).

29. John L. Graham and N. Mark Lam, The Chinese Negotiation. *Harvard Business Review* , 2003(10).

30. J. T. Li, Anne S. Tsui, Elizabeth Weldon. *Management and Organizations in the Chinese Context*. Macmillan Press Ltd, 2000.

31. Jonathan U. Reviewed work: Gifts, Favors and Banquets: The Art of Social Relationships in China, by Mayfair Yang. *The China Journal*, 1995(34).

32. Khatri N, Tsang E W K, Begley T M. Cronyism: A cross–cultural analysis. *Journal of International Business Studies*, 2006, 37(1).

33. Lena Y. Zhong. *Communities, Crime and Social Capital in Contemporary China*. Willan Publishing Culmcott House, 2009.

34. N. Lin.*Social Capital: A Theory of Social Structure and Action*，Cambridge: Cambridge University Press, 2001.

35. Luo Y. Guanxi: Principles, philosophies, and implications. *Human Systems Management*, 1997, 16(1).

36. Luthans，Fred and Todd I. Stewart. The Reality or Illusion of a General Contingency Theory of Management：A Response to the Longenecker and Pringle Critique. *The Academy of Management Review* （*Academy of Management*）, 1978，3(3).

37. Martin Francis Parnell, Guanxi and Confucianism: An "individualist" Analysis. *International Journal of Diversity*, 2005/2006,5(11).

38. Mayfair Mei–hui Yang. *Gifts, Favors, And Banquets: the Art of Social Relationships in China*. Cornell University Press, 1994.

39. Michailova S, Worm V. Personal networking in Russia and China: Blat and guanxi. *European Management Journal*, 2003, 21(4).

40. Min Chen. *Asian Management Systems: Chinese, Japanese and Korean styles of Business*. Routledge, 1995.

41. Ming–Jer Chen. *Inside Chinese Business*：*A Guide for Managers Worldwide*. Harvard Business School Press, 2001.

42. M. Granovetter.The Strength of Weak Ties，*American Journal of Sociology*, 1973, 78(6).

43. Nathan，Andrew J. Is Chinese Culture Distinctive? —A Review Article. *The Journal of Asian Studies*, 1993, 52(4) .

44. Oliver，C. Determinants of Interorganizational Relationships：Integration and Future Directions. *Academy of Management Review*, 1990(15).

45. N. Lin Guanxi: A Conceptual Analysis，in Alvin So，Nan Lin and Dudley Poston，eds., *The Chinese Triangle of Mainland China, Taiwan, and Hong Kong: Comparative Institutional Analysis*，Westport，CT: Greenwood，2001.

46. Park, S.H. & Luo, Y.D.. Guanxi and Organizational Dynamics: Organizational Networking in Chinese Firms. *Strategic Management Journal*, 2001, 22(5).

47. Parnell M F. Chinese business guanxi: An organization or nonorganization?. *Journal of Organisational Transformation & Social Change*, 2005, 2(1).

48. Pedersen，T.，K. Laursen. Linking Customer Interaction and Innovation：The Mediating Role of New Organizational Practices. *Organization Science*，2011, 22(4).

49. Peter D. Hershok and Roger T. Ames. *Confucian Cultures of Authority*. State University of Nork York Press, 2006.

50. Peter F. Drucker. *The Practice of Management*. Harper & Brothers, 1954.

51. Peter S. Ring，Van de Ven，Andrew H. Developmental Processes of Cooperative Inter–Organizational Relationships. *The Academy of Management Review*, 1994,19(1).

52. Provis C. Guanxi and conflicts of interest. *Journal of Business Ethics*, 2008,79(1).

53. P.J.K. Kouri and Michael G. Porter. International Capital Flows and Portfolio Equilibrium. *The Journal of Political Economy*, 1974,82(3).

54. Ranjay Gulati，and Martin Gargiulo. Where Do Interorganizational Networks Come from. *American Journal of Sociology*, 1999,104(5).

55. Raymond Sin-Kwok Wong. *Chinese Entrepreneurship in a Global Era*. Routledge, 2008.

56. Robert Andre, LaFleur, Warren Bruce Palmer, John A. Rapp ,Shin Yong Robson, Tamara Hamlish .*CHINA: A Global Studies Handbook*. Robert André LaFleur, 2003.

57. Robert K. Merton. *Social Theory and Social Structure*. The Free Press,1968.

58. R. S. Burt and K. Burzynska.Chinese Entrepreneurs，Social Networks， and Guanxi，*Management and Organization Review*, 2017,13(2).

59. Scott L. Feld. Structural Embeddedness and Stability of Interpersonal Relations. *Social Networks*, 1997(19).

60. Snell, R., Tseng, C. S.. Moral Atmosphere and Moral Influence under China's Network Capitalism. *Organization Studies*, 2002(23).

61. Standifird S S, Marshall R S. The transaction cost advantage of guanxi-based business practices. *Journal of World Business*, 2000, 35(1).

62. Su Chenting，Joe Sirgy，and James E. Littlefield. Is Guanxi Orientation Bad，Ethically Speaking? A Study of Chinese Enterprises. *Journal of Business Ethics*, 2003,44(4).

63. Stewart Clegg, KAREN Wang, Mike Berrell. *Business Networks and Strategic Alliances in China*. Edwara Elgar, 2007.

64. Su C T，Littlefield J E. Entering Guanxi: A business ethical dilemma in Mainland China. *Journal of Business Ethics*, 2001(33).

65. Su C T，Sirgy J，Littlefield J E. Is Guanxi orientation bad，ethically speaking? A study of Chinese enterprises. *Journal of Business Ethics*, 2003,4 (4).

66. Susanne Rühle. *Guanxi Capitalism in China*. Metropolis–Verlag, 2012.

67. Tahirih V. Lee. *Contract, Guanxi, and Dispute Resolution in China*. Garland Publishing, Inc., 1997.

68. Tan D, Snell R S. The third eye: Exploring guanxi and relational morality in the workplace. *Journal of Business Ethics*, 2002, 41(4).

69. Thomas W. Dunfee and Danielle E. Warren, Is Guanxi Ethical? A Normative Analysis of Doing Business in China. *Journal of Business Ethics August,* 2001, 32(3).

70. Tsui A S, Farh J L. Where guanxi matters. *Work & Occupations*, 1997, 24(1) .

71. Wang C L. Guanxi vs. relationship marketing: Exploring underlying differences. *Industrial Marketing Management*, 2007, 36(1).

72. Walder, Andrew G.. *Communist Neo-traditionalism: Work and Authority in Chinese Industry*. University of California Press, 1986.

73. Warren D E, Dunfee T W, Li N. Social exchange in China: The double–edged sword of guanxi. *Journal of Business Ethics*, 2004, 55(4).

74. Wellman, Berry. Network Analysis: Some Basic Principles. *Sociological Theory*, 1983(1).

75. Wong, C., Tinsley, C., Law, K., Mobley, W. H. Development and Validation of a Multidimensional Measure of Guanxi. *Journal of Psychology Chinese Societies*, 2003(4).

76. Wu, T. Y.. Abusive Supervision and Emotional Exhaustion: The Mediating Effects of Subordinate Justice Perception. *Chinese Journal of Psychology*, 2008, 50(2).

77. Xiao Z, Tsui A S. When brokers may not work: The cultural contingency of social capital in Chinese high–tech firms. *Administrative Science Quarterly*, 2007, 52(1).

78. Xin K K, Pearce J L. Guanxi: Connections as substitutes for formal institutional support. *Academy of Management Journal,* 1996, 39(6).

79. Yadong Luo. *Guanxi and Business*. World Scientific Press, 2000.

80. Yanjie bian. *Work and Inequality in Urban China*. State University of New York Press, 1994.

81. Yang，Mayfair. *Gifts*，*Favors*，*and Banquets: The Art of Social Relationships in China*. Cornell University Press, 1994.

82. Yao Souchou. *Confucian Capitalism: Discourse, Practice and the Myth of Chinese Enterprise*. Routledge Curzom, 2002.

83. Yeung I Y M，Tung R L. Achieving Business Success in Confucian Societies: The Importance of Guanxi(Connections). *Organizational Dynamics*, 1996(25).

84. Y.H.Wong, Thomas K.P.Leung. *Relationship Marketing in a Chinese Context*. International Business Press, 1984.

85. Ying Lun So, Anthony Walker. *Explaining Guanxi*：*The Chinese business network*. Routledge, 2006.

86. Zhou，Xueguang，Qiang Li，Wei Zhao & He Cai. Embeddedness and Contractual Relationships in China's Transitional Economy. *American Sociological Review*, 2003, 68(1) .